U-BOOT
WEITER ATLANTIK

Urlaubsende

»Setz dich, Karl!« Bernhard von Hassel herrschte seinen jüngeren Sohn an. »Benimm dich wie ein Mann und hör zu!«

Heinz-Georg beobachtete die Szene vom Sessel am Kamin aus. Sein jüngerer Bruder erschien ihm immer noch fremd in der Heeresuniform, dabei sollte er sich so langsam daran gewöhnt haben. Er lächelte. Karl war immer schon ihrem Vater ähnlicher gewesen. Das bedeutete, er war ein großer, schwerer Mann, und für Heinz-Georg war es immer noch ein Rätsel, wie er es schaffte, sich durch das Luk seines Kampfpanzers zu quetschen. Vor allem aber bedeutete diese Ähnlichkeit, dass er genauso stur und dickköpfig war. »Nein, Vater, dieses eine Mal nicht!«

Heinz-Georg verdrehte die Augen. *Dieses Mal nicht, jenes Mal nicht, und das andere Mal sowieso nicht!* Er konnte sich eigentlich nicht daran erinnern, dass Karl jemals auf seinen Vater gehört hätte. Die von Hassels waren Marineoffiziere, ungefähr seit die Königlich Preußische Marine gegründet worden war. Von Hassels hatten gegen Napoleon und seine Franzosen gekämpft, sie hatten auf brennenden Schiffen gegen die Dänen und den Zaren gekämpft, und sie hatten es bereits zum zweiten Mal mit der Royal Navy zu tun. Aber Karl hatte unbedingt zum Heer gehen müssen. Eine für Heinz-Georg fremde Welt. Stoppelhopser!

»Was willst du also?« Bernhard von Hassel hob die Hände. »Was hätte ich tun sollen?«

Karl verzog das Gesicht. Das Band des EK II aus dem Frankreichfeldzug leuchtete an seiner Uniform im Flammenschein des Kamins rot auf. »Ich will wissen, wo sie ist!«

Sein Vater zuckte mit den Schultern. »Und ich kann dir nur sagen, ich weiß es nicht!« Er funkelte seinen Sohn an. »Sie ist in der Schweiz, in Sicherheit. Das muss dir reichen, Karl!« Er atmete tief durch. »Du hast uns alle mit dieser Geschichte schon genug in Schwierigkeiten gebracht, ich rate dir, nicht weiter zu bohren.«

Auf Karls Gesicht erschien ein beinahe verzweifelter Ausdruck. »Du verstehst es nicht, Vater!«

»Schorsch, sag auch mal was!« Bernhard drehte sich zu seinem älteren Sohn um. »Schließlich hast du den Hauptsegen abbekommen!«

Heinz-Georg unterdrückte den Impuls, einfach »Was?« zu fragen. Es hätte seinen Vater nur zur Weißglut getrieben. Was bei näherer Überlegung dann vielleicht doch den Aufwand wert gewesen wäre. Aber er zuckte nur mit den Schultern. »So würde ich es nicht sehen, Vater.«

Bernhard von Hassel schnappte nach Luft. Er hatte mit dem Seebataillon in Flandern gedient, in einem anderen Krieg, in einer anderen Zeit, aber trotzdem. »Glaubst du, ich verstehe nicht, was passiert ist? Sie haben dich befördert, weil sie mussten. Aber ein besseres Kommando haben sie dir nicht gegeben!« Er verzog das Gesicht. »Eckermann haben sie die Erste Flottille schon im September gegeben. Verdammt, der Mann ist nicht mal U-Boot-Fahrer!«

»Eckermann hat ein zwei Jahre höheres Dienstalter als ich!« Heinz-Georg runzelte die Stirn. »Außerdem meine ich mich zu erinnern, dass im September ein Krieg ausgebrochen ist.« Seine Stimme wurde etwas bit-

14

terer. »Außerdem glaube ich nicht, dass Eckermann bereits ein Boot verloren hat, im Gegensatz zu mir.«

»Jaja!« Sein Vater winkte ab. »Und Sohler ist dabei, eine neue Flottille in Frankreich aufzubauen, habe ich gehört. Und der Mann ist erst Kaleun, Schorsch! Das wäre dein Kommando gewesen, wenn unser lieber Karl mehr mit dem Kopf gedacht hätte statt mit …«

»Vater!« Karl sah ihn an. »So war es nicht, und das weißt du!« Karls Stimme wurde leiser. »Ihr Vater war zwanzig Jahre lang Professor für Mathematik, bevor sie ihn rauswarfen. Sie selbst …«

»Sie selbst ist Halbjüdin, und ihr Vater Jude!« Bernhard nickte aufgebracht. »Du weißt, wie ich dazu stehe, und es ist ja auch gelungen, die Familie rauszubringen. Aber nun müssen wir auch wieder mal an uns denken!«

Heinz-Georg dachte nach. Es stimmte zum Teil, was sein Vater sagte. Man hatte ihn zwar befördert, aber er war immer noch Kommandant eines Frontbootes. Es gab andere, die ihn auf der Karriereleiter überholt hatten. Alles richtig, und die meisten davon waren nicht mit U-Booten draußen gewesen. Aber wie immer im Leben gab es zwei Seiten. Um ehrlich zu sein, war er nicht besonders unglücklich. Er hatte sein Boot behalten, und mochten viele U-68 auch als »Montagsboot« bezeichnen, irgendwie waren sie zusammengewachsen. Außerdem gab es etliche Kommandanten, die der gleichen Crew wie er selbst angehörten und noch nicht Korvettenkapitän waren. *Eine neue Flottille aufbauen?* Allein schon der Papierkrieg würde ihn umbringen. Er zuckte mit den Schultern. »Ich glaube, wenn Karl es war, der dafür gesorgt hat, dass ich bleibe, wo ich bin, dann muss ich mich beinahe bedanken.« Er grinste. »Ich habe ein gutes Boot und eine gute Besatzung, was will ich mehr?«

Karl und Bernhard sahen ihn gleichermaßen überrascht an. Endlich fand Karl die Stimme wieder. »Du bist nicht verärgert?«

»Nein …«, sagte er lächelnd. »Nie gewesen.« Er erhob sich aus dem Sessel. »Vater, ich glaube, Karl muss selber wissen, was er tut. Wir können nur damit leben. Und nun entschuldigt mich, ich muss morgen früh raus. Übermorgen Wilhelmshaven, und dann geht es wohl wieder los.« Er nickte kurz. »Gute Nacht!«

Die beiden anderen Männer blickten ihm verdutzt hinterher. Nach einer Weile räusperte sich Bernhard von Hassel. »Irgendwie ist er aus der Art geschlagen.«

Karl blinzelte. Es war einer der Momente, in denen er seinem Vater nur beipflichten konnte, und solche Momente beunruhigten ihn zutiefst.

»Morgen!« Jens' Stimme klang betrübt. Es gab an der Tatsache nichts zu rütteln.

Ulrike sah ihn prüfend an. Er hatte seine Familie besucht, war aber wieder nach Wilhelmshaven zurückgekehrt, so schnell es ging, weil sie keinen Urlaub bekommen konnte. Drei Wochen war er wieder da, drei Wochen Schmetterlinge im Bauch, Spaziergänge, Kinobesuche oder einfach nur lange Unterhaltungen. Es hatte keine zitternden heißen Finger in der letzten Reihe des Kinos gegeben, keine ungeschickten Versuche einer Eroberung. All das, wovon die anderen Mädchen erzählten, die mit Seeleuten ausgegangen waren. Er war anders. Natürlich wollte er … und so weiter und so weiter. Aber sie hatte noch nie …

Die Gedanken in ihrem Kopf ließen sie rot anlaufen wie eine Tomate. *Wie erklärt man so etwas?* Nervös fummelte sie an ihrer Uniformjacke herum. »Du musst nicht gehen, Jens. Meine Eltern kommen nicht vor

Brücke gewallt, als das manövrierunfähige Schiff sich träge in den Wind legte. *Ölbrand!* Kein Zweifel mehr. Und zwischen Raum vier und fünf gab es nur ein Schott. Die Laderäume waren groß wie verdammte Kathedralen. Wenn zwei absoffen, dann ging das Schiff sowieso auf Tiefe, falls das Feuer nicht schon vorher den Sprengstoff zur Explosion brachte. Er räusperte sich.

»Gallory, bringen Sie Ihre Männer nach oben.« Er wandte sich an den Dritten. »Und Sie sehen zu, dass alle aus den Decks kommen.« Er sah den Ersten auf die Brücke rennen. »Gut, dass Sie kommen. Klarmachen, Boote auszubringen. Wir geben das Schiff auf!« Er sah das Entsetzen im Gesicht des Mannes. »Die Geleiter sollen uns fischen, wenn sie die verdammten Wolfpacks vertrieben haben.«

Eine Viertelstunde später ruderten die Boote von der bewegungslos liegenden City of Almeira weg. Der Brand wurde immer schlimmer. Auch für den letzten Zweifler war es nun sichtbar, dass es nur eine Frage der Zeit war. Schon lag das Vorschiff tief im Wasser, und das Heck hob sich immer mehr.

Foster sah sich um, aber die anderen Schiffe waren verschwunden. In der Dunkelheit davongefahren oder wie die brennende Bokatia gesunken. *Nicht zurückblicken!* Er seufzte. Die Geleiter würden kommen, falls sie konnten, falls es nicht weitere Angriffe gab, falls sie nicht selbst versenkt wurden, falls ..., falls ... *Well, sie würden nicht kommen.*

»Wir müssen die Boote zusammenbinden!«

Er nickte. »Der Erste hat recht, los, Männer!« Er blinzelte. »Und dann abzählen!« Er zwang sich zu einem Grinsen. Immerhin, auf den ersten Blick konnte die

Zahl stimmen. Einundvierzig Mann – ihn eingeschlossen – waren an Bord gewesen. Heizer, Seeleute, Offiziere und Ingenieure.

Es war eine mühevolle Arbeit, denn hier, in den offenen Booten, erschien der Seegang mit einem Mal viel höher als vom sicheren Deck ihres 6000-Tonnen-Schiffes.

Foster stellte sich auf und begann zu zählen. Er kam bis vierzig. *Einer fehlt!* Er zählte noch einmal nach, aber es blieb bei vierzig.

»Skipper!« Ein warnender Ruf ließ ihn herumfahren, und beinahe hätte er den Halt im schwankenden Boot verloren. Er blinzelte. Zuerst war es nur ein Schatten, etwas, das massiver war als die Dunkelheit. Doch dann hörte er bereits das ferne Wummern von Dieselmotoren. Er ließ sich auf eine Ducht fallen. »Kopf runter! Keinen Laut!«

Die plötzliche Stille schien mit Tonnengewichten auf ihnen zu lasten. Foster beobachtete das U-Boot, das langsam näher kam. Seine Bauchmuskeln spannten sich an, während er auf das Rattern von Maschinengewehren wartete. *Die Deutschen erschossen Schiffbrüchige. Jeder wusste das. Barbarische, durchgedrehte Killer, diese Deutschen!* Jeder wusste das, sie hatten es im Radio gehört, sie hatten es von anderen Seeleuten gehört, die es wieder von anderen Seeleuten gehört hatten. Wirklich jeder wusste das. Und so warteten sie, einige betend, andere starr vor Schrecken. Sie warteten darauf, dass das Boot wieder verschwinden würde, ohne sie zu bemerken, oder sie warteten auf die gnadenlosen Geschosse, die ihrem Leben ein Ende bereiten würden. *Jeder wusste es!*

Dienstag zurück.« Ihre Stimme klang etwas rauer als sonst.

Er sah ihr in die Augen. Unsicher, genauso unsicher wie sie. Aber dann nahm er sie in die Arme und küsste sie. Verzweifelt, als wolle er sie nie wieder loslassen. Morgen würde er wieder der Marine gehören, aber diese Nacht gehörte er allein ihr.

Ingeborg Hentrich blickte auf die Uniform ihres Mannes. Die Rangabzeichen glänzten neu auf der alten Jacke. Alles war bereit. Kapitänleutnant Dieter Hentrich! Es hatte einen guten Klang, entschied sie. Die nächsten Monate gab es keine Feindfahrten, sondern nur Ausbildung. Er mochte vielleicht weg sein, aber wenigstens musste sie nicht auf das Telegramm warten. »Dreisternemeldung« nannten die Männer diese Telegramme, aber die Frauen hatten andere Namen dafür – falls sie überhaupt jemals darüber sprachen. Aber nicht in den nächsten Monaten, und was später kam, kam später.

Dieter Hentrich sah seiner Frau zu, wie sie die Uniform weghängte. Alle Knöpfe wieder fest. Er griente kurz. »Ich will morgen raus, den Kameraden Guten Tag sagen.«

»Du hast noch Urlaub!«

Er nickte. »Bis Montag …«, sagte er zögernd. Da gab es etwas, das er nicht in Worte fassen konnte. Er hatte schließlich nur zwei Fahrten auf U-68 gemacht, und doch würde er das Boot und die Männer vermissen. Am Montag würde es wieder losgehen. Klassenräume, Training, Ausbildung. Der nächste Schritt auf der Karriereleiter. Kommandantenlehrgang, vielleicht noch eine Fahrt als Konfirmand und dann ein eigenes Boot. Ein eigenes Kommando, der stolzeste Moment im Leben eines Seeoffiziers. Er verzog das Gesicht. *Und*

17

niemand mehr, den man fragen konnte, wenn alles schiefging!

Sie sah ihn fragend an. »Warum gehst du hin? Du hast noch Urlaub!«

»Warum?« Er zuckte mit den Schultern. »Weil sie wieder rausgeschickt werden.« Sein Gesicht zeigte seine Unsicherheit. »Dieses Mal ohne mich.«

Sie starrte ihn an. Er hatte sich verändert. Zwei Fahrten, nicht einmal ein halbes Jahr, aber er hatte sich verändert. Nicht, dass sie teilen konnte, was er dort draußen gesehen hatte, die Frauen konnten es nie teilen. Aber sie sah die Veränderungen. Die ersten grauen Haare, die Falten, die früher nicht da gewesen waren. Sie sah es, und sie wusste nicht, was sie sagen sollte.

Leutnant Fritz Wellenberg saß auf seiner Koje in einer der Offiziersunterkünfte und versuchte sich auf die Buchstaben zu konzentrieren. *Die ständigen Befehle!* Er verzog das Gesicht. Von Haus aus Rechtsanwalt und Hobbysegler, hatte man ihn zur Marine gesteckt. Und dann war auf einmal alles ganz schnell gegangen. Er war bereits seit einigen Jahren vor dem Krieg Reserveoffizier gewesen. Also U-Boot-Ausbildung, und los. Der Menschenhunger der Marine schien offensichtlich unersättlich zu sein.

Wellenberg schüttelte unwillig den Kopf. Er hatte die technische Litanei gelernt, er beherrschte die seemännischen Manöver, aber ein *U-Boot?* Wer sich das ausgedacht hatte, musste komplett verrückt sein! Einmal mehr spürte er die Furcht. Vor dem Krieg hatte Dönitz seine U-Boot-Fahrer über lange Zeit hinweg ausgebildet. Aber nun schien das nur noch Vergangenheit zu sein. Vor seinem geistigen Auge stellte er sich vor, was alles schiefgehen konnte – weil er es verbockt hatte. Was für ein Unfug!

Aber er hatte sich das schließlich selbst zuzuschreiben. Er hätte nur den Mund halten müssen.

Alois Dörfler starrte trübe in sein abgestandenes Bier. Er war ein paar Tage früher zurückgekommen, aber das bayerische Dorf, aus dem er stammte, war eben nicht gerade für sein ausschweifendes Nachtleben bekannt. Er hatte einfach noch kräftig einen draufmachen wollen, bevor es wieder losging. Und nun das!

Daniel Berger starrte den stämmigen Bayern an. »Mann, Loisl, du machst ein Gesicht wie sieben Tage Regenwetter! Was ist los mit dir?«

»Was soll scho los sei?« Er zwang sich zu einem Grinsen. »Da Urlaub is zu end, dos is alles!« Das Grinsen wurde breiter. »Und i bin pleite, host mi!«

Berger lehnte sich zurück. Also gut, Alois wollte nicht drüber reden, sollte er zusehen, wie er klarkam. Er winkte dem Wirt hinter dem Tresen, noch zwei Bier zu bringen. »Geht auf mich!« Er zog die Brauen zusammen. »Da hinten hocken der Mohr und zwei andere Uffze, die ich nicht kenne!« Er verzog das Gesicht. »Spatenpaulis, meine Fresse!«

Dörfler blickte desinteressiert in die Richtung. Aber dann straffte sich plötzlich seine kräftige Gestalt. »Verdammt! So a damischer Mistbock, und 'ezt hockt'a do!«

»Wer? Mohr?« Berger blinzelte verdutzt. »Er ist ein Idiot, aber …«

»A wos, ned da Mohr!« Dörfler blickte wütend zu dem Tisch, an dem die drei Unteroffiziere hockten, nicht ahnend, dass sie der wutschnaubende Bayer beobachtete. »Da Lange mit dem arisch'n Rossg'schau!«

Berger seufzte. »Was ist mit dem?«

Dörfler blickte ihn nachdenklich an. »Verklopf'n

mog i ean. Dos er ned mer woaß, ob er Manderl oder Weiberl is, der damische Hund.«

»Aha!« Daniel nickte verständnisvoll. »Und warum?«

Dörfler seufzte. »Wenn i dir des erzähl, trascht'as im ganz'n Boot weita!« Er griente. »Und dann muss i dir d'Fress'n polier'n!« Er warf einen weiteren Blick zu dem Unteroffizier. Panzerwaffe, aber der Rest der Abzeichen war für ihn ein Buch mit sieben Siegeln. Verdammte Spatenpaulis! »Also, horch zua!«

Die beiden Seeleute steckten die Köpfe zusammen. Was Dörfler zu erzählen hatte, war offensichtlich eine längere Geschichte. Endlich hoben sich die Köpfe wieder. Daniel blickte zu dem Heeresunteroffizier hinüber und runzelte die Stirn. »Komm ... wir müssen ihn draußen erwischen.« Seine Stimme klang entschlossen. »Hier drinnen haben wir nur die Feldjäger auf dem Hals.«

Dörfler nickte. »Kettenhunde, damische!« Missmutig schüttelte er den Kopf. »I kann's ned glaub'n, dass i des sag, aber i wer froh sei, wenn mer wieda drauß'n san!«

»Oh Mann!« Feldwebel Dachsmeier starrte überrascht die große Maschine in der Halle an. »Was für a Vogel!«

Walter Himmel verzog das Gesicht. »Du kennst den Typ?«

»Kennen?« Dachsmeier ging mit langsamen Schritten um die Maschine herum. Beinahe zärtlich berührten seine Hände die langen Tragflächen und die dreiflügeligen Propeller. »Fw 200, ich habe die zivile Version vor dem Krieg bei der Lufthansa geflogen.« Er grinste. »Das war, bevor der Barras mi hat zurückhab'n wollen. Das ist der Fluch, wenn man Reservist ist.«

»Wem sagen Sie das?«

Die beiden Männer blickten nach oben und sahen

ein grinsendes Gesicht aus der Kanzel auf sie herab-
schauen. Dachsmeiers Augen weiteten sich. »Lunzi! Du
verrücktes …« Er brach ab, als er die Offiziersmütze und
die Rangabzeichen wahrnahm. »Verzeihung, Herr Major!«

»Dachsmeier!« Major Lunzner grinste zufrieden.
»Dacht' ich doch, die Stimme kenn ich!« Er verschwand
im Inneren, aber sie hörten ihn noch rufen. »Wartet, ich
komme runter!«

Himmel sah seinen Feldwebel verblüfft an. »Wie
viele Majore kennst du?«

»Alle, die vor dem Krieg bei d'r Lufthansa geflog'n
sind.« Er lachte. »Verdammt, der Lunzi, jetzt versteh
ich einiges!« Er musterte die große Maschine mit plötzlichem Misstrauen.

»Und was verstehst du?« Himmel sah ihn beunruhigt
an. »Ich verstehe die ganze Hektik noch nicht. Der Ge-
schwaderchef setzt uns in einen Kübel, wir fahren bis
zum Arsch der Welt, und nun verstehst du, warum?«

»Er hat eins und eins zusammengezählt!« Die Beine
des Majors wurden in der Luke sichtbar, dann der ganze
Mann. Unzeremoniell stülpte er sich die Mütze auf den
Kopf. Dachsmeier und Himmel nahmen Haltung an,
aber Major Lunzner winkte ab und streckte die Hand
aus. »Richtig, Dachsmeier, ich habe euch angefordert.
Bomberpiloten gibt's genug, aber das Baby hier …« Er
deutete auf die Maschine.

Der Feldwebel verzog das Gesicht. »Also, was soll das
werden?«

»Die Marine hat sich beschwert. Es gibt keine Seeauf-
klärer. Eine Handvoll Maschinen hat bisher über der
Nordsee Aufklärung geflogen, bis hoch nach Norwegen, aber das ist jetzt natürlich zu wenig.« Seine
Stimme wurde ernst. »Also hat man entschieden, dass

wir die Lücke schließen sollen. Und da ich die Dinger vor dem Krieg schon geflogen habe, hat man entschieden, ich soll eine neue Staffel für Fernaufklärer aufziehen. Formal gehören wir zum KG40.« Der Major wandte sich an Himmel. »Wie das so ist, ich bin auch Reservist. Und da dachte ich mir, ich hole mir die alten Kollegen aus den Friedenszeiten.«

Dachsmeier sah sich um. »Und wann soll es losgehen? Ich sehe nur eine Maschine?«

»Drei weitere kommen morgen. Aber wir müssen in die Hufe kommen. Wie sieht es aus, bist du dabei?«

Dachsmeier seufzte und sah Walter Himmel an. »Was moanst? Größere Crew stelle ich mir vor, aber dafür müssen wir auch nicht geradewegs auf die Flak runterstürzen.«

Der Unteroffizier zuckte mit den Schultern. »Bis hierher klingt es gut. Was sonst noch?«

Rückkehr

Lieutenant Commander Keith Frazier versuchte, trotz des Windes seine Pfeife in Gang zu bringen, aber seine Finger zitterten zu stark. Müdigkeit. Entnervt gab er auf. Es wurde Zeit, dass er etwas Schlaf ergatterte.

Schritte erklangen auf den stählernen Stufen des Niederganges. Auch ohne sich umzudrehen, wusste Frazier, dass sein Erster zur Meldung kam. Lieutenant Jason Philipps tippte kurz an die Mütze. »Schiff ist fest, Lasten verschlossen.« Er zögerte. »Die Ambulanzen müssen jeden Augenblick kommen.«

»Wie schlimm sieht es unten aus?«

Der Erste starrte seinen Kommandanten verwundert an, bis ihm bewusst wurde, dass Frazier die kleine kastenartige Brücke seit drei Tagen nicht mehr verlassen hatte. Er zwang sich zu einem Grinsen. »Es ist das wüsteste Durcheinander, das ich jemals gesehen habe, Sir.«

»Na wunderbar.« Der Lieutenant Commander blickte über sein Schiff. Nur wenige Männer waren zu sehen. Ungewöhnlich, sollte man meinen, denn es schien die Sonne, und alles in allem war es ein schöner Tag in Liverpool. Nicht weit entfernt konnte er die Türme des Royal Liver Building ausmachen, einer der ersten Grüße, den die Hafenstadt den Seefahrern bot.

Er blinzelte und konzentrierte sich wieder. Die Männer hatten sich hingehauen oder wenigstens ein paar Minuten ausgestreckt. Ruhe war ein Fremdwort an Bord geworden. Wenn sie dann plötzlich einkehrte, wurde sie als wertvoller als Gold empfunden. Dann nickte er. »Die Männer aus Liverpool können über Nacht nach Hause. Die anderen …« Er zuckte mit den Schultern. »Kein Urlaub, bis ich weiß, was los ist. Die Männer sollen aufklaren.«

»Ich warte, bis die Geretteten von Bord sind, Sir.«

Frazier verzog das Gesicht. Sein Erster hätte beinahe »Überlebende« gesagt. Aber er verkniff sich einen Kommentar. Warum auch, der Mann hatte recht. »Gut. Wenn Sie auch an Land gehen wollen?« Er grinste plötzlich. »Ich komme aus Portsmouth. Ein bisschen zu weit für mich, also bleibe ich sowieso an Bord.«

»Danke, Sir!« Philipps ließ den Blick über den Mersey gleiten. Alles schien voller Schiffe zu sein. Ein wüstes Durcheinander. »Das nehme ich gern an. Was ist mit Maxwell?«

»Maxwell muss warten.«

Der Lieutenant senkte die Stimme etwas, obwohl die Brücke seit dem Festmachen verwaist war. »Ich glaube, er ist mit den Nerven ziemlich durch.«

Frazier nickte. *Sind wir das nicht alle?* Aber dann setzte er eine gleichgültige Miene auf. »Ein Grund mehr, ihn im Auge zu behalten, Jason.«

Auf der Pier rollte eine Reihe Ambulanzen an. Der Kommandant der Brambleberry griente. »Scheint einiges los zu sein, wenn die Burschen so spät kommen.« Sein Gesicht wurde ernst. »Wie viele sind es?«

»Siebenundachtzig, Sir. Dreizehn mit Verbrennungen.« Philipps konnte dem Kommandanten nicht in die Augen sehen. »Und vier, die es nicht geschafft haben.«

Keith Frazier räusperte sich. »Gut, kümmern Sie sich um das Ausschiffen, danach haben Sie Urlaub bis morgen früh, Jason.«

»Besatzung U-68 … Aaaaachtung! Zur Meldung an den Kommandanten, dieeee Augen rechts!« Fünfzig Paar Hacken schlugen zusammen, fünfzig Köpfe ruckten herum, als der Kommandant über die Stelling kam.

Der Erste baute Männchen und legte die Hand an die Mütze. »Melde Besatzung U-68 angetreten zur Feindfahrt, Herr Kap'tän!« Mit einem angedeuteten Grinsen legte er besondere Betonung auf den Rang.

Von Hassel erwiderte den Gruß. »Danke, IWO.«

Der Erste schwang zur Seite und folgte dem Kommandanten, der an den Männern vorbeischritt. Glitzernde wache Augen, geschnittene Haare, und die Strubbelbärte waren auch verschwunden. Ein paar sahen aus, als hätten sie die Nacht durchgemacht. Was sie wahrscheinlich auch hatten. Angstvögler, so nannten die Männer das. Die Bordelle lebten davon. Andere hatten wohl gesoffen und den wilden Mann markiert. Noch einmal Leben spüren, bevor es zurück in die enge Röhre ging.

Er runzelte die Stirn. Berger und vor allem Dörfler sahen noch etwas wilder als der Rest aus. Eine Schramme zierte den Wangenknochen des stämmigen Bayern, und seine Hände sahen so aus, als hätte er damit auf einen Baum eingedroschen … oder auf etwas anderes. Er erinnerte sich an die Meldungen der letzten Nacht. Aber was auch immer in der Stadt vorgegangen war, es war nicht sein Problem. In ein paar Stunden würden sie draußen auf See sein, und dann waren Dörfler und Berger für die Feldjäger sowieso unerreichbar, ganz gleich, was sie angestellt haben mochten.

Einem jeden der Männer sah er ins Gesicht, wusste über einige etwas, über andere mehr, aber über jeden genug. Meine Besatzung! Er grinste bei dem Gedanken. Seine Besatzung war nicht besser als jede andere. Ein

25

paar neue Männer, unschwer zu erkennen an dem nagelneuen Lederpäckchen und den unsicheren Blicken. Aber er war zufrieden, hier, auf dem schmalen Deck seines Bootes, erschienen sie ihm als etwas Besonderes. *Wahrscheinlich muss jeder Kommandant das glauben.*

Die Männer sahen sein Grinsen und erwiderten es. Zufrieden nickte er. »Rühren!« Bewegung kam in die Gestalten. »Also, Männer, es geht wieder raus. Genug gegammelt.« Ein paar stießen sich an, als habe er einen guten Witz gemacht. »Wir machen seeklar und laufen um zwölf aus.« Er blickte zum Himmel. Drei Stunden, aber das meiste war ohnehin schon an Bord. »Also keine großen Festivitäten. Einsteigen, Männer!«

Die Männer sprangen regelrecht auseinander und begannen, in den Luken zu verschwinden. Von Hassel schloss für einen Augenblick die Augen. Es würde wahrscheinlich wieder bis spät in die Nacht dauern, bis alles und jeder seinen Platz gefunden hatte. Er wandte sich um und streckte die Hand aus. »Glückwunsch, Herr Schneider!« Er warf einen Blick auf die Rangabzeichen. Während der erste Streifen bereits grün verfärbt war, glänzte der zweite noch in hellem Gold. »Oberleutnant, Sie haben es verdient!«

Oberleutnant Rudi Schneider grinste und schüttelte die Hand. »Ich bin froh, dass man mich nicht auf ein anderes Boot gesteckt hat, Herr Kap'tän!«

»Und ich erst!« Der Kommandant lächelte. »Also, auf ein Neues!« *Und doch wird dieses Mal alles anders sein!*

Seetag 1

»Pünktlich wie die Deutsche Reichsbahn, Herr Kap'tän!« Rudi Schneider nickte zufrieden und beugte sich über das Sprachrohr. »Kleine Fahrt voraus! Backbord zehn!«

Heinz-Georg von Hassel blickte zurück über den breiter werdenden Wasserstreifen. Noch immer konnte er ein paar winkende Gestalten ausmachen. »Täusche ich mich, oder sind es mehr geworden?« Er hob das Glas und musterte die Frauen auf der Pier. »Nein, es sind tatsächlich mehr geworden.«

Der IWO warf einen kurzen Blick über die Schulter und griente. »Sollte das ein Zeichen dafür sein, dass unsere Männer langsam erwachsen werden?«

»Na, na, IWO!« Der Alte erwiderte das Grinsen. »Wenn das so weitergeht, dann werden wir irgendwann mit alten Männern zur See fahren statt mit einem Kindergarten!«

Die Wachposten rundherum begannen ebenfalls zu grienen. *Also wusste der Alte auch noch nicht, was er vom neuen IIWO zu halten hatte!* Von Hassel glaubte den Gedanken beinahe zu hören.

Aber die Männer hatten recht. Eine Versetzung in letzter Sekunde und frisch von der Ausbildung.

Nicht einmal an der Agru-Front war der Bursche bisher gewesen. Der Kommandant fühlte das schlechte Gewissen. Er hatte nicht einmal Zeit zu einem ausgiebigen Gespräch mit dem neuen Offizier gefunden, aber es war so viel zu tun gewesen.

Stabsbesprechung, die Einsatzbefehle, die aktuelle

Lage, manchmal wusste er selbst nicht mehr, wo ihm der Kopf gestanden hatte.

»Schön, Herr Schneider, Sie kennen das Revier ja! Ich bin dann unten, wenn Sie mich brauchen sollten.« Er nickte dem IWO zu und beugte sich über das Turmluk. »Ein Mann Zentrale!« Und abwärts ging es. Mit hartem Knall setzten seine Stiefel auf dem Stahldeck auf, und die wimmelnde Welt in der Röhre umfing ihn wieder.

Er schnüffelte. Der Dieseldunst hatte gerade erst begonnen, sich wieder auszubreiten. Im Augenblick herrschten noch frische Farbe und der Geruch von frischem Brot vor. Er musterte die Hängematten mit den knackig frischen Laiben. Nicht lange, und der Schimmel würde sein Werk beginnen.

»Was gibt's zum Mittag?«

Siegfried Becker, der Smut, steckte seinen Kopf aus der engen Kombüse. »Nichts Großes, Herr Kaleun … äh Kap'tän. Verzeihung!«

Der Alte winkte ab. »Schon gut!« Ein plötzliches Lächeln erschien auf seinem Gesicht. »Ich habe mich auch noch nicht dran gewöhnt. Also, was gibt's?«

»Spiegeleier mit Bratkartoffeln. Mehr geht in diesem Durcheinander nicht!« Becker zuckte mit den Schultern. »So in zehn Minuten, Herr Kap'tän!«

Von Hassel quetschte sich auf die Seite, als sich zwei Seeleute, beladen mit Dauerwürsten, durch die Zentrale drängten. Obersteuermann Franke, an der anderen Seite an seinem Kartentisch, drückte sich dicht gegen die Metallkante, um den Weg frei zu machen. Es war ein Reflex. Das Boot war nun einmal eng.

Der Alte grinste. Dabei war das hier noch ein großes Boot, wenig liebevoll »Seekuh« genannt.

»Nehmen Sie sich Zeit, ich glaube nicht, dass heute

irgendwer irgendwohin geht.« Er sah sich suchend um.
»Wo steckt der IIWO?«

Der Obersteuermann deutete nach vorn. »Zuletzt im
Bugraum gesichtet, Herr Kap'tän! Da wird noch fleißig
gestaut.«

»Alles klar! Zentralemaat, sagen Sie mal da vorn Bescheid, dass er in mein Kabuff kommt, wenn er dort
fertig ist.« Er wandte sich um und verschwand in der
Kommandantenkammer. Mochte sein kleines Reich
auch etwa so groß sein wie ein zu großer Kleider-
schrank, aber immerhin bot ihm das Kabuff so etwas
wie einen Hauch von Privatsphäre. Einen Ort, an dem
er nicht allen Blicken ausgesetzt war. Er griff nach dem
Übersegler und betrachtete die sauber eingetragenen
Kurse. Vier Tage, bis sie zwischen England und den
Shetlands in den Atlantik durchbrechen würden. Wenn
sie Glück hatten, würden sie vielleicht nicht einmal
einen der Bewacher zu Gesicht bekommen. Und dann?
Hinaus in den Atlantik. Er brauchte nicht in die Befehle
zu sehen, die sicher verschlossen in seinem winzigen
Tresor lagen. *Planquadrat AL25, ein rechteckiges Stück
Wasser mitten im Atlantik, Hunderte von Seemeilen süd-
lich von Island und westlich Englands.* Nach dem Willen
des BdU sollten sie dort auf britische Geleitzüge lauern. Von Hassel verzog das Gesicht zu einer Grimasse.
Im Grunde waren sie nur ein Punkt im Ozean, und
diese Geleite waren auch nichts weiter als kleine
Punkte.

Wie groß war die Wahrscheinlichkeit, dass sich zwei
Stecknadelköpfe auf dieser Karte begegnen würden? Sie
würden es herausfinden müssen.

Es klopfte am Türrahmen, und der Vorhang wurde
vorsichtig ein Stück geöffnet. »Sie wollten mich sprechen, Herr Kap'tän?«

Von Hassel sah auf und blickte Leutnant Wellenberg ins Gesicht. »Ja ...« Er lächelte. »Kommen Sie rein!« Er rutschte von dem einzigen Stuhl auf seine Koje. »Nehmen Sie Platz, IIWO.«

Wellenberg quetschte sich ins Kabuff und ließ sich auf dem Stuhl nieder. Ein Ölstreifen zierte das gebräunte Gesicht. Nachdenklich betrachtete von Hassel seinen neuen Zweiten. Das braune Haar zeigte bereits graue Strähnen. *Herrgott, der Mann ist sechsunddreißig!* Einmal mehr kam ihm zu Bewusstsein, dass der neue Wachoffizier der älteste Mann an Bord war.

Er räusperte sich. »Ich muss mich entschuldigen, aber die Tage vor dem Auslaufen sind immer etwas hektisch. Ich hoffe, der IWO hat Sie etwas einweisen können!?«

Wellenberg zeigte ein feines, distinguiertes Lächeln. »Soweit es in der Kürze der Zeit möglich war. Es ist etwas anders als auf einem Übungsboot in Neustadt.«

»Größer, aber nicht so viel anders. Ich habe gelesen, Sie sind im Zivilleben Rechtsanwalt?«

Der Leutnant nickte. »Ja ...« Das Lächeln wurde eine Spur breiter. »Und das war *ganz* anders!«

»Seit 1935 Reserveoffizier, Steuermannspatent bei der Marine, WO-Kurs. Und eine Anzahl von Übungen in Friedenszeiten, zum Teil auf U-Booten.« Von Hassel sah ihn an. »Es ist, gelinde gesagt, etwas ungewöhnlich, einen Reserveoffizier nach nur kurzer Ausbildung auf ein Frontboot zu schicken.«

»Das habe ich auch gedacht, Herr Kap'tän!« Der IIWO zuckte mit den Schultern. »Über das Wieso und Warum kann ich allerdings selber keine Auskunft geben, fürchte ich.«

Von Hassel nickte. »Manche Wege vorgesetzter Stellen sind etwa so unergründlich wie die Gottes.« Er lächelte. *Und natürlich weißt du ganz genau, warum!* Aber der IIWO würde sein Geheimnis kaum mit ihm teilen. Und wie immer gab es mehrere Möglichkeiten.

»Also gut, jetzt sind Sie hier, Herr Wellenberg, und zum Aussteigen ist es sowieso zu spät. Der Erste hat Ihnen eine gute Wache gegeben. Die Männer wissen, worauf es ankommt. Und alles andere müssen Sie eben im Schnellverfahren lernen. So ist das im Krieg.«

Wellenberg lächelte wieder dieses feine Lächeln, das seinen Kommandanten so irritierte. »Ja, ich glaube, bis das hier vorbei ist, werden wir alle noch eine Menge Neues lernen.«

Von Hassel nickte vielsagend. »Was haben Sie im Bugraum gemacht?«

»Bootsmann Volkerts hat mir ein paar interessante Dinge darüber erzählt, wo was gestaut ist«, sagte er ernst. »Zumindest weiß ich jetzt, wo sich der Proviant befindet.«

Von Hassel starrte den Rechtsanwalt an. »Schön! Äh …« Er kratzte sich da, wo sich nach ein paar Tagen der Bart befinden würde, aber jetzt fühlte er nur glatte, frisch rasierte Haut. »Wenn Sie etwas Zeit finden, dann leisten Sie dem IWO mal auf Wache Gesellschaft. *Nach dem Essen!*« Er zwang sich zu einem Grinsen. »Vielleicht lernen Sie da auch noch ein paar interessante Dinge!«

Auch vorn im Bugraum war der neue IIWO Gesprächsthema. »Was haltets'n von eam?« Dörfler sah Lauer und Berger fragend an. Aber es war der Seemann auf der oberen Koje, der Antwort gab. »Ick wer nich schlau aus ihm.«

Dörfler blickte irritiert auf. Noch ein Neuzugang. Frischgebackener U-Boot-Fahrer und Torpedomixer, aber schon eine Weile bei der Marine. Der Bayer runzelte die Stirn. »Hab i di g'fragt?«

Der Gefreite Kupinska schwang die Beine von der schmalen Koje. »Nee, haste nich, Bazi!« Er strich sich eine lange ölige Haarsträhne aus dem Gesicht. »Abba wissen will ick es trotzdem!«

Jens Lauer verzog das Gesicht. Drei Seeleute weg zum Unteroffizierslehrgang, drei neue Männer im Bugraum. Für eine Weile würden sie jedes Wort noch mehr auf die Goldwaage legen müssen.

»Ich weiß nicht.« Er zuckte mit den Schultern. »Er passt nicht hierher. Eher in die Messe auf einem Dickschiff. Die achten ja sehr auf Etikette, habe ich gehört.«

»Etikette?« Dörfler machte ein verständnisloses Gesicht.

Jens griente. »Benimm, Dörfler, Benimm. Da hast du keine Ahnung von!«

»Kumm mer ned so, Bürscherl!« Aber der Bayer grinste zu Jens' und nicht zuletzt zu seiner eigenen Überraschung. »Aber i versteh, wos d' moanst. Recht hast, kummt mer vor wia a Ros'n im Kaktusgart'n!«

Jens nickte. »Richtig, aber Stacheln haben sie beide.«

»Wart'n mers ab!« Dörfler überlegte. »Wer hat'n Backschaft?«

Daniel Berger sah den Seemann nachdenklich an. »Du und der Hänisch, denk ich!«

»Der Hänisch ist auf Wache.« Jens lächelte knapp. »Ich geh mit dir, Dörfler!«

Keith Frazier beobachtete, wie die Vorspring sich straffte und das runde Heck der Korvette sich von der Pier wegdrehte. »Maschine stopp!« Im Geiste zählte er die Sekunden. Immer weiter schwang das Schiff weg wie eine Türangel, während sich das Heck gegen die Fender legte. »Kleine Fahrt zurück, Ruder Steuerbord zehn!«

Lieutenant Jason Philipps winkte kurz vom Vordeck

zur Brücke, während seine Männer sich immer noch durch das Gewirr der eingeholten Leinen kämpften. Frazier erwiderte den Gruß.

Und wieder ging es hinaus. Dieses Mal weiter, aber es wurde ja jedes Mal weiter.

Die Geleitzüge mussten immer weiter hinaus in den Atlantik eskortiert werden, weil die deutschen Boote ebenfalls immer weiter dorthin vorstießen.

Dieses Mal sechs Tage raus, sechs Tage rein. Die Position, an der sie den Konvoi allein weiterfahren lassen würden, war gleichzeitig auch der Treffpunkt mit dem ostgehenden Geleit zurück nach Liverpool. Theoretisch alles eine gut geplante Angelegenheit. *Theoretisch ...*

»Signal von Farlane, Sir!« Der Signalgast las die Meldung mit. »Befohlene Position achteraus vom Konvoi einnehmen!«

Der Lieutenant Commander nickte ruhig. »Bestätigen, Bunts!« Er nahm einen kurzen Rundblick. Sie waren fast herum. »Also, Ruder mittschiffs, halbe Fahrt voraus!« Er lauschte dem Klingeln des Maschinentelegrafen. »Quartermaster, steuern Sie die Mündung an.«

Der Quartermaster war ein erfahrener Mann, es bestand absolut keine Notwendigkeit, ihn mit unnötigen Befehlen zu verwirren.

Schließlich konnte er genauso gut wie jeder andere sehen, wo der Mersey ins Meer floss.

HMS Brambleberry begann leicht zu rollen, als der erste Schwell unter ihr durchlief.

Der Atlantik wartete schon.

Zwei Tage Pause, das war alles, was man ihnen gegönnt hatte.

Er warf einen Blick voraus, aber von Farlane war bereits nichts mehr zu sehen. Commander Smith nahm wahrscheinlich schon seinen Platz an der Spitze des

Geleits ein, aber zwischen den drei einzigen Geleitern befanden sich dreiunddreißig Schiffe in drei Kolonnen. Große Schiffe, kleine Schiffe, alte und neue, solche, die sich keinen Deut um die befohlenen Positionen scherten, solche, die zu stark qualmten, solche mit einem eilig übergepinselten dunklen Anstrich und solche, bei denen der Rost sich bereits wieder durch die Farbe fraß.

Für Frazier, den ehemaligen Frachterkapitän, waren die Schiffe nicht nur Schutzbefohlene, nicht nur undisziplinierte Schafe, die es galt, über einen von Wölfen beherrschten Ozean zu geleiten.

Er brauchte nur einen Blick auf das Schiff des Geleitzugkommodores zu werfen. Die Dorchester Pride war gerade einmal sechs Jahre alt, ein Stückgutfrachter, der auch Passagiere befördert hatte. Vor dem Krieg hatte sie ihr Geld in der Ostindienfahrt verdient. Singapur, Hongkong und zurück nach England. Er war ihr ein paarmal begegnet.

An Backbord bemühte sich ein Frachter heftig qualmend, die ihm zugewiesene Position am Ende der Steuerbordkolonne zu erreichen.

Die Angelica hatte ihre besten Tage schon hinter sich. Verdammt, sie hatte ihre besten Tage schon hinter sich gehabt, als er auf ihr als Dritter gefahren war, und das war etliche Jahre her.

Als Frazier grinste, war es ein trauriges Grinsen. Das Schiff war über vierzig Jahre alt.

Zu alt für diesen Krieg. *Verdammt, zu alt für jeden Krieg!*

Seetag 3

Der Atlantik zeigte sich von seiner besten Seite. Strahlender Sonnenschein und ein weiter blauer Himmel begrüßten jede neue Wache. Die Wachposten gingen ihre Wachen in Hemdsärmeln, und schon bräunten sich die ersten Gesichter, während die auf Feindfahrt unvermeidlichen Bärte sich anschickten, die Gesichter zu erobern. Es hätte allerbeste Stimmung herrschen sollen.

Aber der Sonnenschein endete auf dem Deck. Das Leben in der Röhre wurde davon, wenn überhaupt, dann nur am Rande beeinflusst. Solange nicht gerade Sturm herrschte, veränderte sich die Welt im Inneren des Bootes nicht. Und manche, wie der Funker Rückert oder der Maschinist Berger, hatten sich seit dem Auslaufen noch nicht einmal auf dem Turm blicken lassen, sei es aus Überarbeitung, wie im Falle Rückerts, oder sei es, weil Berger sich ganz einfach bei seinen Maschinen wohler fühlte. Motoren waren etwas, womit er sich auskannte, das er verstand. Die weite See hingegen, die im Sonnenlicht so täuschend freundlich glitzerte, war nicht seine Welt. Er traute ihr nicht, das war etwas für die »richtigen« Seeleute. Maschinisten bevorzugten ohnehin eine noble Blässe, wie selbst der Methusalem schon in der O-Messe verkündet hatte.

Der Methusalem, bisher der Älteste an Bord und nun durch den neuen IIWO aus diesem zweifelhaften Privileg verdrängt, gehörte auch zu denen, die es vermieden – wie der Teufel das Weihwasser –, mit der Natur außerhalb des Bootes in Berührung zu kommen. Oberleutnant Wegemann war Techniker durch und durch. Es bereitete ihm keine Probleme, die komplizierten Trimmverhältnisse des Bootes zu jedem Zeitpunkt genau zu berechnen. Die Natur hingegen war unberechenbar, und unberechenbare Dinge gehörten, wie er ebenfalls konstatierte, nicht in seinen Aufgabenbereich.

Von Hassel sah sich an der Back um. Rudi Schneider, der IWO, Oberleutnant Wegemann und Leutnant Wellenberg erwiderten neugierig seinen Blick. Es war selten, alle vier Offiziere in der Messe anzutreffen, aber im Augenblick war der Steuermann auf Wache. Beiläufig nickte er. »Ist ja schon was ganz anderes als beim letzten Mal, wo wir hier waren!«

Schneider griente. »Das war im März. Und was war damals für ein verdammter Sturm!« Er zuckte mit den Schultern. »Jetzt ist Sommer, klare Sicht über zig Meilen hinweg.«

»Eben!« Der Alte langte noch einmal beim Sauerkraut zu. Ohne aufzublicken, sprach er weiter. »Wir haben Flieger gesichtet und wissen nicht, ob das nicht vielleicht unsere waren. Da fragt man sich ja, was die Royal Air Force so treibt.«

Leutnant Wellenberg spießte eine der Bratwürste auf seine Gabel und biss ein Stück ab. Er spürte instinktiv, dass etwas nicht stimmte, aber er würde den Teufel tun und fragen. Manchmal, das wusste er aus seiner Praxis als Rechtsanwalt, war es besser, einfach zuzuhören.

Von Hassel unterdrückte ein Lächeln. Der IIWO hatte also nicht die Absicht, eine Meinung zu äußern. Entweder er hatte keine, oder er hatte das Problem noch gar nicht erkannt, oder er hielt sich zurück und ließ die anderen kommen.

Oberleutnant Wegemann verzog das Gesicht. »Nicht mehr lange, und wir wissen es.« Er grinste Entschuldi-

gung heischend. »Wenn sie die engste Stelle nicht überwachen, was sollen sie dann überwachen?«

Rudi Schneider nickte langsam. »Macht Sinn, aber es
ist nicht gerade eine Neuigkeit.« Er blickte über die
Back. »Noch ein paar Bratkartoffeln?«

Der IIWO reichte ihm die Schüssel, die der IWO
durchaus auch hätte selbst erreichen können. »Bratkartoffeln, bitte sehr!« So groß war die Back ja nun auch
nicht. Flugzeuge! Also darum ging es. Bei diesem Sommerwetter mochte es sein, dass so ein Flieger das Boot
entdeckte, bevor die Wache ihn sah. Zum Beispiel,
wenn er aus der Sonne kam. Alles Dinge, die man im
WO-Kurs auch lernte. Aber hier war es anders. Er spürte
eine plötzliche Kühle. *Weil der Flieger hier mit scharfen
Bomben wirft, oder weil er seine Kameraden von der Marine herbeiruft, die ja auch hier irgendwo unterwegs sein
müssen.* Er sah von einem zum anderen. »Das Wetter ist
dann eher für die Flieger gut?«

Der Alte nickte. »Ja, gutes Flugwetter, IIWO.« Er sah
sich um. »Haben Sie noch Bratkartoffeln übrig gelassen, Rudi?«

Gerhard Kupinska hob einmal mehr das schwere
Glas. Stück für Stück suchte er seinen Sektor ab. Backbord voraus. Dann das Glas wieder senken, mit bloßem
Auge nachkontrollieren, und das Ganze wieder von
vorn. Ein angenehmer leichter Wind strich über seine
Arme. Wie alle trug er nur kurzärmliges Hemd und Hose
statt des Lederzeugs. Marscherleichterung, wie man das
beim Militär nannte. Wieder kontrollierte er seinen Sektor, aber das geschah mechanisch. Es gab viel, das ihm
im Kopf herumging. Er war bei Kriegsausbruch Zerstörer
gefahren, aber die meisten Zerstörer hatte es ja in Narvik
erwischt. Eine Weile Infanteriekrieg, nachdem die Wilhelm Heidkamp mitsamt Kommodore und dem größe-

37

ren Teil der Besatzung rasiert worden war, und er hatte die Schnauze gründlich voll gehabt. Mochte man in der Wochenschau auch immer noch vom Heldenkampf der deutschen Zerstörer* reden, es waren einfach zwei dicht aufeinanderfolgende Massaker gewesen, in denen sie sich wegen Treibstoff- und Munitionsmangels nicht einmal hatten wehren können. Noch immer konnte er die Abschüsse der Zwölf-Sieben hören, und die Wassersäulen, die von den Granaten der Briten hochgerissen wurden, erschienen plötzlich und unvermittelt wieder vor ihm. Salzige Luft, gemischt mit öligem Qualm und einer säuerlichen Note Kordit. Und Schreie, unmenschliche Schreie, überall um ihn herum, während der Rumpf sich immer weiter überlegte und Leuchtspur in Stahl, Fleisch und Knochen schlug wie eine glühende Peitsche.

Er blinzelte, musste mühsam in die Realität zurückfinden. Da war *etwas!* Er hob wieder das Glas, aber noch bevor er den winzigen Punkt am Himmel wiederfinden konnte, brüllte der Steuermann bereits los. »Alaaaaaaaarm! Los! Los, los!« Wie die Kaninchen verschwanden die Männer im Turmluk und rutschten an den Leitersprossen hinunter.

Blechgeschirr klapperte auf das Deck, als sich der Bug plötzlich senkte. In der Messe rappelte der Topf mit dem Rest Sauerkraut unbeachtet unter eine Koje. Männer sprangen auf und eilten auf ihre Stationen.

---

* Fritz Otto Buschs Titel *Vom Heldenkampf deutscher Zerstörer* kam im Juni 1940 in den Buchhandel. Die verheizten Zerstörer von Narvik wurden mitsamt Besatzungen zum Ideal soldatischen Märtyrertums und höchster Tapferkeit hochstilisiert. Aber in Wirklichkeit hatte es nichts gegeben als zehn Zerstörer ohne Treibstoff und Munition, die wehrlos in einer Falle saßen – eine Wahrheit, die innerhalb der Marine auch bekannt war.

»Vorn oben fünfzehn, hinten unten fünf!« Der LI dirigierte das Manöver mit einer angebissenen Bratwurst in der Hand. »Zellen eins bis vier fluuuuten!«

Schnellentlüfter knallten auf, und mit hellem Zischen strömte die Luft, die vom Wasser aus den Tauchzellen gedrückt wurde, ins Bootsinnere. Achteraus verstummten die Diesel, und das leise Summen der Elektromotoren erfüllte das Boot.

»Alle Mann voraus!« Wütend gestikulierte der Methusalem mit der Bratwurst.

Viele der Männer waren bereits voraus, andere machten kehrt, als sie den gebrüllten Befehl hörten. Wie die Affen sprangen sie einer nach dem anderen durch das Mannloch, hetzten nach vorn, nur um sich mit der Masse ineinander verkeilter Körper zwischen den Bugtorpedorohren zu vereinen. Endlich drückte die Schraube den Rumpf in die Tiefe, während der Bug schon steil nach unten zeigte.

»Vorn oben fünfzehn, hinten oben zehn, fünf bis acht fluten!«

Der Alte hielt sich am Sehrohrschacht fest, als das Boot steil auf Tiefe ging. »Steuermann, was haben wir?«

»Flieger, Herr Kap'tän!« Franke runzelte die Stirn. »Kann sein, dass er uns gesehen hat!«

»Alles klar!« Von Hassel wandte sich um. »Steuerbord fünfzehn, beide AK!« Er runzelte die Stirn, als er Rudi Schneider zu seiner Apfelkiste wanken sah. »IWO, Ihr Platz ist jetzt hier.«

Schneider hob den Kopf und zuckte mit den Schultern. »Richtig, alte Angewohnheiten!« Er zwang sich zu einem Grinsen und angelte nach Halt, als das Boot sich auch noch leicht auf die Seite legte. »IIWO, die Apfelkiste gehört jetzt Ihnen!«

Der Bug kam wieder etwas auf, aber von der Zentrale

aus wirkte es immer noch so, als stünden sie in einer Bergbahn auf dem Weg nach unten.

»Stützruder!« Von Hassels Stimme klang scharf durch das Durcheinander. Er plierte auf den Kompass. »Neuer Kurs wird Zwo-Neun-Null!«

Siebenundzwanzig Sekunden, beinahe eine halbe Minute, so lange brauchte ein Typ-IXB-Boot, um zu tauchen. Siebenundzwanzig Ewigkeiten, in denen der Gegner mit zweihundertfünfzig Knoten über das Wasser rasen konnte, auf sie zu. Es waren die siebenundzwanzig Augenblicke, in denen ein jeder sich im Geiste den Bomber vorstellte, die Bombenschächte weit geöffnet, geradeaus auf den verräterischen Tauchkringel zu, der ihm zeigte, wo das Boot getaucht war. Es waren die siebenundzwanzig Ewigkeiten, in denen die Zeit sich wie Gummi dehnte, sich die Bauchmuskeln anspannten. Aufgerissene Augen starrten zur gerundeten Decke, warteten auf den Knall, warteten darauf, dass mit einem dumpfen Schlag die Bordwand eingerissen wurde und Wasser wie eine grüne Wand in ihre enge Welt stürzte, um sie zu ersäufen.

Aber als der Knall endlich kam, klang er erstaunlich fern. Der schwere Bootskörper schüttelte sich nur leicht, bevor das Boot seine halsbrecherische Fahrt in die Tiefe fortsetzte.

»Sechzig Meter gehen durch!« Die Stimme des LI klang fragend.

Von Hassel nickte. »Tiefer!« Er blinzelte dem IWO zu und schürzte die Lippen. »Ein Anfänger, der sich verschätzt hat? Oder einer, der besonders schlau sein wollte?«

Schneider zuckte mit den Schultern. »Er hat bestimmt noch eine Bombe, vielleicht sogar mehr.«

»Wir warten es ab!« Der Alte wandte sich um. »Irgendwelche Probleme?«

»Hundert Meter gehen durch!« Der Methusalem runzelte die Stirn. »Frage: Wie tief?«

Ein Knirschen ging durch die Röhre, und Farbteilchen rieselten auf die Männer herab. Eine Erinnerung an den Wasserdruck. Bei hundert Metern Tiefe lastete das Gewicht von ungefähr einhundertzwanzig voll beladenen Volkswagen auf jedem Quadratmeter der Bootshülle, und U-68 hatte einige Quadratmeter zu bieten.

Aber von Hassel grinste nur unbekümmert. »Tiefer, das kann das Boot ab, LI!«

Von achtern kam eine Meldung. »Stopfbuchsen dicht!«

Das Grinsen des Alten wurde breiter. »Sag ich doch!« Er zwinkerte dem LI zu. »Bei zweihundert abfangen!«

Oberleutnant Wegemann schielte auf den Tiefenmesser. »Hundertfünfzig gehen durch.« Er schüttelte den Kopf. Wieder quietschte der Stahl gequält, während der Wasserdruck zunahm. »Vorn, hinten, null!«

Von Hassel nickte ihm gelassen zu. »Wir bleiben eine Stunde unten, dann sehen wir weiter. Wer sitzt am GHG?«

»Rückert!« Schneider zuckte mit den Schultern. »Er hat bisher nichts!«

Der Alte hielt sich weiter am Sehrohrschacht fest, während hinter ihm die Litanei der Tauchmanöver erklang. »Er soll sich weiter umhören. Steuermann, wir gehen auf unseren alten Kurs, kleine Fahrt voraus.«

Wieder erzitterte der Rumpf. Und mehr Farbteilchen rieselten herab, als der Druck die Röhre erneut um Bruchteile eines Millimeters zusammenquetschte. Etwas Pressluft zischte in die Zellen, als der LI das Boot abfing. Eine kurze Nickbewegung des Bootes, dann meldete er: »Boot ist auf zweihundert Metern und durchgependelt.«

»Danke, LI!« Der Alte tippte sich an die Mütze. Er lächelte schmal. »Dann warten wir mal ab.«

Auf HMS Goosefoot fluchten die Männer einmal mehr, aber nicht mehr mit dem gewohnten Elan. Die vergangene Nacht hatte sie wieder zwei Dampfer gekostet, und damit war die Anzahl auf achtundzwanzig geschrumpft.

Fünf verloren. Doch nun ging es endlich hinaus in die Weiten des Atlantiks.

Keith Frazier blickte durch das Fernglas. Seine Goosefoot fuhr wieder achteraus vom Geleit, die letzten der Schiffe gerade noch in Sicht.

Immer noch bemühte sich die alte Angelica, ihre befohlene Position zu halten, während sie heftig qualmte. Alle Signale, weniger zu qualmen, hatte der Skipper des alten Dampfers bestätigt, nur verändert hatte sich nichts. *Weil der Chief dem verdammten Kasten wahrscheinlich schon die Eingeweide rauspustet, um die befohlenen sieben Knoten zu halten.* Er griente. Smith auf der Farlane war ein Berufsoffizier, er hatte keine Ahnung von Handelsschiffen.

»Zeit für den Kurswechsel, Sir!«

Der Kommandant fuhr sich mit der Hand über das kratzige Kinn. »Sie ist ganz die Ihre, Number one!« Er unterdrückte ein Lächeln. »Ich gehe kurz nach unten und rasiere mich!« Steifbeinig schob er sich aus seiner Ecke in der Brückennock. Seinen alten Seebeinen bereiteten die bockigen Bewegungen des Schiffes keine Schwierigkeiten. Aber die meisten seiner Männer waren gerade erst so weit, dass ihnen Seebeine wuchsen. Und selbst er musste zugeben, dass sich die Korvette hier draußen etwas arg lebendig benahm. Sollte es Sturm geben, würde sie auf den Wellen tanzen wie ein

Stück Treibholz. Und Sturm würde es geben. Weil der Atlantik selten lange so ruhig blieb.

Feldwebel Dachsmeier drückte die Schubhebel mit einer entschlossenen Bewegung nach vorn. Sofort heulten die starken Motoren auf, und die große Maschine begann zu vibrieren. Klappen raus, Bremsen lösen. Beinahe zögerlich kam der Vogel in Bewegung und begann über die Behelfspiste zu rumpeln. Dachsmeier hielt den Atem an. Das Fahrwerk war mehr für asphaltierte Startbahnen gemacht. Diese Buckelpiste hier war ganz und gar nicht nach dem Geschmack der ursprünglich als Zivilmaschine gebauten Condor.

Nur langsam nahm die schwere Maschine Fahrt auf. Schneller, immer schneller. Neben ihm zog Unteroffizier Hartmann, sein neuer Kopilot, scharf die Luft ein. »Verdammt kurz, die Piste!«

Die Maschine raste weiter, immer weiter auf die roten Markierungen zu, die für die Männer im Cockpit bereits beängstigend nahe erschienen. Und noch immer klebte der verdammte Vogel am Boden!

»Scheißverdammt kurz!« Dachsmeier spürte die unruhige Bewegung des Kopiloten mehr, als dass er sie aus dem Augenwinkel sah. Er zog das Steuer vorsichtig an. Sofort wurden die Bewegungen des großen Flugzeugs schwammiger. Aus der BzB kamen abgerissene Rufe, als das Heck die roten Markierungen passierte, nicht höher als vielleicht zehn Meter. Aber noch immer beschleunigten die vier Propeller der Condor. Und mit jeder Sekunde gewannen sie an Geschwindigkeit und damit an Auftrieb. Dachsmeier entspannte sich etwas. Sie waren in der Luft!

»Mann, das war verdammt knapp!« Walter Himmels Stimme aus dem unteren MG-Stand.

Dachsmeier griente. »Was moanst, was der Vogel wieg'n tut!«

»Ich dacht' schon, du willst uns übers Wasser fahren!«

»Beruhig di!« Der Feldwebel warf seinem Kopiloten einen Blick zu und zwinkerte. »Er hat scho recht, aber wenn i eam des sag, gibt er den ganz'n Flug koa Ruah!«

Unteroffizier Hartmann sah auf seine Fliegeruhr. »Ja, und der dauert viel zu lang.«

Die Männer lachten, und die Anspannung des Starts fiel von ihnen ab. *Sakra, die verdammte Pist'n is wirklich zu kurz!* »Also, aufi geht's!« Der Feldwebel ließ die große Maschine in eine weite Kurve gleiten. Die Zahlen glitten durch den Kompass. Zwo-Zwo-Null … Zwo-Drei-Null … Zwo-Vier-Null … Immer weiter nach Westen. Vier Stunden raus, zwei Stunden kreisen, vier Stunden zurück. Inklusive seiner Person waren sie vier Mann, auch wenn der Funker nichts sagte.

Er sagte selten etwas, wenn er nicht gerade etwas zu melden hatte. *Wir müss'n den Bursch'n mal a bisserl auftau'n, wenn mer z'ruck san!*

»Schraubengeräusch in Zwo-Sechs-Drei!« Unteroffizier Rückert schien in sein GHG kriechen zu wollen. Gespannt lauschte er. »Große Entfernung! Hohe Umdrehungen!«

Der Alte nickte. »Behalten Sie ihn im Auge … oder Ohr!« Er grinste etwas angespannt. »Jetzt wissen wir es also!«

Oberleutnant Schneider zuckte mit den Schultern. »Zu wenig und zu spät. Den Tommies geht es auch nicht besser als uns.«

»Hoffen wir es!« Von Hassel sah sich kurz um. Zweihundert Meter Tiefe, kleine Fahrt und ziemlich genau

Westkurs. »Er wird seine Suche da beginnen, wo uns der Flieger erwischt hat, und dann immer größere Kreise ziehen.« Kleine Fahrt, das bedeutete drei Knoten. Nach beinahe einer Stunde Tauchfahrt waren sie gerade einmal knapp drei Meilen von der Stelle entfernt, an der dieser Tommy-Pilot seine Bombe abgeworfen hatte.

Wie weit mochte das geheimnisvolle Ortungsgerät der Tommies reichen? Eine halbe Meile? Vielleicht eine ganze? Aber sicher keine drei Meilen!

Und in großer Tiefe gab es alle möglichen Probleme. Unterschiedliche Temperaturen, Schichten mit unterschiedlichem Salzgehalt, Strömungen. Alles Mögliche mochte die Ortungsgeräte verwirren und dem Mann hinter dem Zauberkasten den Eindruck vermitteln, das gejagte Boot sei ganz woanders, als es wirklich war. *Kein Grund zur Sorge!* Beiläufig nickte er seinem IWO zu. »Ruhe im Boot, Schleichfahrt. Steuerbord zehn, neuer Kurs wird Drei-Eins-Fünnef!« Er zwang sich zu einem Grinsen. »Wir müssen ja nicht gleich die ganze Nachbarschaft wecken!«

Er wartete einen Augenblick ab, bis die Befehle weitergegeben waren. Mit einer sanften Bewegung drehte das Boot durch die schwarze Tiefe. Außerhalb der Hülle aus Qualitätsstahl herrschten Druck, Kälte und Wasser. Wasser, jene Flüssigkeit, über die man niemals nachdenkt. Wasser, genau jene Flüssigkeit, die Männer ersäufen kann wie Ratten, sollte ihre Röhre einen Sprung zu viel bekommen. Man konnte es im Inneren der Röhre nicht sehen und auch nicht den Druck spüren. Nicht physisch. Aber es war jedem Mann bewusst, in jedem Augenblick, mit jedem Atemzug, mit jedem Herzschlag. Und immer wieder knirschte es irgendwo im Rumpf, wenn sich das Boot weiter an die Druckverhältnisse anpasste. Auch wenn man die Kameraden um sich herum spürte – Gespräche waren verboten. Alles, was Geräusche verursachen konnte, war verboten. Selbst alle unnötigen Geräte waren abgeschaltet worden, als der Befehl zur Schleichfahrt kam. Schweigen senkte sich über das Boot. Eine Stahlhülle, fünfzig Männer und ungefähr zweieinhalbtausend Kubikmeter Öl, nach Öl stinkende Luft und Furcht schlichen durch die Dunkelheit. Aber all das war besser, als von dem Tommy-Zerstörer erwischt zu werden.

»Was macht er?«

Rückert verzog das Gesicht. »Kommt näher. Zehn Meilen etwa. Tommy-Zerstörer, eindeutig.«

Zehn Meilen, nicht einmal zwanzig Minuten für einen Zerstörer in großer Fahrt. Und große Fahrt machte er. Für einen Augenblick dachte von Hassel darüber nach, auf Sehrohrtiefe zu gehen. Bei dieser Fahrt konnte der Tommy nicht lauschen und nicht orten. Aber er verwarf den Gedanken wieder.

Sie würden Minuten bis zur Oberfläche brauchen, Minuten, in denen das Kriegsschiff plötzlich seine Maschinen stoppen und – während es von der Restfahrt vorwärtsgetrieben wurde – nach dem U-Boot lauschen konnte, das seine Luftwaffenkameraden ihm gemeldet hatten.

Sekunden verstrichen, reihten sich zu Minuten. Jeder wartete und lauschte. Noch bestand keine unmittelbare Gefahr, aber die Situation konnte jeden Augenblick umschlagen. Das Geräusch eines auf das Stahldeck fallenden Schraubenschlüssels konnte in einem empfindlichen Horchgerät meilenweit gehört werden. Oder gerufene Meldungen. So ging alles in gespenstischer Stille vor sich. Die Befehle und Meldungen wurden geflüstert von Mann zu Mann weitergegeben, jede Bewegung langsam und bedächtig ausgeführt.

»Er stoppt die Maschinen!« Rückert hatte die Augen halb geschlossen. »Peilt jetzt in Eins-Neun-Acht, Herr Kap'tän! Abstand etwa drei Meilen.« Der Funker wartete einen Augenblick. »Kein Ortungsgerät!«

Der Alte hatte sich wieder auf seinem Stammplatz im Schott niedergelassen. Bei Rückerts Meldung schmunzelte er. »Er lauscht, genau da, wo wir vor dem Flugzeug weggetaucht sind.«

Rudi Schneider hörte den leise gemurmelten Kommentar des Kommandanten. »Der kann sich doch ausrechnen, dass wir da bestimmt nicht mehr sind.«

»Oder er rechnet sich aus, dass wir uns genau das ausrechnen.« Von Hassel zuckte mit den Schultern. »Er wird bald seinen ersten Suchkreis beginnen.«

Viele Meilen entfernt von U-68 zog das Geleit seine Bahn hinaus in den Atlantik. Obwohl auch hier die Sonne schien, war der Seegang bereits etwas gröber. Jason Philipps verzog das Gesicht und versuchte, die unruhigen Schiffsbewegungen in den Knien auszufedern. Ein Vorhaben, das selten genug gelang.

Wie so viele an Bord der HMS Goosefoot war er kein Berufsseemann. Er verfügte nicht über die Instinkte, die ihm den entscheidenden Sekundenbruchteil früher verraten hätten, welche Bewegung der Rumpf gleich machen würde.

»Etwas unruhig, Sir?«

Der Erste wandte sich um. »Es wird nicht besser werden, Bunts!« Philipps sah dem Signalmeister verblüfft zu. Der Unteroffizier, etwa in seinem Alter, glich das Rollen der Korvette mit beiläufiger Gleichgültigkeit aus.

Simmons, der Signalmeister, dem es in Wirklichkeit noch an Rang für diese Bezeichnung fehlte, grinste. »Reservist, Sir, bin aber früher auf einem Walfänger gefahren.« Er zuckte mit den Schultern. »Nicht so anders, nur dass die Wale nicht gerade mit Torpedos geschossen haben.«

Der Erste griente. »Komm zur Navy, da erlebst du was!«

Die beiden Männer lachten, als der Erste die Stimme eines bekannten Werbers imitierte. Es war ein alter Witz. Aber dann hob der Offizier wieder das Glas. Und der Unteroffizier fuhr fort, Leinen an seinen Signalflaggen zu ersetzen.

Das Geleit war ein beeindruckender Anblick. Die Schiffe ragten hoch aus dem Wasser, ein sicheres Zeichen, dass sie in Ballast liefen. Auf dem Rückweg würden sie tief liegen. Ohne Mühe konnte der Lieutenant auf einem nahen Dampfer die frisch gemalte Belademarkierung erkennen. Eine für Schiffe, die man normalerweise nicht in den Nordatlantik gelassen hätte. Die Marke, die anzeigte, wie schwer man in Kriegszeiten ein Schiff beladen durfte, um es in Gewässer zu schicken, für die es nicht gebaut war. Oder, wie manche meinten, die Marke, an welcher der Eimer von allein sinken würde.

Doch alle zogen ihren Kurs, schwerfällig und stur. Bei jedem neuen Kurswechsel würden ein paar von ihnen wieder das Signal verpassen und dann versuchen, mit starkem Qualmen und stampfenden Maschinen erneut ihre Position zu erreichen. Aber sie würden sie erreichen. Das Geleit war auf vierundzwanzig Schiffe zusammengeschrumpft. Drei waren durch U-Boote in der vergangenen Nacht versenkt worden, eins mit Maschinenschaden zurückgeblieben. Aber eine erträgliche Anzahl war ihnen geblieben, und je weiter sie in den Atlantik hinausliefen, desto geringer wurde die Gefahr. Es hieß, die meisten Boote der Deutschen seien gar nicht atlantiktauglich.

Vielleicht war etwas Wahres daran, denn tatsächlich erfolgten die meisten Angriffe nur einen Tag von der Irischen See entfernt.

»Sir!« Die Stimme eines der Ausgucks ließ den Ersten aufschrecken. »Da ist etwas!« Aufgeregt deutete der Mann nach Steuerbord voraus.

Auch Philipps schwenkte sein Glas herum. Ein dunkler Punkt, nicht mehr. Für einen winzigen Augenblick entspannte er sich. Kein Sehrohr, kein konischer Turm, keine Bugwelle, die verraten hätte, dass hier eine verdammte Naziröhre versuchte, sie zu überrumpeln. *Einfach genug haben sie es ja, weiß Gott!*

Aber das war kein U-Boot. Es war nur ein kleiner dunkler Punkt auf der glitzernden Wasseroberfläche.

Mit einem Seufzen blies er in die Pfeife am Sprachrohr.

»Kommandant?«

Philipps unterdrückte ein Seufzen. Der Alte war erst vor ein paar Minuten in seine Seekabine gegangen. Er konnte nicht einmal Zeit für eine Rasur gefunden haben, geschweige denn für ein Nickerchen. »Sichtkontakt an Steuerbord voraus. Kein U-Boot, aber ich weiß auch nicht genau ... ein dunkler Punkt auf die Entfernung. Zu klein für ein Schiff.«

Frazier schwieg einen Augenblick. Als er wieder sprach, klang seine Stimme ruhig und irgendwie distanziert. »Ein dunkler Punkt, sagen Sie?«

»Ja, keine Einzelheiten auszumachen. Fünf Meilen, würde ich schätzen.«

Der Alte brummte etwas, das der Erste nicht verstand. Dann erteilte er entschlossen Befehle. »Signal an Farlane: Klären Sichtkontakt in ..., setzen Sie die Peilung selbst ein. Dann wechseln Sie Kurs.«

Philipps runzelte die Stirn. »Gefechtsalarm, Sir?«

»Unnötig. Der Bootsmann soll ein paar Leute und die Kletternetze bereithalten.«

»Sie glauben ...« Der Erste brach ab. *Natürlich glaubte der Alte, sie hätten ein Rettungsboot entdeckt!* »Aye, Sir!«

»Maschinen laufen an!« Rückerts Stimme war ein kaum wahrnehmbares Flüstern.

Der Alte nickte. Es war das, worauf er gewartet hatte. Lustlos würde der Zerstörer ein paar Kreise ziehen und mit seinem Zauberkasten versuchen, die Tiefe abzusuchen. Wahrscheinlich würde keiner an Bord des Kriegsschiffes glauben, dass sich hier wirklich ein U-Boot herumtrieb. Mochte der Teufel wissen, worauf die Kameraden eine Bombe geschmissen hatten, vielleicht auf einen Wal. Von Hassel griente träge. Nur dass hier tatsächlich ein Boot war! Er konnte sich mühelos vorstellen, wie die inzwischen Stunden andauernde Schleichfahrt an den Nerven der Männer zerrte. Besonders die Neuen mussten mittlerweile einen ständigen Kampf mit sich selbst ausfechten. Es passierte nichts, gar nichts. Still und leise schlichen sie durch die See. Aber jeden Augenblick konnte etwas passieren. Auch das gehörte zum Leben der U-Boot-Fahrer. Das Warten. Er verkniff sich ein Grinsen. *Das hier ist gar nichts!* Aber auch er spürte, wie das Warten langsam an seinen Nerven zerrte.

»Steuerbord zehn! Gehen Sie auf Drei-Drei-Null!«

Schneider nickte. »Drei-Drei-Null, jawohl, Herr Kap'tän!« Mit Argusaugen beobachtete der IWO den Kompass. »Stützruder!«

Der Kommandant entspannte sich etwas. Schneider hatte das Boot gut im Griff. Eine winzige Kursänderung nur, aber sie würden dem Zerstörer genau dann ihr

Heck zukehren, wenn er auf seinem Suchkreis den geringsten Abstand hatte. *Die schmale Silhouette!*

»Sein Ortungsgerät läuft!« Rückert zögerte kurz. »Peilt jetzt in Eins-Fünnef-Vier, etwa sechzehn Knoten. Etwas mehr als drei Meilen. Aber er dreht.«

Von Hassel blinzelte kurz. Bisher konnte nur Rückert an seinem Horchgerät das ständige Ping hören. Erst wenn der Tommy näher kam, würden es alle hören. Und näher kommen würde er.

Vorn im Burgraum hatten die Männer sich ihre Plätze gesucht, so gut das möglich war. Immer schön weit weg von der Bordwand. Die Vibration einer nahen Wasserbombe konnte vom Stahl übertragen werden und einem Mann das Kreuz brechen. Schweigend hockten sie auf Kojen, auf der Back und auf dem Deck, wo auch immer sie einen Platz gefunden hatten. Keiner von ihnen konnte etwas tun, keiner von ihnen wusste, was wirklich vorging. Es blieb ihnen nur das Warten. Warten und auf jede noch so kleine Sinneswahrnehmung achten. Das Knirschen des Metalls, das leichte Neigen des Rumpfes, selbst der Geruch nach alten Socken und Schweiß und der beständige Dieseldunst, das leise Schleifen des vorderen Steuerbordtiefenruders. Jens Lauer hob den Kopf. »Kurswechsel!«

Auch Dörfler richtete sich auf, als die geflüsterte Erkenntnis durch das Schweigen drang. »Da damische Tommy is hinter uns her! Da Alte fährt a Ausweichmanöva!«

Jens schüttelte den Kopf. »Zu wenig. Viel zu wenig. Das waren nur ein paar Grad!«

»Wos moanst?«

»Nix, Loisl. Bin mir nicht sicher. Wir sind zu tief, als dass der Alte den Burschen umlegen könnte.«

Der Bayer nickte ruhig. »A Vorsichtsmaßnahm', nix weiter.«

Einer der Unteroffiziere legte warnend den Finger auf die Lippen, und die Männer verfielen wieder in Schweigen.

Der Gefreite Kupinska hockte auf einer der unteren Kojen. Schweigend hatte er der kurzen Unterhaltung gelauscht. Er wusste nicht, was er davon halten sollte. Die Stimmen der beiden anderen Seeleute hatten so ruhig geklungen, als würden sie über das Wetter sprechen. Dabei konnte der verdammte Tommy-Zerstörer jeden Augenblick auf sie einschwenken. Vielleicht war er jetzt schon hinter ihnen, vielleicht würde er jeden Augenblick zu hören sein, das Mahlen seiner Schrauben, das Ping des ASDIC. Er hatte keine Mühe, sich das Kriegsschiff vorzustellen. Die Geschütze waren auf größter Erhöhung, sollten sie versuchen, die rettende Oberfläche zu erreichen, die Wabo-Werfer waren geladen mit Tonnen von Sprengstoff, die Zünder bereits auf verschiedene Tiefen eingerichtet. Er hob den Kopf. Da war etwas!

Die Korvette legte sich nach Steuerbord, als sie den Kurs wechselte. Mit großer Fahrt, in ihrem Fall also eher jämmerlichen fünfzehn Knoten, steuerte sie den Punkt an, der immer noch bewegunglos in der See trieb.

Keith Frazier ließ das Glas sinken. »Ein Rettungsboot.« Es war eine Feststellung, nicht mehr.

»Warum springt keiner von denen auf und winkt? Sie müssen uns doch längst sehen?« Der Erste spähte misstrauisch zu dem Boot. »Sie müssen uns doch kommen sehen!«

Der Kommandant spürte für einen Augenblick Mitleid mit seinem jungen Ersten. Es war so einfach, zu vergessen, dass die meisten seiner Besatzung, Philipps eingeschlossen, vor ein paar Monaten noch irgendwelchen Jobs an Land nachgegangen waren.

Er räusperte sich. »Der Bootsmann soll ein Geschirr ausbringen. Wir müssen sie an Bord hieven.«

Philipps sah ihn mit offenem Mund an. »Sie sind …«

»Ja, sie sind alle tot.« Frazier zuckte mit den Schultern. »Vielleicht sind sie schon vor Wochen in das Boot gegangen. Torpediert während der Nacht, und die Geleiter konnten sie nicht finden. Vielleicht treiben sie schon seit Wochen hier herum.« Seine Stimme klang müde. »Holen Sie sie an Bord, wir setzen sie während der Nacht bei.«

Der Erste spürte ein Kratzen im Hals. Aber dennoch legte er die Hand an die Mütze. »Aye, Sir!« Mit hängenden Schultern wandte er sich um und ging aufs Seitendeck. Es konnte nicht mehr lange dauern. Schon ließ der Alte das Schiff schwenken und mit der Fahrt heruntergehen. All die üblichen Bewegungen des kleinen Kriegsschiffes, die inzwischen vertrauten Eindrücke, all das erschien ihm auf einmal überdeutlich.

»Befehle, Sir?«

Jason Philipps blickte auf und sah in die neugierigen Augen des Quartermasters. Er zwang sich zu einer ausdruckslosen Miene. »Kletternetze und ein Geschirr. Wir müssen sie so schnell wie möglich an Bord bekommen und dann wieder unsere Position einnehmen.«

»Aye, Sir!« Der bullige Mann wandte sich um und brüllte ein paar Befehle zu den wartenden Seeleuten, die wie gebannt zu dem Rettungsboot starrten. Eine der Gestalten hielt noch immer die Ruderpinne umklammert, den Kopf zurückgelegt, als würde sie den Sonnenschein genießen. Er schüttelte sich kurz, aber dann fasste er sich wieder und schnauzte die Seeleute an. »Al-

53

so los, Männer! Heulen könnt ihr, wenn ihr zurück bei Mami seid!«

Die Schrauben liefen rückwärts, und mit einem sanften Schwung legte sich die Goosefoot neben das treibende Boot. Von unten starrten die leeren Augenhöhlen die Bordwand empor. Als seien die Toten über die Störung empört. Für einen winzigen Augenblick schien die Zeit einzufrieren. Jede Einzelheit brannte sich schmerzhaft in das Gedächtnis des Ersten ein: der Zweite Offizier, Maxwell, der in das offene Boot sah, auf eine Offiziersjacke mit einem einzelnen gewellten Streifen, eine Jacke wie seine eigene. Die Seeleute, die schweigend in die grausigen Gesichter blickten. Die leeren Höhlen, in denen einst Augen gesessen hatten. *Die verdammten Möwen holen sich die Augen immer zuerst!* Die Uniformen. Männer wie er selbst, Männer wie seine Männer. Es musste sie schon vor Wochen erwischt haben. Bereits vergessen von der Welt der Lebenden, waren sie auf dem Atlantik getrieben, bis auch der Letzte von ihnen starb, an Durst, Hunger, Erschöpfung. Er fragte sich, welcher der Männer der Letzte gewesen sein mochte, umringt von seinen toten Kameraden und doch noch mit einem winzigen Schimmer trügerischer Hoffnung.

Seine Stimme klang rau. »Los, los, los! Hoch mit ihnen, wir müssen weiter, Männer!« Er blickte auf eines der Mützenbänder. HMS Vine, eine Korvette wie ihre eigene.

»Er kommt näher!« Die Stimme des Funkmaats hatte plötzlich einen scharfen Ton. »Lage hundertachtzig! Er nimmt Fahrt auf!«

Von Hassel nickte. Er hatte das ferne Mahlen der Schrauben bereits gehört. Es war mehr ein Gefühl als ein Geräusch. Aber es konnte kein Zweifel bestehen, der Tommy hatte Kontakt. Irgendwie, und er wusste nicht, wie, aber der Tommy hatte Kontakt. Er hätte seine Wut laut herausbrüllen können. Aber stattdessen atmete er nur tief durch. »LI, kann es sein, dass wir eine Ölspur hinter uns herziehen?«

Der Methusalem unterbrach sein Studium der Anzeigen. »Bisher kein Zeichen dafür, aber ...« Er zuckte mit den Schultern. »Irgendwas ist schließlich immer.«

»Eine Meile! Große Fahrt!«

Der Alte hob den Kopf und blickte zur Bordwand. Das Ping des Ortungsgerätes klang fern, nicht so schrill. *Kein direkter Kontakt!* »Beide AK! IWO, klar zur Kursänderung nach Backbord!«

Das Mahlen der Schrauben kam näher, wurde zu einem echten Geräusch. *Verdammte Werftgrandis!* »Ruhig, abwarten!«

Wieder ertönte ein fernes Ping. Obwohl das Geräusch noch weit entfernt war, schien es direkt in die Köpfe der Männer zu schneiden.

Der Zerstörer suchte, und er war auf der richtigen Fährte, mochte der Teufel wissen, wieso.

Heinz-Georg von Hassel zählte im Geiste die Sekunden. Über ihnen wurde das Dröhnen der Schrauben lauter und lauter. Wieder ein Ping, und wieder fehlte der metallische Unterton, der ihm verraten hätte, dass der Ortungsimpuls sein Boot getroffen hatte. *Was zum Teufel treibt der Kerl da oben?*

Die Stimme von Funkmaat Rückert klang ungläubig. »Er wirft! Zwei, drei, vier, sechs!«

Aus den Augenwinkeln sah der Alte, wie der Bootsmann auf einer Kreidetafel Striche machte. Sechs! Wie viele Wabos hatte so ein Zerstörer an Bord? Zweihundert Meter, zehn Meter pro Sekunde, das machte zwanzig Sekunden! »Backbord zwanzig!« Beinahe sofort legte sich das Boot auf die Seite. Fünfzehn Sekunden ... »LI, hoch auf hundert ...« Der Rest des Befehls ging im dumpfen Wummern der krepierenden Ladungen unter. Der schwere Rumpf des Bootes schüttelte sich. Eine Glühbirne in der O-Messe schlug gegen die Stahldecke und zerbarst. Dann kehrte wieder Ruhe ein, gefolgt von einem fernen gespenstischen Gluckern, als das Wasser in die Löcher zurückströmte, die von den Wabos ins Meer gerissen worden waren.

Die Männer in der Zentrale sahen sich fragend an. Rudi Schneider verzog das Gesicht. »Was war das denn jetzt?«

»Sechs oder sieben Sekunden nach dem Werfen!« Leutnant Wellenberg hob die Stoppuhr. »Sechzig Meter?«

Ein plötzliches Ping traf die Hülle. *Direkter Kontakt!* Von Hassel blickte über die Schulter. »Was macht er?«

»Dreht nach Steuerbord und nimmt Fahrt weg!« Der Horcher zog ein Gesicht, als würde er das selbst nicht verstehen. »Peilt in Eins-Neun-Fünnef, Lage muss beinahe Vier-Fünf sein!«

Wie zur Bestätigung hörten sie das nächste Ping, und es klang bereits wieder fern und verwaschen. Ein paar Männer brachen in höhnische Jubelrufe aus, aber von Hassel winkte ab. »Ruhe im Boot, Schleichfahrt!« Er schob sich die Mütze tiefer ins Genick. »IWO, wir gehen auf Eins-Fünf-Null, LI, hundertsechzig Meter!«

Er ignorierte die Litanei der Befehle. Seine Offiziere wussten, worum es ging, darauf konnte er sich verlassen. *Wenn ich nur wüsste ...*

»Er stoppt die Maschinen!« Funkmaat Rückert drückte den Kopfhörer fester auf sein Ohr. »Ich kann sein Ortungsgerät nicht mehr hören!«

Der Kerl will uns überlisten! Aber es war nur ein ferner, beiläufiger Gedanke. Etwas, das jeder an Bord längst wusste, vor allem der Kommandant. Er sah auf die Uhr. Halb drei! Noch mindestens acht Stunden, bis es oben zu dunkel würde, um eine Ölspur zu erkennen. Er zuckte mit den Schultern. »Das wird eine Weile dauern. Rudi, drehen Sie zurück auf Zwo-Sieben-Null. Genau West.«

Der IWO tippte kurz an die Mütze. »Zwo-Sieben-Null, jawohl, Herr Kap'tän!« Er griente. »Steuerbord zehn!«

Irgendwo tropfte Wasser, wie in einer Tropfsteinhöhle. Ein nicht ganz dichtes Ventil oder eine undichte Stelle in einem der vielen Rohre. Von Hassel wusste es nicht. Es konnte nichts Kritisches sein, sonst hätte es schon jemand gemeldet. Während sich das Boot leicht in die Wendung legte, versuchte er, das Geräusch aus seiner Wahrnehmung zu verbannen. Aber es gelang nicht. Mit bösartiger Regelmäßigkeit tropfte das Wasser auf das Stahldeck. Plitsch … plitsch … plitsch … So ungefähr jede Sekunde ein Tropfen. Oder vielleicht alle zwei Sekunden? Gnadenlos zeigte das Geräusch die verstreichende Zeit an.

»Er läuft wieder an!« Rückert blinzelte. »Eins-Sechs-Null, er dreht nach Steuerbord!«

In von Hassels Kopf entstand ein Bild aus den Peilungen. Das Boot drehte immer weiter auf Westkurs, und dadurch wurde der Winkel zum Zerstörer wieder etwas spitzer. Aber nun, wenn das Kriegsschiff wieder anlief, würde sich das ändern. Wenn er nach Steuerbord drehte, dann hatte er offensichtlich vor, erst eine Schleife zu ziehen. Auf diese Weise wollte er sich in eine optimale Angriffsposition setzen. Der Alte blinzelte. »Was ist mit seinem Ortungsgerät?«

»Nicht zu hören, Herr Kap'tän!« Der Horcher zögerte einen Augenblick. »Läuft jetzt etwa sechzehn Knoten, Herr Kap'tän.«

Nicht zu hören. Abgeschaltet? Wenn das Suchgerät in der falschen Richtung suchte, dann müsste doch zumindest der Funkmaat es hören?

Von Hassel runzelte die Stirn. Sein Bild war unvollständig. Es war immer unvollständig. Die Entfernungen waren Schätzungen und konnten leicht irreführen.

Und genauso war es mit der Geschwindigkeit des Tommy-Zerstörers. Rückert konnte ja nur ungefähr die Umdrehungen der Schraube abschätzen, nicht die wahre Geschwindigkeit. Der Zerstörer hatte beinahe still gelegen, um zu lauschen. *Er braucht Zeit zum Beschleunigen!*

Ein Gedanke jagte den anderen, während das Plitsch auf dem Stahldeck anzeigte, wie die Zeit verstrich. Noch immer war kein Ping zu hören.

Oberleutnant Schneider, der IWO, starrte nach oben zur gerundeten Decke. »Was soll das alles?«

Der Alte grinste wie ein Wolf. »Gute Frage. Ich glaube, wir sollten nachsehen!«

Der IWO riss die Augen auf. »Nach oben?«

»Schritt für Schritt. LI, bringen Sie uns schön langsam auf hundert Meter.«

Oberleutnant Wegemann nickte kurz. »Hundert Meter, Herr Kap'tän.« Er wandte sich zu den Rudergängern. »Vorn unten zehn, hinten unten zehn!«

Im Inneren des Bootes veränderte sich nichts. Auf beinahe ebenem Kiel glitt das Boot langsam wieder der fernen Oberfläche entgegen.

Der Methusalem sah auf seine Uhr. Zwei bis drei Minuten bei dieser Fahrt. Der Zeiger des Tiefenmessers kroch wie eine Schnecke über die Skala.

»Das Ortungsgerät, Herr Kap'tän! Null-fünnef-fünnef Grad, großer Abstand!« Rückerts Stimme schnitt in die Stille.

Von Hassels Kopf ruckte herum. »Was? Wo steht der Zerstörer?«

»Zerstörer peilt in Eins-Zwo-Fünnef! Nimmt wieder Fahrt weg!« Der Funkmaat zuckte mit den Schultern. »Über zwei Meilen.«

Ein neues Puzzlestück rutschte in von Hassels geistiges Bild. Ein Horchgerät an Steuerbord voraus, noch immer weit entfernt. Und der Zerstörer, der vom Flieger herangerufen worden war. *Zwei Schiffe!* Er begann, das seltsame Verhalten des ersten Zerstörers zu begreifen. Widerwillig nickte er. »Sieht so aus, als hätten die Gentlemen etwas gelernt!«

»Herr Kap'tän?« Der IWO sah ihn fragend an.

Der Alte nahm die Mütze ab und strich sich durch die fettigen Haare, bevor er sich das gute Stück wieder überstülpte. »Der Kerl lauscht! Und mit dem echten Angriff wartet er, bis sein Kamerad kommt.« Er grinste. »Wahrscheinlich haben schon zu viele eins vor den Latz bekommen, wenn sie es allein versucht haben. Die Tommies werden vorsichtiger.«

Leutnant Wellenberg beobachtete den Kommandanten von der Apfelkiste aus, die er praktisch von Oberleutnant Schneider geerbt hatte.

Nicht, dass er die besondere Bedeutung der Kiste gekannt hätte, sollte sie denn überhaupt eine haben. Es gab viele Dinge, die er zu lernen hatte, die er erst in seinem Verstand einordnen musste.

Sein juristisch geschulter Intellekt klammerte sich an Details fest. Details waren wichtig in seinem Beruf. Mit Details konnte er umgehen. Seine Hand umkrallte das

Rohr, an dem er sich festhielt. Details halfen ihm, die Angst unter Kontrolle zu halten.

Sein Kopf hob sich leicht. Was hatte der Alte eben gesagt? *Sieht so aus, als hätten die Gentlemen etwas gelernt!* Bedeutete das Probleme? Hatten die Tommies einen neuen Trick?

»Zweiter Zerstörer in Null-Fünnef-Fünnef! Abstand sechs Meilen mindestens!«

Der IIWO versuchte, das Wissen aus den Reserveübungen, seine Kenntnisse in Navigation, zu nutzen, sich aus den Peilungen ein Bild zu formen. Null-Fünnef-Fünnef, das bedeutete, der zweite Zerstörer war bereits etwas mehr querab als voraus. An Steuerbord. Und der andere lauschte in Eins-Zwo-Fünnef, also bereits an Steuerbord achteraus, etwas mehr querab. Schöne klare Zahlen, Details. Damit konnte der Verstand etwas anfangen. Aber als er versuchte, aus den Zahlen ein Bild zu formen, fand er nur gähnende Leere. Details ... aber alles, was er sah, waren Gesichter. Ausdruckslose Gesichter, Gesichter, auf denen sich die Angst abzeichnete, und konzentrierte Gesichter.

Die Stimme des Kommandanten schnitt in das Schweigen. »Beide AK, Steuerbord fünfzehn!« Von Hassel plierte auf den Tiefenmesser. Hundertzwanzig Meter. »Neuer Kurs wird Null-Eins-Fünnef!«

Rudi Schneider riss die Augen auf. »Auf ihn zu?«

»Auf ihn zu!« Der Alte nickte grimmig. Mit einer unwillkürlichen Geste schob er die Mütze weiter nach hinten.

Der IWO atmete tief durch. »Also Rudergänger! Steuerbord fünfzehn!« Er beobachtete den Kompass. »Genau in seinen Kurs!« Hinter sich hörte er den LI Befehle geben, als der den Aufstieg bei der befohlenen Hundertmetermarke stoppte und gleichzeitig mit der Fahrt hochgehen ließ.

Das Summen der Elektromotoren klang mit einem Mal überlaut. Die plötzliche Fahrtbeschleunigung erhöhte auch den Druck auf die Ruder. Von Hassel konnte es nicht sehen, aber er spürte, wie sein Boot in einem engen Bogen herumschwang.

Ungefähr Nordnordost, also genau dahin, wo der erste Tommy-Zerstörer trieb und lauschte.

Wieder reihten sich Sekunden aneinander. Nachdenklich beobachtete der Kommandant den Kompass. Seine Stimme klang ausdruckslos. »Kann ja sein, dass der Bursche schneller ist, aber wendiger ist er nicht!« Er zwang sich zu einem Grinsen und strahlte in die Runde. »Jetzt muss er sich bewegen!«

Trotzdem verging über eine Minute, bis der Horchfunker meldete: »Maschinen laufen an, er nimmt Fahrt auf!«

Jemand zog scharf die Luft ein, aber von Hassel ignorierte das Geräusch. »Na, schön, dass er endlich wach wird!« Er konnte sich das Durcheinander auf dem Kriegsschiff vorstellen. Das gejagte Wild wendete plötzlich, die geladenen Torpedorohre zeigten von der Backbordbreitseite genau auf das Schiff. Selbst wenn eine Ölspur oder das Horchgerät den Tommies die Richtung zeigte – Tiefe und Entfernung waren bloße Schätzungen.

Alles, was der Zerstörerkommandant in diesem Augenblick mit Sicherheit wusste, war, dass eine voll bewaffnete Naziröhre voller durchgedrehter Krauts mit allem, was die E-Maschinen hergaben, genau auf ihn zusteuerte. Er grinste zynisch. Jeder, der regelmäßig BBC hörte, wusste es. Die Deutschen hatten nicht alle Latten auf dem Zaun, bei denen wusste man nie. Wie zur Bestätigung hallte ein scharfes Ping durch die Röhre.

Rudi Schneider beobachtete den Kommandanten und dachte sich seinen Teil. Zwei Zerstörer an den Hacken, und immer noch brachte der Mann es fertig, zu grinsen. Man sollte meinen, von Hassel habe einfach keine Nerven, aber der Oberleutnant fuhr mit dem Kommandanten bereits seit der Vorkriegszeit. Zusammen hatten sie den Untergang von Hassels erstem Boot überlebt, und zusammen hatten sie auf U-68 neu angefangen. Wer so lange auf U-Booten zusammengepfercht ist, lernt einander kennen. Rudi Schneider wusste, dass sein Kommandant Nerven hatte, dass er sich Sorgen machte. Er zögerte. Dass der Alte genauso die Hosen voll hatte wie sie alle.

»Zerstörer dreht nach Backbord! Umdrehungen für große Fahrt.« Rückert gluckste. »Der Zweite dreht nach Steuerbord.«

Der IWO versuchte, sich die Situation an der Oberfläche vorzustellen. Noch immer schlugen die harten Töne auf die Stahlhülle ihres Bootes, aber das konnte nur noch Augenblicke andauern. Er grinste. Die Tommies hatten zu schlau sein wollen. Einer lauschte, der andere sollte sie mit Wabos beharken. Von Hassel hatte ihr ganzes Manöver durcheinandergebracht, als er auf den lauschenden Zerstörer zugedreht hatte. Genau auf ihn zu. Verdammt, im ersten Moment, als er den Befehl hörte, hatte er geglaubt, der Alte habe jetzt völlig den Verstand verloren. *Aber es hat funktioniert – dieses Mal noch.*

Feldwebel Dachsmeier, Unteroffizier Himmel, Unteroffizier Hartmann, Unteroffizier Gerschewski und Obergefreiter Wille – fünf Männer saßen in der großen Maschine und flogen Stunde um Stunde. Die Päckchen, die sie von der Messe mitbekommen hatten, waren längst leer, die Vorräte an Fliegerschokolade schmolzen dahin, und in der Isolierkanne schwabberte nur noch ein Rest von Kaffee. Dachsmeier flog die Maschine mit sparsamen Bewegungen, während er versuchte, sich etwas bequemer zurechtzusetzen. Nach Stunden im Pilotensitz tat ihm einfach der Hintern weh. Und das dicke Päckchen des Fallschirms trug auch nicht gerade zu seiner Bequemlichkeit bei.

Einmal mehr spähte er auf die weite Wasserfläche hinaus. Selbst von hier aus, in viertausend Meter Höhe, war kein Land mehr zu sehen. Der letzte Zipfel Land, Irland, lag bereits etliche Hundert Kilometer hinter ihnen. Alles, was er sehen konnte, war der weite Atlantik, der sich unter ihnen endlos in alle Richtungen erstreckte. Wasser, Wasser und … nichts. Zum wohl tausendsten Male verzog er das Gesicht. »Nichts!«

Unteroffizier Klaus Hartmann, sein Kopilot, lugte aus dem Seitenfenster. »Dann wieder eine Schleife.« Er kontrollierte die Anzeigen. »Noch eineinhalb Stunden, dann geht es nach Hause!«

Nach Hause? Wenn du die verdammte Baracke so nennen willst? »Verdammt, da Horst is a Ewigkeit von jeda Kneip'n entfernt.«

Aus dem BzB erklang Gelächter. Wütend verzog Dachsmeier das Gesicht. »Was soll das jetzt bedeut'n?«

Walter Himmel in seinem engen MG-Stand ließ sein Maschinengewehr von links nach rechts gleiten. Von hier unten aus konnte er nicht einmal den Horizont sehen, nur die graue gekräuselte Oberfläche, die sich nach allen Seiten erstreckte. Das hatte man eben davon, wenn man als Schütze in der Gondel lag. Aber er beschwerte sich nicht. Es war immer noch besser, als beim Sturzflugangriff in den blauen Himmel zu starren und darauf zu warten, dass einen die leichte Flak von hinten traf. Und außerdem flogen sie, das war alles, was wirklich zählte.

Er grinste. »Du kennst eben nicht die richtigen Leute, Feldwebel. Ich hab mit 'nem Uffz von der Wachkompanie gesprochen. Wenn es nottut, können wir uns 'nen Laster ausleihen. Die Mechaniker wollen natürlich mit auf Tour. Ich ...« Himmel brach ab.

Walter Dachsmeier reagierte beinahe sofort. Während ihres beiläufigen Geplänkels hatte er die Maschine in eine weite Kurve gelegt. Nun glichen seine Füße die unterschiedliche Stellung der Pedale automatisch wieder aus, während er mit dem Steuer gegenhielt. Durch die Scheiben der Kanzel schien es einen Augenblick so, als würde der ganze Horizont kippen. Aber in Wirklichkeit war es nur die Condor, die abrupt in einen Geradeausflug zurückkehrte.

»Himmel? Was ist?«

»Weiß noch nicht!« Die Stimme des Unteroffiziers klang gespannt. »Könnte eine Rauchfahne sein, in elf Uhr!«

»Aufi geht's! Wille, dann heiz amal dei Funkkist'n an!« Feldwebel Dachsmeier ließ die Maschine gleichzeitig steigen und in eine Rechtskurve gleiten. Hinter ihm begann der Funker an seinem Gerät Schalter umzulegen. Es war mehr ein Manöver nach Gefühl. *Elf Uhr hat da Himmel g'sagt.* Er ließ den Kompass nicht aus den Augen. Nordwest. Wenn der Unteroffizier es gerade noch sehen konnte, dann musste es eine dünne Rauchfahne sein – oder eine, die in sehr großer Entfernung aufstieg.

Das Geplänkel in der BzB verstummte. Gespannt starrten die Männer nach draußen. Dachsmeier kniff die Augen zusammen. Es war eher eine Ahnung als etwas Materielles. Automatisch korrigierte er den Kurs. Minuten verstrichen. Dann beugte Hartmann sich im Kopilotensitz vor. »Rauchfahne. Muss ein Schiff sein.«

»Weiter rechts ist eine zweite! Ein Uhr!« Gerschewskis Stimme aus der MG-Wanne klang aufgeregt. »Noch eine, ungefähr gleiche Richtung.«

Tatsächlich! Der Feldwebel schluckte. Wie von Geisterhand erschienen mehr und mehr Rauchsäulen. Zuerst schattenhaft, doch je näher sie kamen, desto deutlicher wurden sie. Bald darauf konnten sie bereits die ersten dunklen Punkte erkennen. Als balancierten die Schiffe auf dem Horizont. Keine Details, nur ein Wald aus Rauchwolken.

»Und nu?«

Dachsmeier blinzelte verdutzt. »Und jetzt meld'n mer das! Wille, is dein Kast'n warm?« Noch während er sprach, spähte er mit langem Hals nach der Karte seines Kopiloten. »Dann raus an den Horst: Geleitzug in Planquadrat AM3714, Westkurs … wir sind doch in 3714, Hartmann?«

Der Unteroffizier nickte unsicher. »So ungefähr …«

»Gut genug!« Der Feldwebel richtete seine Aufmerksamkeit wieder auf den Geleitzug. »Wie viele mögen es sein?« Er begann zu zählen, aber noch bevor er zehn erreichte, stiegen weitere Rauchfahnen in den Himmel. »Verdammt, die vermehr'n sich wie die Karnickel!« Er grinste. »Schreib vierzig Schiffe, Wille. Das sollte die Burschen im Horst wach machen.«

Nach und nach wurden Details sichtbar. Nach der ersten Aufregung eine Enttäuschung. Die Flieger starrten aus den Scheiben ihrer Maschine. Schiffe, Schiffe ohne Ende, so schien es. Große und kleine. Ein Schiff in der Mitte mochte vielleicht ein großer Tanker sein. Aber

Feldwebel Dachsmeier war sich da nicht so sicher. In der Luftwaffenausbildung gehörte Schiffskunde nicht gerade zum Lehrplan. »Sieht jemand Kriegsschiffe?«

»Ein kleines scheint direkt vor dem Geleit zu laufen.« Walter Himmel korrigierte sich. »Ein ziemlich kleines!«

Der Feldwebel blickte in die Richtung. *Vor dem Geleit!* Er grinste. Was man sich auch immer unter einem Geleit vorstellen mochte. Die Schiffe waren auf viele Kilometer auseinandergezogen. Aber irgendwie konnte er zumindest ausmachen, was vorn war. Ein einzelner kleiner Punkt fiel ihm ins Auge. *Fast keine Rauchfahne. Der Bursche verbrennt gutes Öl.* Angestrengt versuchte er, Einzelheiten auszumachen. Eine etwas klobige Brücke, davor dunkle Schatten. *Geschütze?* Er war sich nicht sicher, aber das kleine Schiff gab ihm selbst die Antwort. Lange Feuerzungen jagten aus den Rohren, und die Silhouette hüllte sich in dicken Rauch. Beinahe gleichzeitig begannen die Schiffe, wie ein gut einstudiertes Ballett den Kurs zu wechseln.

Erschrocken drehte Dachsmeier ab. »Halleluja noch amal! Des is a scharfa Hund!«

Schwarze Sprengwolken erschienen am Himmel. Keine so nahe, dass sie die große Maschine ernsthaft bedroht hätte. Aber eine deutliche Warnung, auf Abstand zu bleiben. Dachsmeier atmete tief durch. »Wir kreis'n in weitem Abstand und melden die Position. Wille? Bist scho durch'kommen zum Horst?«

Der Obergefreite zuckte mit den Schultern. »Die Entfernung ist zu groß!«

»Waaas?« Dachsmeier schluckte. »Du kommst ned durch, Wille?«

Wütend verzog der Funker das Gesicht. »Die Kiste ist zu schwach! Ich versuch's mal mit einer Küstenstation.« Unverständliche Flüche murmelnd, begann er, an seinem Gerät herumzudrehen. »Kann sein, die hör'n uns, und wir versteh'n nur die Bestätigung nicht. Wer diesen Krieg geplant hat, sollte sich sein Lehrgeld wiedergeben lassen!«

Der Feldwebel ließ die Maschine in eine Kurve gleiten. »Also kreis'n wir und sehn, was passiert.«

»Aber nicht zu lange.« Der Kopilot sah auf seine Uhr. »Der Sprit wird knapp. Wir haben vielleicht noch 'ne Stunde.«

Die Zeit schien jede Bedeutung verloren zu haben. Immer und immer wieder drehten die Zerstörer, und beinahe genauso oft drehte von Hassel sein Boot enger, wich im letzten Moment aus oder lief einfach geradeaus weiter, wenn die Tommies annahmen, er würde nach einer Seite wegzacken. Oft genug schüttelte sich der schwere Rumpf unter den Erschütterungen der Wabos. Ein paar Birnen waren zu Bruch gegangen, aber das war bisher alles an Schäden.

Laut zählte Rückert mit. »... zwei, drei. Vier!«

»Beide AK, Steuerbord zehn! LI, runter auf hundertfünfzig!« Er schüttelte den Kopf. »Wieder zu früh!«

Genau wie alle anderen in der Röhre hatte er Kopfschmerzen. Das ständig wiederkehrende Drölmen und das unheimliche Gluckern forderten ihren Tribut. Nicht einmal das unwillige Schütteln, das immer dann einsetzte, wenn der Rumpf von den Ausläufern der Druckwellen getroffen wurde, konnte ihn noch erschrecken. Fünf Stunden wurden sie nun gejagt. Fünf Stunden, fünf Wochen, fünf Jahre, es hatte keine Bedeutung. Fünf Stunden Haken schlagen und ausweichen, ohne jede Möglichkeit zurückzuschlagen. Das waren fünf Stunden, die sich dem Verständnis entzogen. Das waren mehr als dreihundert Minuten, mehr als achtzehntausend Herzschläge.

Weil jede dieser Sekunden eine Ewigkeit war und gleichzeitig ein Nichts.

Eine Ewigkeit, wenn man darauf wartete, dass die Bomben bis zu ihnen sinken und ihr Boot in tausend Stücke zerfetzen würden.

Ein Nichts, wenn man jeden zusätzlichen Augenblick brauchte, um das Boot auf einen neuen Kurs zu bringen, wenn das Boot behäbig herumschwang, wenn man hoffte, noch ein paar Meter mehr zurücklegen zu können, bevor der nächste Angriff an der fernen Oberfläche begann.

Donnernd krepierten die Ladungen, und das Boot schüttelte sich. Nicht mehr. Aber von Hassel hatte es aufgegeben, darüber nachzudenken, warum die Tommies ihre Wabos immer wieder zu früh und zu flach warfen. Einem geschenkten Gaul schaute man eben nicht ins Maul. Mühsam räusperte er sich. »Schleichfahrt!« Er plierte auf den Kompass. »Neuer Kurs wird Zwo-Drei-Null!« *Fünf Stunden bis zur Dunkelheit.*

Keith Frazier beobachtete durch sein Glas den winzigen Punkt am Himmel. Für einen Augenblick reflektierte das Glas der Kanzel die Nachmittagssonne. Ein glänzender Splitter am Himmel, täuschend harmlos. Aber der Verstand sagte dem Kommandanten, dass der Vogel riesig sein musste. Sie waren bereits außerhalb der Reichweite britischer Jäger und Bomber. Nur eine sehr große Maschine, ein Langstreckenaufklärer, konnte sie hier draußen noch erreichen.

»Farlane macht einen ganz schönen Wind!« Jason Philipps zuckte mit den Schultern.

Wieder grollte ein Schuss aus Farlanes vorderem Geschütz über das Wasser. Für die Männer auf der Goosefoot klang das Geschützfeuer weit entfernt. Tatsächlich war Farlane an der Spitze des Geleits, und Goosefoot machte den Achterausfeger. Ein Abstand von etwa vier Meilen, auseinandergezogen, wie der Konvoi derzeit war.

Frazier griente freudlos. »Der Chef ist nicht dumm, auch wenn wir das manchmal glauben.«

»Sir?«

»Was glauben Sie?« Frazier senkte das Fernglas und sah seinen Ersten nachdenklich an. »Der Bursche kreist da oben und meldet unsere Position an jedes verdammte U-Boot im Umkreis von ein paar Hundert Meilen. Ich habe davon gehört, aber bisher waren sie nur vor Norwegen unterwegs.« Er warf einen kurzen Blick zu dem glänzenden Punkt am Himmel. »Sieht so aus, als hätten wir die Vögel jetzt auch hier.«

Der Erste nickte. »Und was glauben Sie, was der Chef tun wird? Oder der Geleitzugkommodore?«

Der Skipper runzelte kurz die Stirn, als er an den Geleitzugkommodore auf der Dorchester Pride dachte. Ein Konteradmiral, der schon länger im Ruhestand gewesen war und den man wieder zurückgeholt hatte in den aktiven Dienst, um einen jüngeren Mann für einen wichtigeren Posten frei zu machen. Ein alter Krieger, der noch in den Kategorien der Battle of Jutland dachte. Schlachtschiffe, wehende Flaggen und große Kaliber. Er hatte ihn nur einmal kurz getroffen, bei einer schlecht vorbereiteten Sitzung der Kommandanten und Kapitäne.

Scheiß auf die Torpedos, Volldampf voraus! »Ich weiß nicht, was der Commodore im Sinn hat, aber ich glaube, Smith kann ihn von einer Kursänderung überzeugen. Nach Norden, dann mit der Fahrt hochgehen. Das sollte uns die Wolfpacks vom Hals schaffen. Dann wird uns auch der verdammte Aufklärer morgen nicht mehr finden, wenn er kommt, um nachzusehen.«

Lieutenant Philipps blickte nach vorn, wo wieder ein einzelner Schuss ertönte. »Und das Geballere bedeutet, er will ihn bluffen, wenn die Dunkelheit kommt?«

»Ich sehe, Sie haben verstanden. Keiner weiß, wie lange der Vogel da oben rumhängen kann oder ob er vielleicht abgelöst wird.« Frazier grinste gehässig. »Ich hoffe, ihm geht der Sprit aus, und er merkt es nicht. Aber falls er bis zum Anbruch der Nacht Kreise um uns fliegt, kann ich mir vorstellen, dass Farlane nach der Kursänderung noch eine Weile auf dem alten Kurs weiterläuft und ab und zu nach Gehör auf ihn schießt.«

Philipps erwiderte das Grinsen. »Und da, wo der frustrierte Tommy herumballert, muss ja schließlich auch der Konvoi sein, nicht wahr?«

Eine Stunde verging. Die Condor von Dachsmeier musste sich notgedrungen wieder auf den Rückweg machen. Ob ihre Sichtmeldung verstanden worden war, wusste niemand an Bord der Maschine. Es hatte eine Verbindung gegeben, aber die war so schlecht gewesen, dass Wille, der Funker, beim besten Willen nichts hatte verstehen können. Immer wieder drangen abgehackte Morsezeichen aus dem Empfänger, aber die Lücken waren zu groß.

Als die Sonne endlich unterging und die gnädige Dunkelheit das Geleit den Blicken entzog, flackerten kurz Blaulichter von Schiff zu Schiff auf. Dann, wenn sie für ihre Kameraden nur noch gespenstische Schatten waren, wechselten die Schiffe den Kurs. Drei-Fünf-Null, beinahe direkt nach Norden. Die Kessel der Dampfer standen viel höher unter Druck, als es die Vorschriften erlaubten. In den Kohlebrennern schaufelten die Heizer ohne Rücksicht auf die Wacheinteilung Brennmaterial in die gierigen Feuerschlünde, schwitzend vor Hitze und Anstrengung. Die leitenden Ingenieure hatten nervöse Zuckungen, wenn sie die blockierten Sicherheitsventile betrachteten und die Manometer ablasen, deren Nadeln tief im roten Bereich standen. Sieben Knoten, das war alles, was die meisten der älteren Schiffe mit allen Tricks schafften. Sieben Knoten, das waren drei mehr als die vorgesehene Konvoigeschwindigkeit. Drei Meilen mehr pro Stunde, sechstausend müde Yards pro Stunde. Aber im Laufe von etwa sieben Stunden Dunkelheit würden sie über fünfzig Meilen entfernt von der Position stehen, an der die Jerries sie erwarten würden. Vielleicht genug, um noch einmal unentdeckt durchzuschlüpfen. Vielleicht auch nicht.

Stunden vergingen. Im Inneren des U-Bootes war die Situation unverändert. Immer und immer wieder griffen die Tommies an. Immer wieder schlug von Hassel Haken, führte neue Tricks vor und ließ den Methusalem das Boot alle paar Minuten die Tiefe wechseln.

Dann, nach endlosen Stunden, überliefen die Zerstörer ein letztes Mal das Boot. Aber keine Wabos klatschten ins Wasser. Ein letztes Ping traf die Hülle, dann drehten die beiden Kriegsschiffe ab und verschwanden mit hoher Fahrt nach Norden.

Im ganzen Boot sahen sich die Männer verdutzt an. In der Zentrale blinzelte Rudi Schneider erstaunt. »Was soll das denn jetzt?«

Der Alte lehnte sich nach hinten. »Rückert, Sie sind sicher, dass es beide sind? Und dass sich nicht noch ein dritter angeschlichen hat?«

Der Horchfunker zuckte mit den Schultern. »Ich höre

die beiden Zerstörer, die laufen definitiv ab. Und ein dritter?« Er zögerte. »Wenn einer still da oben liegt, kann ich ihn kaum hören, es sei denn, er ist nahe genug.«

»Dann würden Sie die Hilfsmaschinen hören. Also wenn, dann ist der Bursche ein Stück weg.« Von Hassel rappelte sich vorsichtig hoch. Sein Rücken schmerzte, und in seinem Kopf wollte sich alles drehen. Aber es gelang ihm, sich zusammenzureißen. »Wir warten noch ein paar Minuten ab. Dann gehen wir auf Sehrohrtiefe.« Er sah auf die Uhr. »Es muss oben schon dunkel sein. Wache vorbereiten. Wer ist dran?«

Der Steuermann nickte. »Meine Wache, Herr Kap'tän!« Er angelte nach einer der dunklen Brillen. Eine Maßnahme, um die Augen vor dem Auftauchen an die Dunkelheit zu gewöhnen.

Eine halbe Stunde später tauchte das Boot wie ein triefendes Seeungeheuer aus dem Meer. In Windeseile kletterten die Männer die Leiter hoch und nahmen ihre Posten ein. Von Hassel, der ihnen folgte, atmete tief durch.

Nichts zu sehen.

Gar nichts. Die Zerstörer mussten bereits zwanzig Meilen entfernt sein. Vor dem Auftauchen hatte selbst Rückert die Schrauben nur noch sehr leise gehört. »Diesel starten. Volle Fahrt, genau nach Westen.«

Hustend erwachten die Aggregate zum Leben. Frische Luft strömte durch das offene Luk in die Zentrale. Die großen Diesel saugten die Verbrennungsluft aus dem Inneren des Bootskörpers und erzeugten so einen kräftigen Durchzug. Langsam schwenkte der Bug nach Westen ein, und hinter dem Boot erschien eine lange Schleppe weißen Kielwassers. Nur weg, weg von dieser Position, weg von diesem unsichtbaren Punkt im Wasser, um den sie stundenlang hilflos gekreist waren, wie gejagte Ratten im Keller.

72

Seetag 4

Der übliche Morgenalarm war gerade erst beendet. Ein Ritual, das sich meistens als Zeitverschwendung erwies. Ein Ritual, das müde Seeleute, die erst um vier Uhr morgens abgelöst worden waren, von den muffigen Kojen riss und Männer zwang, die begehrten vorderen Plätze in der Toilettenschlange aufzugeben, um auf ihre Gefechtsstationen zu eilen. Nichtsdestotrotz ein notwendiges Ritual. Wer wollte schon wissen, was plötzlich in Sicht kam, wenn die Sonne ihre ersten Strahlen über die weite Fläche des Atlantiks sandte? Verbarg die Dunkelheit womöglich ein mit geladenen Kanonen bestücktes Kriegsschiff, dessen Artillerieoffizier nur auf das geeignete Büchsenlicht wartete? Einen Einzelfahrer, der fette Beute bedeutet hätte? Oder wieder nur leere See?

Niemand konnte es wissen. Und deshalb war der Morgenalarm eben unverzichtbar, nur für den Fall, dass die See *nicht* leer sein würde und die Sekunden Vorsprung, die man dadurch gewann, die Sekunden sein konnten, die ihnen das Leben retteten.

Der Alte beobachtete durch das Fernglas ein letztes Mal die See. Eine glitzernde Wasserfläche, die sich nach allen Seiten erstreckte. Leer! Er lächelte. »Also gut, weitermachen!«

Leutnant Wellenberg nickte nur kurz. »Jawohl, Herr Kap'tän!«

Von Hassel unterdrückte ein erneutes Lächeln. Seit vier Tagen waren sie jetzt in See, und der neue IIWO war immer noch sehr formell. *Wir werden sehen!* Ohne einen weiteren Kommentar beugte er sich über das offene Turmluk. »Ein Mann Zentrale!« Und abwärts ging es an den Leiterholmen.

Im Boot herrschte das übliche rege Leben des frühen Morgens. Kaffeeduft, aufgeröstetes Brot, jetzt – zu Beginn der Fahrt – erst mit wenig Schimmel, und gebratener Speck mischten sich mit den Gerüchen von Diesel, Socken und ungewaschenen Männerkörpern.

Von Hassel warf nur einen kurzen Blick auf die Schlange vor der einzigen benutzbaren Toilette. In der anderen waren noch immer Vorräte gestaut.

Die Männer mussten also warten. Er griente. Die Bärte wuchsen bereits.

In der O-Messe warteten der IWO und der LI darauf, dass der Backschafter das Frühstück brachte. »Guten Morgen, meine Herren!« Von Hassel lächelte. »Oben ist schönes Wetter. Sieht so aus, als bliebe es heute auch so.«

»Das hört man doch gern, Herr Kap'tän!« Oberleutnant Schneider runzelte die Stirn. »Laut Wetterbericht soll es in den nächsten Tagen im Westen ziemlich fetzen. Reste eines tropischen Wirbelsturms oder so. Die Funker haben einen englischen Wetterbericht aufgefangen.«

Oberleutnant Wegemann, der Methusalem, der diesen ehrwürdigen Namen seit der Ankunft des neuen IIWO eigentlich zu Unrecht trug, nickte trübe. »Wenn das bloß alles wäre!«

Von Hassel zog die Brauen in die Höhe. »Was gibt's sonst?«

»Das, was es nicht gibt. Die Leitstelle hat aufgegeben, U-102 zur Positionsmeldung aufzufordern.«

Für einen Augenblick schwieg der Kommandant,

dann nickte er langsam. »Wieder 'ne Dreisternemeldung.« Die gute Laune wegen des Wetters schwand. »102 und gleich Anfang des Monats U-26.«

»U-26 hat sich selbst versenkt, das wissen wir. Und BBC hat ja auch die Namen bekannt gegeben. Alle gerettet und in Gefangenschaft.« Der Ingenieur schüttelte den Kopf. »Meine Fresse, das wird den Hartmann ankotzen.«

Alle wussten, was der Methusalem meinte. U-26 war Korvettenkapitän Hartmanns Boot im Spanischen Bürgerkrieg gewesen. Ein bekanntes Boot, wenn auch in der Zwischenzeit mit einem unbekannten Kommandanten. Genau wie das vermisste U-102. Beinahe täglich wurden neue Boote in Dienst gestellt, erschienen die Namen neuer Kommandanten in den Funksprüchen. Aber für diejenigen, die von Anfang an, seit 1935, oder nur kurze Zeit später unter Dönitz dienten, schien es, als würden immer mehr alte Bekannte draußen bleiben.

Von Hassel verzog das Gesicht. *Draußen bleiben? Fallen? Dem Feind erliegen?* Er grinste spöttisch, weil er wusste, dass die anderen beiden Männer das Gleiche dachten. U-Boot-Fahrer fielen nicht. Sie ersoffen wie die Ratten in ihren sinkenden Booten, sie wurden von Wasserbomben zu kleinen unansehnlichen Fetzen zerrissen oder erstickten in Booten, die sich nicht mehr vom Grund lösen konnten. Sie wurden vom Wasserdruck zerquetscht, wenn ein beschädigtes Boot für immer auf Tiefe ging. Oder sie bluteten sich zu Tode, während ihnen die Eingeweide aus dem Bauch hingen, weil ein Flieger sie an der Oberfläche mit seinen Maschinenkanonen erwischt hatte. Doch es war Krieg, und wie jeder Krieg brauchte auch dieser ein paar beschönigende Worte. »Was gibt's zum Frühstück?«

Auch auf HMS Goosefoot war der Morgenalarm beendet und Backen und Banken ausgepfiffen worden. Im Wohndeck unter dem hohen Vorkastell herrschte reges Leben. Jede Messe hatte ihre Backschafter zur Kombüse entsandt, die nun schwer beladen mit dem sehnsüchtig erwarteten Futter zurückkehrten. Oder wenigstens dem von vielen sehnsüchtig erwarteten Futter, denn einige konnten beim besten Willen keinen Bissen herunterbringen. Lebhaft tanzte die kleine Korvette auf der Atlantikdünung. Wenn man den Männern der Morgenwache Glauben schenken durfte, hatte auch der Wind aufgefrischt. Kein Wunder, schließlich fuhr man ja nach Norden.

Der niedrige Wohnraum, in dem die meisten Besatzungsmitglieder zusammengepfercht lebten, war erfüllt von den Aromen von Tee, Toast und Kunsthonig. Dazu kamen alte Socken und der Geruch von Erbrochenem, wenn mal wieder einer der Neuen den Weg zum rettenden stillen Ort nicht geschafft hatte.

Ein alles andere als behaglicher Ort. Es gab nur einen Weg nach oben, an Deck, ein stählernes Schott, das man erst einmal erreichen musste, sollte etwas schiefgehen. Und jeder wusste, dass eine torpedierte Korvette sank wie ein Stein. Selten kamen mehr als diejenigen raus, die sowieso auf Wache gewesen waren.

Hatten sie nicht erst am Vortag die Männer von der Vine in ihrem Rettungsboot gefunden? Vielen, vor allem den Jüngeren, steckte noch immer die kurze Beisetzungsfeier während der Nacht in den Knochen. Die ordentlich eingewickelten Toten, mit einem Gewicht zu ihren Füßen und bedeckt mit der Flagge, die Stimme des Kommandanten, der die alten, seit Jahrhunderten gebräuchlichen Worte verlesen hatte: »… und so übergeben wir die Körper unserer Brüder der See …« Als die meisten wieder aufgeblickt hatten, waren die Körper verschwunden und bereits auf dem Weg in die Tiefe. Zweitausend Faden in die Dunkelheit.

Wahrscheinlich waren sie noch auf dem Weg nach unten gewesen, als die Schraube der Korvette wieder zu drehen begann.

Oben auf der Brücke hatte Keith Frazier sich wieder in seinen gewohnten Platz in der Backbord-Brückennock geklemmt. Er fühlte sich müde, aber das war kein Wunder. Wie immer, wenn das Schiff draußen war, verließ er die Brücke höchstens lange genug, um sich zu rasieren und eine heiße Dusche zu nehmen. Wie die meisten Kommandanten in Kriegszeiten. Die nächste Krise konnte in der folgenden Sekunde ausbrechen – oder in der übernächsten. Wer wusste das schon? Aber wenn, dann musste er bereit sein. Die Sekunden von der kleinen Seekabine auf die offene Brücke mochten die entscheidenden Momente sein. Die Sekunden, in denen über Leben und Tod seines Schiffes entschieden wurde.

Lieutenant Maxwell und seine Wache bevölkerten die Brücke. Zwei Ausgucks auf dem Signaldeck, ein Signalgast, ein Posten an den Sprachrohren, der Wachhabende selber und unter ihren Füßen ein Rudergänger und ein Posten Maschinentelegraf. Sozusagen die Brückencrew. Unwillkürlich grinste Frazier. Immer wenn die Korvette während ihres endlosen Zickzackkurses vom Geleit wegsteuerte, beobachtete Maxwell die Stoppuhr, als hinge sein Leben davon ab. Eine Minute in einem spitzen Winkel weg vom Geleit, eine Minute wieder darauf zu.

Bei Nacht ein Manöver, das höchste Präzision erforderte. Denn die abgedunkelten Schiffe waren bei Nacht nicht mehr sichtbar. Es kam also darauf an, genau da wieder rauszukommen, wo das Geleit stand. Aber nun bei Tag? Eine Minute bei fünfzehn Knoten machte eine Viertelmeile aus. Bei diesem Sommerwetter konnten sie das Geleit gar nicht verfehlen.

»Kye auf die Brücke, Sir?«

Die Stimme des Zweiten riss ihn aus seinen Gedanken, und Frazier begriff, dass er drauf und dran gewesen war, einzunicken. Er streckte sich. »Gute Idee!«

»Aye, Sir.« Maxwell nickte dem Seemann an den Sprachrohren zu. »Ab mit dir, Tayne. Sieh zu, dass wir unseren Kye bekommen.« Er grinste etwas gezwungen.

Frazier sah dem jungen Seemann zu, wie er den Niedergang hinunterverschwand. Wie alt mochte der Mann sein? Neunzehn? Oder vielleicht zwanzig? Zu jung jedenfalls für die tägliche Rumration.

Maxwell trat ans Sprachrohr. »Backbord zehn!« Gespannt plierte er auf die Kompasstochter. Das hohe Vorkastell begann, nach links auszuschwingen, wieder auf das Geleit zu. Maxwell hob das Glas und studierte die Schiffe. Endlich war er mit dem Kurswinkel zufrieden. Ein kurzer Blick auf den Kompass, dann sprach er wieder in das Sprachrohr, das ihn mit dem Rudergänger unter ihnen verband. »Stützruder! Drei-Null-Null steuern!«

Frazier lächelte. Der Zweite hatte das Manöver im Griff. Es war nicht die Seemannschaft, die ihm Probleme machte, sondern es waren die Nerven.

»Glauben Sie, wir haben die Jerries abgehängt, Sir?«

Der Alte blickte auf das Geleit. In der vergangenen Nacht war kein Schiff versenkt worden. Und kein Fernaufklärer zog seine Kreise am Himmel. Aber es war ja auch noch früh am Tag.

Er zuckte mit den Schultern. »Vielleicht!« Er sah den jungen Offizier an. »Wir müssen aufpassen, schließlich

kann keiner wissen, ob hier nicht ein U-Boot rum-
hängt.«

Vorsichtig drehte von Hassel das Sehrohr nach achtern
und studierte die Wasseroberfläche. U-68 hing auf Sehrohrtiefe und lief Schleichfahrt mit dem leichten Seegang. Sein Blick blieb an einem schillernden Fleck hängen. »Verdammte Scheiße!«

Oberleutnant Wegemann runzelte die Stirn. »Tatsächlich eine Ölspur?«

Der Alte trat vom Sehrohr zurück. »Sehen Sie selbst,
LI. Backbordseite mittschiffs.«

Minutenlang herrschte Stille, während der Leitende
die Bescherung betrachtete. »Ist nicht viel, und beim
Probetauchen war ja nichts zu sehen.«

»Mir hat's gereicht.« Von Hassel verzog das Gesicht.
Ein paar Tropfen Öl reichten bereits, um an der Oberfläche einen großen schillernden Fleck zu erzeugen. Ein
Fleck, der einem aufmerksamen Ausguck bei ruhiger See
sehr wohl die Position des getauchten Bootes verraten
konnte. Kein Wunder also, dass die Zerstörer gestern so
hartnäckig an ihren Fersen geklebt hatten. Jedenfalls,
bis ihnen die Wasserbomben ausgegangen waren.

»Oh, ich wollte nicht sagen, dass wir nichts dagegen
tun müssen, Herr Kap'tän.« Der Methusalem spähte erneut durchs Periskop. »Ich frage mich nur …«

»Was?«

Der LI richtete sich wieder auf. »Muss eine unsaubere
Schweißnaht sein. Und wir können nicht an einem
Bunker voller Öl herumschweißen.« Er nahm die
Mütze ab und fuhr sich durch das ölige Haar. »Das wird
was Größeres.«

Von Hassel nickte grimmig. »Dann denken Sie sich
was aus, LI.«

Auch vorn im Bugraum war die Ölspur Gesprächsthema. Und die Frage, die der Oberleutnant nicht auszusprechen wagte, wurde hier ganz selbstverständlich, wenn auch kontrovers, diskutiert.

»De Werftgrandis sollt ma erschiass'n! Alle mitanand!« Alois Dörfler kochte vor Zorn. »Verdammt's Kommunistengesocks. Dene kummts grad recht, wenn mer alle hier absauf'n tun!«

Jens Lauer zuckte mit den Schultern. »Kann ja auch 'n Versehen gewesen sein. Kommt vor.«

»Jo, wie's Horchgerät auf da letzt'n Fahrt!« Der stämmige Bayer schüttelte den Kopf. »I hab g'hört, de Gestapo hat a paar Saboteur' festg'numma.«

»Wo willste denn dat jehört haben?« Kupinska streckte den Kopf aus der oberen Koje.

Alois blickte den Berliner an. »I kenn da jemand' beim Stützpunktstab …« Er brach ab.

Hänisch sah den Bayern neugierig an. »Ein Mädel, möcht' man annehmen!«

»Natürlich a Madl, wos glaubst denn du?« Dörfler kratzte sich am Ohr. »A lange G'schicht'n.«

Lauer betrachtete die Veränderung auf dem Gesicht des Bayern. Der Zorn verschwand und machte einer ungewohnten Nachdenklichkeit Platz.

Es wäre eine Chance gewesen, Dörfler etwas von dem heimzuzahlen, was er normalerweise anderen antat. Die Versuchung war groß. Er erinnerte sich immer noch, wie ihn der Loisl mit Ulrike aufgezogen hatte.

Sie konnten ihre Witze machen, aber keiner von ihnen konnte wirklich wissen, wie es gewesen war. Langsam beugte er sich vor. »Na, wenn die beim Stützpunktstab arbeitet, dann muss sie es ja wissen.« Er wartete einen Augenblick. »Gegen den Krieg zu sein oder eine andere Meinung zu haben bedeutet ja nicht, dass so ein Bursche uns einfach umbringen darf. Und das tut er, wenn er an unseren Booten herummacht.«

Daniel Berger, der bisher schweigend zugehört hatte, blickte Jens überrascht an. Der Junge wurde ein Mann, und das rasend schnell.

Er unterdrückte ein Seufzen. Er war dreiundzwanzig und fühlte sich jetzt schon alt.

Müde zuckte er mit den Schultern. »Eine gerundete Fläche zu schweißen ist nicht ganz einfach. Es kann mal schiefgehen. Pech, wenn ihr mich fragt.«

Dörfler blies die Backen auf. »Und Pech, wenn uns dann so a Tommy a Wasserbomb'n auf'n Schädl schmeißt.«

»Berufsrisiko.« Berger hob abwehrend die öligen Hände. »Wir haben einfach den falschen Beruf.«

Gerhard Kupinska hörte Berger zu und dachte sich seinen Teil. Er kannte sich etwas aus. Es war nicht einfach, eine gerundete Fläche zu schweißen. Aber es war auch nicht so schwierig. Und vor allem war es nicht so schwer zu erkennen, dass die Naht nicht dicht war. Der Maschinist musste das auch wissen.

Aber Sabotage war so ein hässliches Wort.* Er lehnte sich zurück. Sabotage, der Feind, das Meer, am Ende kam es alles aufs Gleiche raus. Sein Blick glitt über die Stahlwandung der Röhre. Wenn es ans Absaufen ging, dann waren alle Gründe belanglos, das hatte er bereits

---

* Tatsächlich gab es bis zum Herbst eine aktive kommunistische Sabotagegruppe, nicht zu verwechseln mit der berühmten »Roten Kapelle«. Hauptziel waren die U-Boote in der Überholung, an denen Sehrohre, Horchgeräte, Funkausrüstung oder bisweilen auch die Schweißnähte der Ölzellen manipuliert wurden. Da die meisten dieser Eingriffe für die gesamte Besatzung leicht hätten tödlich enden können, war die Wut darüber unter den U-Boot-Fahrern, unabhängig von der politischen Einstellung, sehr groß.

begriffen, als die Heidkamp in Fetzen geschossen worden und er durch den kalten Fjord geschwommen war. Andere hatten es nicht geschafft. Er sollte also seinem Glück dankbar sein.

Nur wurde er das Gefühl nicht los, das Schicksal habe ihn nur für etwas anderes, Heimtückischeres aufgespart.

Dörfler blickte hoch zu ihm. »Und, wos sagst du?«

»Ick? Icke sach jar nischt, ick hau mir aufs Ohr!« Kupinska zwang sich zu einem Grinsen. »Solang allet so schön ruhich is!« Demonstrativ rollte er sich zusammen und zog den Vorhang zu.

»Wos hatter denn?« Verwundert starrte Alois zur Koje empor.

»Was wohl?« Berger grinste. »Die Schnauze voll.« Er sandte einen warnenden Blick zu Dörfler.

Der Bayer nickte. »Das versteh i. Geht mir aa ned anders.«

Eine Stunde später kehrte das Boot triefend zur Oberfläche zurück. Es würde Stunden dauern, Öl umzupumpen, und noch einmal Stunden, um die Schweißnaht zu kontrollieren und nachzuschweißen, falls sie es überhaupt mit Bordmitteln tun konnten. Stunden, in denen das Boot nicht sofort tauchen konnte, sollte ein Flieger am Himmel erscheinen. Stunden, in denen sie jedem Angriff hilflos ausgesetzt waren. Stunden, in denen die meisten der Besatzung nichts anderes tun konnten, als zu warten.

Erst am Abend war es möglich, mit der Fahrt wieder hochzugehen.

Nach Westen, hinaus in den Atlantik.

* * *

Feldwebel Dachsmeier ließ die Maschine kreisen. »Und?«

»Nichts!« Unteroffizier Himmels Stimme klang belegt. Nichts, nichts und wieder nichts. Über eine Stunde kreisten sie schon in dem Gebiet, in dem der Geleitzug hätte stehen sollen, wenn er weiter seinem Generalkurs gefolgt wäre. Ihre Meldung vom Vortag war aufgefangen worden, allerdings hatten sie die Bestätigung nicht empfangen können. Also hatte Major Lunzner sie am frühen Morgen wieder rausgeschickt. Und jetzt: Nichts! Sie hatten den verdammten Geleitzug verloren.

Wütend stopfte sich Dachsmeier noch ein Stück Fliegerschokolade in den Mund. Das bittere Aroma vertrieb wenigstens für einen Augenblick den schalen Geschmack darin. *Irgendwo müssen die Tommies doch stecken!* Er blickte auf die weite Wasserfläche unter ihnen. »Wir haben noch beinahe drei Stunden in Reserve. Sehen wir uns mal weiter im Norden um.«

Hartmann, sein Kopilot, nickte. »Norden ist gut, ich koppele mit!«

Schwerfällig senkte sich die rechte Tragfläche, als der Feldwebel die Maschine in eine neue Kurve gleiten ließ. In viertausend Meter Höhe konnten sie viele Kilometer weit sehen. Theoretisch sollten sie eine Sichtweite von etwa zweihundertvierzig Kilometern haben. Aber natürlich konnte man eine Rauchfahne auf diese Entfernung nicht vom Himmel unterscheiden.

Wie dicht mussten sie dran sein, um den Geleitzug wiederzufinden? Hundert Kilometer? Fünfzig? Dachsmeier wusste es nicht. Wahrscheinlich war es einfach Glückssache.

Zwölf Stunden bei sieben Knoten machte vierundachtzig Seemeilen oder, da die Luftwaffe in Kilometern rechnete, einhundertdreiundfünfzig Kilometer. Eine halbe Stunde nachdem Dachsmeier den Kurs gewechselt hatte, wurde an der rechten Seite die erste Rauchfahne sichtbar. Wie schon am Vortag erschienen mehr und mehr Rauchsäulen und wurden zu einem wahren Wald. Aber Dachsmeier hatte nicht die Absicht, so nahe heranzugehen. Er ließ die Maschine weit vom Geleit entfernt kreisen. Minuten später jagte die Meldung aus der Antenne. »Geleitzug in Planquadrat AM2445, Kurs Nord!«

Seetag 5

Immer weiter fuhr das Boot in den Atlantik hinaus. Inzwischen zeigte der Bug mehr nach Westsüdwest. Planquadrat AL25, ihr Operationsgebiet. Ein rechteckiges Stück Wasser, in dem sie nach dem Willen des BdU auf feindliche Geleite lauern sollten.

Im Inneren der Röhre herrschte wieder eine etwas gelöstere Stimmung, nachdem das Boot die gefährliche Enge und die britischen Überwachungsketten hinter sich gelassen hatte. Aus den Lautsprechern drang einmal mehr die schmachtende Stimme der Dame vor dem Tor, was Dörfler, beinahe unbestrittene Autorität auf diesem Gebiet, Anlass zu Vermutungen über die Professionalität besagter Dame gab. Kupinska, der sich nicht lumpen lassen wollte, ergänzte zwischendurch das allseits beliebte Marine-Alphabet um ein paar neue Verse. Und es dauerte nicht lange, bis das Gelächter der Freiwache aus dem Bugraum bis in die Zentrale drang.

Rudi Schneider, wie so oft mit der undankbaren Aufgabe des Trimmens beschäftigt, hob den Kopf von seinem Notizbuch und grinste. »Sie schweinferkeln. Dann geht es ihnen gut!«

Der Steuermann nickte zustimmend. »Sie haben allen Grund. Die verdammte Ölspur sind wir los.«

»Wenn es nicht das ist, dann irgendetwas anderes.« Der IWO nickte. »Also gut, fünfzig Mann mal achtzig Kilo, das sollte hinhauen. Die Aale haben wir ja alle noch.« Entschlossen zog er einen Strich unter seine Berechnungen.

Olm, einer der Funker, kam mit einem Stoß Notizen aus dem Funkschapp. »Wo ist der Kommandant?«

Oberleutnant Schneider deutete nach oben. »Genießt die frische Luft.« Neugierig spähte er auf die Papiere in der Hand des Funkers. »Was gibt es Neues?«

»Weitergegeben von der Leitstelle. Ein Fernaufklärer hat einen Geleitzug in AM3714 auf Westkurs erfasst.«

Obersteuermann Franke blinzelte. »Ein Fernaufklärer? Wusste gar nicht, dass wir so etwas haben.« Er griente. »Dann schau'n wer mal!«

Schneider nickte. »Der Kommandant ist oben. Mal sehen, was der dazu sagt.«

Olm verschwand im Turmschacht. Schneider und Franke beugten sich über den Übersegler. AM3714. Nicht weit von der englischen Küste, aber auf Westkurs. »Ablaufend!« Der Steuermann kratzte sich im Bart. »Dreihundert Meilen. Da war doch was – in den letzten Tagen?«

Der IWO runzelte die Stirn. »Ein paar Kameraden haben ein Geleit angegriffen, das in den Atlantik lief.« Er reckte den Kopf. »Funker? Was war das mit den letzten Funksprüchen von der Westküste?«

Funkgefreiter Henke streckte den Kopf aus dem Schapp. »Moment, Herr Oberleutnant!« Sie hörten Papier rascheln. »Hier haben wir es. U-52 hat ein Geleit nahe in AM angegriffen und meldet verschossen, Rückkehr wegen Ölmangels. Das war gestern am frühen Morgen.«

Stiefel knallten auf das Deck, als der Kommandant die Leiter heruntergerauscht kam.

Grinsend sah sich von Hassel um. »Alle schon kräftig am Rätselraten?«

Rudi Schneider legte die Hand an die Mütze. »Jawoll, Herr Kap'tän!« Dann griente er. »Ist schon so ein komisches Ding. Wenn das der gleiche Geleitzug ist, den U-52 angegriffen hat, dann müsste er eigentlich schon weiter westlich stehen.«

Von Hassel blickte in die Notiz, die der Funker ihm oben gegeben hatte. Nachdenklich nahm er eine Entfernung aus der Karte. »Das stimmt alles vorn und hinten nicht.« Wieder blickte er auf den Zettel mit dem Funkspruch. »Hier steht auch nicht, wann der Aufklärer das Geleit erfasst hat, nur, wann der Spruch von der Leitstelle wegging.« Er verzog das Gesicht. »Nichts Genaues weiß man nicht. Wenn die Meldung neu ist, dann sind zwei Geleite draußen. Eines steht zu weit westlich, das kriegen wir nicht mehr. Das andere ...« Er nahm erneut die Entfernung aus der Karte. »Knapp dreihundert Meilen?«

Der LI schob sich von der Seite heran.

»Dreihundert Meilen bei AK, Herr Kap'tän?« Er verzog das Gesicht. »Das ...«

Von Hassel winkte ab. »Ich weiß, der Brennstoff. Das wird unsere Seeausdauer begrenzen und so weiter und so weiter.« Er wandte sich um. Alle Augen beobachteten ihn. »Spruch an Leitstelle: 1.) Ölspur. 2.) Erbitte Erlaubnis, auf von Aufklärer gesichtetes Geleit zu operieren. 3.) Der LI wird Ihnen den Ölbestand geben.« Er seufzte und sah zu Henke, der im Funkschapp mitnotierte. »So, jetzt warten wir, was der Löwe sagt.« Zufrieden blickte er um sich. Die Stimmung hatte sich wieder verändert. Es war nichts, was er an einem einzigen Detail hätte festmachen können, aber er spürte es. Ein Geleit, das konnte bedeuten, dass sie ihre Aale loswurden und auf Heimatkurs gingen. Alles war besser, als wochenlang in See herumzugammeln. Alles.

* * *

Ein Pfeifen kam aus dem Sprachrohr, und der Posten meldete sich. Für einen Augenblick lauschte er auf die Meldung, dann wandte er sich zum Kommandanten um. »Sir, Funkraum. Sie haben ein SOS aufgefangen. Position …«

Aber Frazier winkte ab. »Der Funker soll den Spruch in den Kartenraum bringen. IO, Sie übernehmen!« Mit steifen Knochen rappelte er sich hoch und ging den schmalen Niedergang in den Kartenraum hinunter. Augenblicke später kam auch der Funker. Frazier riss ihm den Zettel beinahe aus den Händen und las die Position ab. Missmutig verzog er das Gesicht. »Beinahe fünfzig Meilen westlich.«

»Sir?«

Frazier wandte sich zu dem Funkgast um. »Schon in Ordnung, Sparks! Gehen Sie zurück in das Funkschapp. Wenn es Neuigkeiten gibt, will ich sie erfahren.«

»Aye, Sir.«

Frazier beugte sich wieder über die Karte. Fünfzig Meilen, das würde für seine Goosefoot über drei Stunden Fahrt bedeuten.

Drei Stunden hin, drei Stunden zurück, und der Teufel mochte wissen, wie lange sie dort brauchen würden. *Aber Smith kann den Notruf nicht ignorieren, und Farlane ist hier angebunden.*

Der Signalgast steckte den Kopf durch das Schott. »Signal von Farlane, Sir. Detachiert, um das SOS zu rekognizieren!«

»Bestätigen Sie!« Fraziers Stimme klang scharf. Er warf einen letzten Blick auf die Meldung. Ein Tanker also, die Oil Privateer. Mit präzisen Bewegungen setzte er einen neuen Kurs ab. Dann stieg er die Stufen zur Brücke empor, durch das offene Schott. »Mr Philipps?

Ändern Sie Kurs auf Zwo-Sechs-Fünnef! Wir kommen einem havarierten Tanker zu Hilfe.«

»Aye, Sir!« Aber der Erste warf einen zweifelnden Blick auf das Geleit. Da waren es nur noch zwei Sicherungsfahrzeuge.

Mit einer resignierten Geste wandte er sich um und gab den Befehl durch das Sprachrohr zum Steuerhaus. »Backbord zehn!«

Das hohe Vorderkastell begann auszuwandern.

Der Funkspruch von der Leitstelle kam nur Stunden später. Von Hassel las den Text und blinzelte verdutzt. »1.) Mit Bordmitteln beheben, wenn möglich. 2.) Aufklärermeldung möglicherweise veraltet. Befohlenes Operationsgebiet nach Norden ausdehnen bis AL21. BdU.« Er blickte auf und schob nachdenklich die Mütze zurück. »Na, das ist ein Ding!«

Der IWO verzog das Gesicht. »Nicht viele Boote draußen, so wie es aussieht.«

Der Alte beugte sich über die Karte mit den streng geheimen Planquadraten. »Ich wollte, die Leitstelle könnte uns klar sagen, was los ist. Aber wahrscheinlich wissen die selber nicht, was los ist.« Er deutete auf einen Punkt auf der Karte, ungefähr in der Mitte von Planquadrat AL21. »Setzen Sie Kurs hierher ab. Wenn der BdU uns schon freie Hand gibt, dann werfen wir mal einen Blick auf den nördlichen Großkreis.« Er grinste etwas gequält. »Und wenn es Neuigkeiten von diesem Aufklärer geben sollte, bin ich in meiner Kammer.«

Rudi Schneider sah dem Kommandanten hinterher, der in seinem Kabuff verschwand und den Vorhang zuzog. Dann setzte er den neuen Kurs ab. Sie würden etwas Brennstoff sparen, weil sie ja bereits recht hoch

89

im Norden standen. Und jetzt, im Sommer, mochte es dort oben erträglich sein. Er verzog das Gesicht. Auf einer Kugel war die kürzeste Entfernung zwischen zwei Punkten keine Linie, sondern ein Bogen. Während in Wirklichkeit das, was man auf der Seekarte als Linie sah, ein Bogen war, weil die flache Abbildung der Karte die Krümmung der Erde eben nicht darstellen konnte. Eine der kleinen Verrücktheiten der Navigation, die sich bei näherem Hinsehen als logisch entpuppten. Schon seit hundert Jahren führte der Schiffsverkehr über diese sogenannten Großkreise, im Winter über eine südlichere Route, im Sommer über eine nördlichere. Die Tommies würden es jetzt auch nicht anders machen. Er rieb sich nachdenklich am Kinn. Vor allem nicht, wenn sie dadurch schneller aus der Reichweite der deutschen Langstreckenaufklärer kamen.

In seiner Kammer hatte sich von Hassel wütend auf seine Koje geworfen und nach dem Buch geangelt, das er auf diese Reise mitgenommen hatte. Ein Buch pro Fahrt, mehr Platz hatte auch der Kommandant nicht. Aber sein Geist nahm die Worte nicht auf. Noch immer ging ihm der Funkspruch des BdU im Kopf herum. Also war man in der Leitstelle auch nicht sicher, wie alt die Meldung des Aufklärers war. Was nur bedeuten konnte, dass die Verbindungen zwischen Marine und Luftwaffe wie üblich gestört waren.

Zornig schlug er das Buch zu und starrte reglos zur Decke. Finden, finden musste man die verdammten Geleite erst mal. Irgendwo im Norden. Das Geleit, das U-52 angegriffen hatte, war wahrscheinlich doch das gleiche, das der Aufklärer gemeldet hatte.

Also ...? Also was? Was würde *er* tun, wenn er der Geleitzugkommodore wäre?

Er würde nach Norden ausweichen und dann nach

Westen schwenken. Aber er würde sich einen Teufel um die Großkreise scheren, einfach weil auf der logischsten aller Routen die U-Boote lauern würden. Allerdings hatten die meisten der Boote gar nicht genügend Öl, um dort zu lauern. *Aber wissen die Tommies das?*

Stunden vergingen, und an Bord stieg die Spannung. Es war bereits später Nachmittag, als die Oil Privateer in Sicht kam. Während mehr und mehr Details sichtbar wurden, verstummten die Gespräche. Männer erschienen an Deck und starrten wortlos zu dem Tanker hinüber.

Das einstmals stolze Schiff lag mit Schlagseite tief im Wasser. Die ans Heck zusammengerückten Aufbauten waren geschwärzt, und ein großes Loch in der Bordwand darunter zeigte an, wo der Torpedo das Schiff getroffen hatte. Ein Loch, groß genug, um mit einem Verkehrsboot hindurchzufahren.

Der Signalgast beobachtete das geschlagene Schiff. Seine Stimme klang heiser und etwas brüchig. »Schaut euch nur das arme Luder an!« Wie die Stimme eines alten Mannes. *Wie alt war er?* Frazier konnte sich nicht mehr erinnern. *Zu jung für die Rumration.* Aber der Gedanke hatte nichts Belustigendes.

Der Lieutenant Commander räusperte sich. »Also an die Arbeit, Männer! Bunts, stellen Sie fest, ob da drüben jemand Antwort gibt. Wenn die noch SOS gefunkt haben, dann muss ja jemand an Bord sein. Aber ich sehe niemanden.«

»Aye, Sir!« In den erstarrten Seemann kam wieder Bewegung.

Jason Philipps trat näher. »Ich denke …«

»Sie denken richtig, IO!« Für einen Augenblick trafen sich die Blicke der beiden Männer. »Nur Freiwillige!« Er

91

musste sich ein zweites Mal räuspern. »Und beeilen Sie sich, wir müssen zurück zum Konvoi.«

Der Lieutenant tippte sich an die Mütze. »Aye, Sir! Wenn Sie mich dann entschuldigen?«

»Abtreten!« Der Kommandant erwiderte den Gruß. Philipps wusste, dass es ihm vermutlich in den Füßen juckte, selbst zu gehen.

Aber sein Platz war hier. Er wandte sich um und beugte sich über das Sprachrohr zum Rudergänger. »Kleine Fahrt, fahren Sie einen weiten Kreis um den Zossen! Und das ASDIC soll alles absuchen, bevor wir stoppen!« Hinter ihm lief der Erste den Niedergang hinunter und rief bereits nach dem Bootsmann.

Dachsmeier salutierte kurz, als er Major Lunzner kommen sah. Aber wie immer winkte der Staffelchef einfach ab. »Was sagen die Mechaniker?«

Der Feldwebel musterte die Maschine. Nummer drei, der Motor innen auf der rechten Seite, war offen. Und zwei ölverschmierte Mechaniker steckten bis zu den Oberarmen im Aggregat. Missmutig zuckte er mit den Schultern. »Wahrscheinlich Treibstoffpumpe. Aber genau wissen's es noch ned.« Er sah den Major kurz an. »Und Ihre Mühle?«

Ein roter Schimmer flog über das Gesicht des Offiziers. »Ich glaub, ich hab den Vogel verbogen.«

Dachsmeier starrte den Staffelkapitän sprachlos an. Sie waren am vergangenen Abend im Abstand von nur zwanzig Minuten zurückgekehrt. Dachsmeiers Nummer drei hatte gestanden, und Nummer eins hatte sich in einer öligen Fahne das mechanische Leben aus dem Leib gehustet. Sechs verdammte Stunden hatte Dachsmeier die ungleichmäßig getrimmte Maschine mit allen Tricks in der Luft gehalten, angeschlagen, wie sie war.

Was mit dem Vogel erst werden sollte, wenn der Feind wirklich auf sie schoss, wusste der Geier. *Aber verbogen? Den ganzen Vogel einfach verbogen?* Er räusperte sich. »Die verdammten Dinger san schwer.«

Der Major nickte. »Nicht für so etwas gebaut. Eine plötzliche Böe beim Start, und mein Schwanz ging in den Acker.« Er griente trotzig. »War eine etwas komische Fliegerei. Die Mechaniker haben mir heute erzählt, der ganze Längsholm ist verbogen, knappe fünfzehn Zentimeter.«

Dachsmeier unterdrückte den Impuls, sich vor den Kopf zu schlagen. »Da sollten die Jungs bei Focke-Wulf aber mal besser mit dem Rechnen anfangen. Die Mühle ist …«

»Die Mühle ist fronttauglich!« Major Lunzner hob abwehrend die Hand. Er sah sich kurz um, um sicherzugehen, dass niemand in der Nähe war. »Weil wir keine anderen haben.«

Weil wir keine anderen haben! Das erklärte natürlich alles. Der Feldwebel blickte in das Gesicht des Majors. »Wir müssen sie eben behandeln wie rohe Eier.« Er schüttelte den Kopf. »I woaß net, ob i es riskiert hätt', mit der Mühle rausz'fliag'n, wenn i den Acker g'streift hätt'.« Wieder wartete er. »Und wos jetzt?«

»Die Mechaniker flicken deine Mühle wieder zusammen, Dachsmeier. Und ich krieg 'nen schönen neuen Vogel aus der Heimat. Sollte sowieso zu uns kommen.« Er zuckte mit den Schultern, als wüsste er nicht, wie er es sagen sollte. »Brammer hat's erwischt. Hatte seine Abkommandierung zu uns schon in der Tasche.«

Brammer! *Wieder einer von der alten Lufthansa-Crew!* Für einen Augenblick schwiegen beide. Dann nickte Dachsmeier. »Bomber, glaub i?«

»Heinkel 111, Tagangriff auf einen Flugplatz. Aber

die Tommy-Jäger waren wohl schon oben, als sie kamen. Sein Staffelchef ist auch ein Lufthansa-Mann, er hat's mir erzählt.«

Wieder einer weniger, und dabei hat das Ganze erst angefangen. Der Feldwebel runzelte die Stirn. »Bis die Mühle wieder fliagt, dauert's zwoa Tag. Erlaubnis, mit meine Männer in d' Stadt zu fahr'n?«

Major Lunzner nickte. »Erlaubnis erteilt, wo du 'nen Wagen kriegst, weißte ja.«

»Danke, Lunzi!«

»Schon in Ordnung.« Lunzner sah Dachsmeier ruhig an. »Trink eins für mich mit!«

Lieutenant Jason Philipps spürte die Unsicherheit, als er über die Reling auf das weite Deck kletterte. Rohre zogen sich mittschiffs über die gesamte Länge und verbargen den Blick auf die andere Deckseite.

Von hier oben war die Schlagseite noch deutlicher zu sehen. »Rauf hier, los, los, los!«

Einer nach dem anderen kletterten die Seeleute an Deck. Der Bootsmann sah sich kurz um. »Stationen besetzen, Sir?«

Philipps runzelte die Stirn. »Nein, erst mal ausschwärmen und die Funkkabine suchen. Irgendwo muss der Funker ja sein.« Er dachte kurz nach. »Also los, Bootsmann, Sie gehen nach unten und stellen die Schäden fest. Ich bin auf der Brücke.«

Der Bootsmann drehte sich um. »Also los, Männer, ihr habt den Ersten gehört.«

Die Männer spritzten auseinander. Der Lieutenant ging zum Niedergang und begann, zur Brücke emporzuklettern. Unwillkürlich rümpfte er die Nase. *Es stinkt hier, was zum Teufel stinkt hier so?* Öl, Brandgeruch, Salz … und da war noch etwas anderes. Er hatte die

Brückennock erreicht und wollte durch das Schott ins Brückeninnere. Süßlicher Verwesungsgeruch schlug ihm entgegen. Er prallte zurück. Sein Magen revoltierte, und er blinzelte erschrocken. Er hatte nur für Sekundenbruchteile ins Innere der Brücke geblickt, aber alle Details standen ihm immer noch klar vor Augen. Die Form eines Mannes vor der verkohlten Rückwand, die auf der anderen Seite aufgerissene Brücke selbst und vor allem das Ruder. Immer noch hingen die Hände des Rudergängers am Rad, als habe ein Witzbold zwei abgestreifte Handschuhe dort festgenagelt. Keine Spur vom Körper.

Der Gedanke war zu viel für Philipps. Krampfhaft übergab er sich in einer Ecke der Nock. Erst nach Minuten richtete er sich wieder auf und wischte sich mit zitternden Händen den Mund. *Die armen Schweine!* Er kämpfte gegen die Übelkeit an und versuchte sich zu konzentrieren. Die Brücke hatte es voll erwischt, und das war kein Torpedo. Aber er hatte von der Goosefoot aus selbst das große Loch in der Bordwand gesehen, und das war sicher ein Torpedoeinschlag gewesen.

Vorsichtig näherte er sich wieder dem Schott und spähte hinein. Der Anblick hatte sich nicht verändert, aber sein Blickwinkel. Es war ein Rätsel, und irgendwo mochte es einen Hinweis auf die Lösung geben. Er hielt den Blick von dem Steuer abgewandt. Der Kartentisch mit allen Unterlagen war nur noch Asche. *Eine Bombe, wahrscheinlich eine Art Brandbombe.*

Also war die Oil Privateer von einem Flugzeug angegriffen worden. Und der Funkspruch?

Hinter ihm, aus dem geschwärzten Niedergang, hörte er Geräusche und die Stimme des Bootsmannes. Der wettergegerbte Unteroffizier kam die Stufen empor. Auch er wirkte blass. »Unten ist alles Schrott, Sir!« Er schüttelte den Kopf. »Da hat keiner überlebt, im Funkraum sitzen zwei Funker verbrannt auf ihren Stühlen.«

Philipps spürte die plötzliche eisige Kälte. »Kein Funkgerät, keine Funker?«

»Nichts, Sir!«

Der Erste stürzte aus der Brücke. *Mein Gott! Gütiger Gott!* Er nestelte die kleine Signallampe von seinem Gürtel und begann, seine Meldung zu morsen. Ein einzelnes Wort nur, drei Mal.

Lieutenant Commander Frazier fuhr herum, als der Signalgast plötzlich scharf ausrief: »Anruf! Vom Tanker!«

Die Morsezeichen kamen in einem langsamen, unsicheren Rhythmus. Er kniff die Augen zusammen. Das war sein Erster, der da morste. »Falle! Falle! Falle!«

Nicht mehr, aber er brauchte auch nicht mehr. »AK, Steuerbord fünfzehn!«

Am Heck wirbelte die Schraube Wasser auf, als sich das Schiff wieder in Bewegung setzte. Der Bug begann herumzuschwingen. Aber die Goosefoot hatte beinahe fahrtlos getrieben, nur ein paar Kabellängen weg von dem havarierten Tanker.

Komm, komm, vorwärts! Frazier trommelte wütend auf das Holz der Reling. Vorwärts! Mit quälender Langsamkeit nahm sein Schiff Fahrt auf.

»Torpedos an Steuerbord!«

Der Kommandant stürzte auf die Steuerbordseite, weg von dem großen Schiff. Zwei Linien liefen durch das Wasser, genau auf sie zu, wie mit dem Lineal gezogen.

»Feuer frei!«

Die leichten Waffen erwachten ratternd zum Leben. Winzig kleine Fontänen peitschten das Wasser auf, aber die Abwehr schien die Blechfische nicht zu beeindrucken. Näher und näher kamen sie. »Alle Mann an Deck!« Frazier hielt den Atem an und wartete auf den Einschlag.

Im letzten Moment schwang das Schiff zur Seite, den Bug genau in die Laufbahnen gerichtet. Einer der Torpedos detonierte mit einem donnernden Knall, und eine Säule aus Wasser stieg auf, wo ein paar Hundert Kilo Sprengstoff in die Luft geflogen waren. Splitter und Wasser regneten auf die Männer auf dem Achterdeck herab.

Der andere Aal lief weiter, nur Yards von der Bordwand entfernt. Fraziers Stimme klang hart. »Stützruder, klar Schiff zum Gefecht!«

Im Rumpf begannen die Alarmklingeln zu rasen. Männer, gerade erst an Deck befohlen, rannten zurück auf ihre Gefechtsstationen. Stimmen erklangen flach und ausdruckslos aus den Sprachrohren, die jede wichtige Station der kleinen Korvette mit der Brücke verbanden.

»Tiefe hundert bis hundertfünfzig Fuß.« Die Stimme von Lieutenant Maxwell klang aufgeregt.

Frazier fuhr herum, als der Posten an den Sprachrohren rief: »ASDIC hat Kontakt. Grün Null-Eins-Fünnef! Bewegt sich langsam nach Backbord! Abstand sechshundert Yards!«

»Funkraum: Spruch an Admiralität und alles Weitere. Greife U-Boot auf Position sowieso an. Er soll die Position selbst einsetzen!«

Alles schien auf einmal zu passieren. »Backbord fünf!« Frazier blickte zurück. Noch immer stand Philipps in der Brückennock des Tankers. Reglos, als würde alles keinen Sinn mehr machen.

Und vielleicht tat es das auch nicht mehr. Nicht

mehr, seit er entschieden hatte, sich und die Männer auf dem Tanker zu opfern, um Goosefoot zu warnen.

Frazier blickte wieder nach vorn. Sechshundert Yards jetzt, dreihundert Kabel. Auf dem Achterschiff und den Seitendecks waren schon die Wabos eingestellt. Er musste sich konzentrieren, den richtigen Moment abwarten, das letzte Ausweichmanöver seines unsichtbaren Feindes vorhersehen, wenn der Kontakt abbrach, weil der Winkel für das ASDIC zu stumpf wurde. Er musste einkalkulieren, dass die Deutschen tiefer tauchen würden.

Wie viel tiefer? Niemand kannte die wirkliche Tauchtiefe der deutschen Boote. Englische Boote tauchen zweihundert, manche sogar dreihundert Fuß tief. Es hieß oft genug gerüchteweise, die deutschen Boote könnten tiefer gehen, aber wie viel tiefer? Vierhundert Fuß, fünfhundert? Sicher keine fünfhundert.

Aber er musste es einkalkulieren. Tausend Dinge, aber alles, was er sehen konnte, war die Blasenbahn des verbliebenen Torpedos, die schnurgerade weiter auf den reglosen Tanker zulief, während seine Goosefoot auf den unsichtbaren Feind losstürmte.

»Horchgerät: Auf Torpedos achten!« Das helle Singen der kleinen Torpedoschrauben würde die Blechfische verraten, noch bevor eine Blasenbahn sichtbar wurde. Die zweite Option des U-Boot-Kommandanten. Er konnte feuern, statt tiefer zu tauchen. Auf ein angreifendes Kriegsschiff Torpedos zu feuern war schwierig, Goosefoot zeigte ihm die schmale Silhouette, und sollten sie die Aale rechtzeitig bemerken, dann konnten sie wahrscheinlich ausweichen. *Aber es ist nicht unmöglich!*

Hinter ihm ertönte ein dumpfer Schlag. Auch ohne hinzusehen, wusste Frazier, dass an der Bordwand des

Tankers in diesem Moment eine hohe weiße Wassersäule emporsprang. Torpedotreffer! Er wandte sich um
und starrte zu dem erneut getroffenen Schiff hinüber.

Die Welt hielt den Atem an. Alles schien für endlose
Zeit stillzustehen. Nur die schlagenden Herzen verrie-
ten, dass tatsächlich Zeit verstrich, in Wirklichkeit nur
Sekunden. Das Bild des schief liegenden Tankers, die
reglose Gestalt in der Brückennock, die zu ihnen hinü-
berstarrte, alles das brannte sich unauslöschlich in die
Erinnerung der Männer ein.

Dann, mit einem Mal, war die kurze Gnadenfrist ab-
gelaufen. Eine Gestalt rannte über das Deck des Tankers, aber noch bevor sie irgendeinen Ort erreichen
konnte, gleich welchen, schlug eine feurige Faust aus
dem Deck, brach aus mit der Gewalt eines Vulkans.
Hundert, zweihundert Meter hoch stieg die Tankerfackel in den blauen Himmel und ließ alles neben sich
zur Bedeutungslosigkeit schrumpfen. Eine Druckwelle
fegte über die See und traf die nahe Goosefoot. Kein
schwerer Schlag, aber eine Ohrfeige aus glühend heißer
Luft.

Brennendes Öl lief aus und machte jeden Gedanken
an eine Rückkehr von vornherein zunichte. Männer
sprangen über die Bordwand, von der Goosefoot aus
gesehen nur winzige Spielzeugfiguren. Nur mit den
Gläsern waren Details zu erkennen.

Aber sie wussten alle, dass es dieses Mal keine fremde
Tankerbesatzung war, die da versuchte, dem zischen-
den, prasselnden Brand zu entkommen. Das waren
keine anonymen Seeleute, deren verzweifelte Schreie
sie hörten – diese winzigen Figuren waren ihre Bordkameraden.

Freunde, Feinde, wer vermochte das zu sagen, es gab
viele Bindungen in einer so engen Gemeinschaft. Es

waren die Kameraden, mit denen sie in den letzten Monaten alles geteilt hatten, Leid, Gefahr, Not und Erfolg. Der beißende Geruch brennenden Schweröls stieg den Männern in die Nase, ließ sie husten. Trotzdem konnten sie den Blick nicht abwenden. Es waren Momente, in denen es der Crew das Herz hätte aus dem Leib reißen können – doch der Moment verstrich. Was blieb, war der Hass.

Keith Frazier stand reglos in der Brückennock. Alles in seinem Kopf drehte sich. Er musste sich konzentrieren, den unsichtbaren Mörder jagen, ihn stellen und ihn vernichten. Aber alles, was er sah, war die riesige Tankerfackel, jene Säule aus Flammen, ein Fanal dessen, was Menschen Menschen antun konnten.

Aus einem der Sprachrohre drang eine Meldung, und die Stimme des Befehlsübermittlers klang zögerlich, unsicher. »ASDIC meldet Kontakt, läuft weiter langsam nach links. Er glaubt, der Bursche geht tiefer. Dreihundert Yards in Rot Null-Zwo-Null!«

Der Kommandant blinzelte. Sein Gesicht war wie aus Stein gemeißelt. Wie in Zeitlupe drehte er sich herum und starrte den jungen Seemann an. Dann nickte er. »Zurück auf Gefechtsstationen!« Seine Stimme klang heiser. »Klar zum Wabo-Angriff!« Er ging selbst zum Sprachrohr. »AK, Backbord zehn!« Noch immer hörte er hinter sich das triumphierende Fauchen des Feuers. Nur mit Mühe riss er sich zusammen.

»Kontakt reißt ab!«

Frazier nickte nur kurz. »Stützruder!« Er zählte die Sekunden mit. Etwa zweihundertfünfzig Yards pro Minute, etwa dreißig Fuß pro Sekunde, die die Wasserbomben beim Sinken zurücklegten, etwa dreißig Yards, die das U-Boot pro Minute zurücklegte. Alles zusammen dreißig Sekunden vom Abreißen des Kontaktes bis zu dem Zeitpunkt, wo er werfen konnte. Fünfunddreißig, bis die flacher eingestellten Ladungen krepieren würden. Mehr als eine halbe Minute Zeit für den deutschen Kommandanten, Kurs und Tiefe zu wechseln, den Wabos zu entgehen.

Steuerbord oder Backbord? Frazier schüttelte den Kopf. »Steuern Sie Zwo-Vier-Null!« Er wartete, bis der Kompass stillstand. »Feuer frei!«

Von den Seitendecks warfen die beiden Werfer schwere Wasserbomben weg, während achtern zwei weitere Wabos aus den Schienen rollten. Mit einem satten Platschen verschwanden die Fässer in der See, während die Goosefoot mit unverminderter Fahrt weiterlief. Weg von den sinkenden Bomben, weg von der Sprengkraft von zweitausendvierhundert Pfund Amatol, die, wenn sie hochgingen, der kleinen Korvette einfach das Heck wegreißen konnten, sollten sie dumm oder ungeschickt genug sein, dann noch zu nahe am Explosionsherd zu sein.

Ein dumpfes Grollen ertönte hinter dem Schiff, und Wolken aus Wasser wurden von der Kraft der Explosionen in die Höhe gedrückt. Augenblicke später fielen sie wieder in sich zusammen. Die Druckwellen trafen den Rumpf der Korvette und brachten sie zum Schlingern. Frazier lehnte sich über die Reling der Brückennock und starrte nach achtern. Große Kreise aus Schaum und toten Fischen, vom Explosionsdruck säuberlich ausgenommen, breiteten sich aus. Unvorstellbar, dass etwas diese Detonationen überstanden haben sollte. Wie alle wartete er. Öl und Wrackteile brauchten etwas Zeit, um die Oberfläche zu erreichen.

Sie warteten, aber nichts erschien. Frustriert wandte Frazier sich um. »Steuerbord zehn, ASDIC soll versuchen, den Kontakt wiederzufinden.« Er hustete, weil

101

der Wind weiteren Ölqualm von dem glühenden Scheiterhaufen, der einst ein stolzer Tanker gewesen war, herüberwehte. Dem Scheiterhaufen seiner Männer. Frazier spürte, wie auch von ihm der Hass Besitz ergriff.

»Werfer nachladen! Klar zum nächsten Angriff!«

Lieutenant Jason Philipps spürte den Einschlag des Torpedos wie einen gewaltigen Hammerschlag. Das Deck unter ihm schien hochzuspringen, und er verlor den Halt. Ein stechender Schmerz zuckte durch sein Handgelenk, als er versuchte, sich abzufangen.

Dann, für einen Augenblick, kehrte wieder Stille ein. Aus der Ferne hörte er die rasenden Alarmklingeln auf der Goosefoot, aber es war ein seltsam distanziertes Geräusch wie aus einer anderen Welt.

Es kostete ihn alle Kraft, sich wieder aufzurichten. Er fuhr herum und erkannte den Bootsmann, der sich gerade wieder vom Deck hochrappelte. Der wetterharte Seemann schüttelte sich wie ein großer, zottiger Hund.

Philipps sah die Furcht in den Augen des Mannes. Sie alle hatten schon erlebt, was passierte, wenn ein Blechfisch in einen Tanker schlug.

»Rufen Sie die Männer, wir steigen aus!«

»Aye, Sir!« Die Erleichterung, einen klaren Befehl zu haben, war unüberhörbar.

Philipps blickte hinunter auf das lange Deck. Ein Mann lief nach vorn. Er wollte etwas rufen, etwas sagen, aber die Worte blieben ihm im Hals stecken. Fauchend brach das Deck auf, und die gefürchtete Tankerfackel stieg in die Höhe. Eine Faust aus heißer Luft traf den Ersten und wirbelte ihn aus der Brückennock. Erst das kalte Wasser ließ ihn zu sich kommen. Er hörte Schreie, als einige seiner Männer nicht weit entfernt von Bord ins Wasser sprangen. Was riefen die Männer?

Er hielt inne und streckte den Kopf aus dem Wasser, um besser zu hören. »Öl?« Er wandte sich um und erstarrte. Aus der zerrissenen Bordwand des Tankers lief brennendes Öl. Tausende von Tonnen brennenden Öls, die sich rund um das sinkende Schiff verteilten. Ein flammender Ölteppich. Er wandte sich um und schwamm los, so schnell er konnte. Hinter sich hörte er das Fauchen des Brandes, das Knistern und Zischen des brennenden Öls.

Es kam näher, immer näher.

Schreie wurden schriller, bevor sie verstummten. Das Öl war schneller als der schnellste Schwimmer. Man konnte ihm nicht davonschwimmen. Jeder wusste das. Aber jeder versuchte es. Er spürte die Hitze hinter sich. Ein paar Züge noch, dann würde es auch ihn einholen.

Der Erste holte tief Luft und tauchte unter. Salzwasser brannte in seinen Augen und auf seinem Gesicht. Mit langen Zügen bewegte er sich weiter. Alles um ihn herum war hell erleuchtet vom Feuer über ihm. Er spürte, wie ihm die Luft ausging. Er musste wieder nach oben, oder er würde hier unten ertrinken. Beinahe nachdenklich blickte er in die dunkle Tiefe, während sein Körper immer noch wie von selbst weiterschwamm. Vielleicht war ertrinken besser als verbrennen?

Aber der Hunger seines Körpers, der Selbsterhaltungstrieb, zwang ihn wieder nach oben. Er spürte die Furcht, den Drang zu atmen. Wütend arbeitete er sich nach oben. Sehen konnte er so gut wie nichts.

Oben wartete bereits das flammende Inferno auf ihn. Sein ganzer Körper brannte. Heiße Luft und Qualm strömten in seine Lungen und ließen ihn husten. Instinktiv schwamm er weiter. Und plötzlich waren da Hände und eine helle Stimme, die auf ihn einsprach.

103

»Ruhig, Sir! Ganz ruhig!« Er wollte um sich schlagen, weiterschwimmen. Er musste doch weg von dem Feuer. Aber die Hände hielten ihn fest. »Ruhig, ganz ruhig!«

In der Ferne wummerten die Wabos der Goosefoot. Es musste die Goosefoot sein. Denn niemand anders war hier, um den verdammten Killer zu stellen!

»Stützruder!« Fraziers Stimme klang wütend. »Neuer Kurs wird Eins-Acht-Fünnef!«

»Von ASDIC, Kontakt in Null-Null-Null, Abstand neunhundert Yards, kommt näher!«

Der Alte fuhr herum. »Näher!«

Der Posten fragte nach und sah dann in das Gesicht seines wütenden Kommandanten. »Er hat auf uns zugedreht!«

Der will uns unter Wasser treten! Aber das ASDIC hat ihn zu früh erfasst! »Hart Steuerbord!« Er wartete, bis die Zahlen durch den Kompass tickten, als das Schiff anfing zu drehen.

»Horchgerät meldet Torpedos im Wasser!«

Alles schien in seinem Kopf zu wirbeln, aber er behielt die Nerven. »Hart Backbord!«

HMS Goosefoot lief AK. Das bedeutete sechzehn Knoten. Nicht gerade viel. Aber der Druck auf dem Ruder und der geringe Tiefgang ließen das Schiff herumschwingen wie einen Terrier. Nicht gerade ein Windhund des Meeres, eher eine Art Mops*, witzelten die Männer oft. Aber in diesem Augenblick zeigte der

---

* Ein Witz aus dieser Zeit des Krieges. Zerstörer wurden oft Windhunde des Meeres genannt. Auf den Zerstörern zu dienen war der Traum so manchen jungen Seemannes. Aber die meisten kamen eben auf die Korvetten, die, verglichen mit den kampfstarken Zerstörern, angeblich nichts anderes als Schoßhunde waren.

Mops, was er konnte. Der ganze Rumpf schlingerte von einer Seite zur anderen, als die Goosefoot trotzig ihren Bug in die Laufbahnen drehte.

Das plötzliche Manöver musste die Schussunterlagen der Deutschen durcheinandergebracht haben. Nur Yards entfernt schossen die beiden Torpedos an der Backbordseite vorbei. Frazier brüllte, dass man ihn auch ohne Sprachrohr überall an Deck hören konnte. »Flache Einstellung ...« Er wartete ab. Die Naziröhre konnte nur so schnell wie möglich auf Tiefe gehen. Neunhundert Yards? Aber für lange Sekunden bewegten sich die beiden ungleichen Schiffe noch aufeinander zu.

»Wasserbomben ... los!«

Wieder verschwanden die Fässer in der See. Aber trotzdem war dieses Mal alles anders. Explosionen grollten, ein geisterhaftes Feuer erhellte die Wasseroberfläche. Goosefoot wurde kräftig durchgeschüttelt. Während das Schiff wie betrunken schwankte, knackten überall in ihrem winzigen Rumpf die überbeanspruchten Verbände.

Auf der Brücke glitt wieder der brennende Tanker in ihr Blickfeld. Das Schiff war in zwei Teile zerbrochen. Brennendes Öl hatte sich rund um den sterbenden Dampfer ausgebreitet, aber es floss nicht weiter. Wahrscheinlich waren die zerfetzten Zellen einfach leer. Noch während sie hinsahen, versank das Heck in einem Blasenschwall, glitt mit stetig steigender Geschwindigkeit in die Tiefe. Nur der Bug schwamm noch, hoch aufgerichtet wie ein mahnender Finger. Die Tankerfackel fiel in sich zusammen. Dicker schwarzer Qualm wallte über die See.

Frazier wandte sich ab und spähte nach achteraus. Kreise aus toten Fischen breiteten sich aus. Dann be-

105

gann die See zu schimmern wie ein Regenbogen. Auch hier – Öl!

Vereinzelte Jubelrufe klangen auf. Sie mussten den Bastard doch getroffen haben? Das war doch Öl aus dem U-Boot? Frazier nahm die Mütze ab und strich sich unschlüssig durchs Haar. Er konnte keine Wrackteile sehen. »Steuerbord zehn! Werfer nachladen!«

Die Männer starrten ihn an, aber er schüttelte nur den Kopf. »Er will uns bluffen! Also los, Gentlemen, wir haben einen Job zu erledigen!« Wieder schwang der Bug der Korvette über das Wasser wie eine Sense.

»Sir!« Die Stimme des Signalgast überschlug sich fast. »Da treiben Männer im Wasser!«

Verdutzt fuhr der Kommandant herum. »Wo?« Sein Blick folgte dem ausgestreckten Arm des Seemannes. Zwei Köpfe, von der sanften Dünung immer wieder verborgen. Nicht mehr als dunkle Punkte, und trotzdem, gerade während er hinsah, winkte ein Arm.

Der Signalgast presste ein Auge gegen das große Signalteleskop. »Einen erkenne ich, Sir! Hillard, ein Heizer. Der andere ...« Er brach ab. »Ich kann es nicht genau sehen, Sir!«

Frazier stand wie erstarrt. Es war seine Pflicht, das verdammte U-Boot zu versenken. Aber da draußen schwammen wider alle Chancen zwei seiner Männer im Meer und kämpften um ihr Leben!

Schnaufend ließ er die Luft aus seinen Lungen entweichen. Und mit jedem Augenblick entfernte sich die Goosefoot weiter von den beiden treibenden Gestalten.

»Wir setzen ein Boot aus! Der Bootsmann ... belege das!« Der Bootsmann war mit auf den Tanker gegangen. Frazier schluckte. »Nur Freiwillige, dieser Fischer aus Devon, Blake, soll das in die Hand nehmen.« Einmal mehr dankte er dem Schicksal dafür, dass England

106

eine Insel war. Wenn es hart kam, dann gab es immer genug Seeleute. Der Mann, der ihm im letzten Augenblick eingefallen war, war vielleicht als Soldat so grün wie Gras, aber er war Fischer seit Kindesbeinen. Wenn der mit einem verdammten Kutter nicht klarkam, dann konnten sie den Krieg sowieso gleich verloren geben!

Schritte polterten über das Seitendeck. Er blickte hinunter und sah den jungen Blake mit ein paar anderen zum Kutter stürmen und die Persenning vom Boot reißen. Er wandte sich um. »Halbe Fahrt, weiter können wir nicht runtergehen!«

Alles schien in Windeseile vor sich zu gehen.

»ASDIC hat Kontakt, Sir! Siebenhundert Yards in Grün Null-Zwo-Fünnef! Bewegt sich langsam nach rechts.«

Frazier stülpte sich die Mütze wieder fester auf den Kopf. »Kann er sagen, wie tief?«

Der Posten fragte nach. »Nur schätzen, Sir. Tief, sehr tief! Mehr als dreihundert Fuß, glaubt er.«

Über dreihundert? Natürlich gab es keine Möglichkeit, die Tiefe genau zu messen. Aber ein erfahrener Mann konnte sie trotzdem ungefähr einschätzen. Verdammt, selbst die Entfernung war ja nichts weiter als eine Schätzung.

Der Kutter klatschte ins Wasser und wurde von den Leinen einen Augenblick mitgezogen, bevor es den Männern gelang, die Schäkel auszuklinken. Mit brummendem Motor schor der Kutter von der Korvette weg.

Frazier nickte grimmig. »Also gut. Wabos auf tiefste Einstellung, Stützruder, neuer Kurs wird Null-Sechs-Null!« Er sah in die erstaunten Gesichter. »Ich weiß, Gentlemen, das steht nicht im Handbuch! Und nun los!« Er wartete, bis die Befehle weitergegeben wurden, dann zwang er sich zu einem Grinsen. »Und dieses Mal will ich vom Achterdeck eine Serie sehen. Viermal werfen mit größter Tiefe.« *Weil ich anfange, dich zu begreifen, Mistkerl!*

Schnurgerade zog die Korvette ihren Kurs durch das Wasser. Immer genau auf den Punkt zu, an dem sich die beiden gedachten Kurslinien schneiden würden. Doch die Goosefoot würde lange vor dem U-Boot diesen Punkt erreichen. Beinahe eine halbe Minute früher. Frazier hob die Hand. »Achterdeck: Go!« *Einundzwanzig ... zweiundzwanzig ... dreiundzwanzig ...* Er kam bis fünfzehn. »Achterdeck und Backbordwerfer: Go!« *Einundzwanzig ... zweiundzwanzig ...* Hinter ihnen sackten die schweren Ladungen in die Tiefe.

Die schützende Tiefe verwandelte sich in ein Inferno. Noch immer war das Licht nicht wieder an, nachdem es beim letzten Angriff ausgefallen war. Geisterhaft stießen die Lichtfinger der Handlampen durch die Dunkelheit. Hallende Explosionen warfen das Boot herum wie ein Blatt im Wind. Männer schrien und verloren den Halt.

Eine Bombe, eine einzige nur, musste nahe genug explodieren. Doch keine tat es. Schweißnähte wurden eingedrückt, Tauchzellen aufgerissen, aber die Röhre hielt. Die Explosionen verhallten. Der Kommandant richtete sich auf und hielt sich am Sehrohrschacht fest. Alle Augen waren auf ihn gerichtet, auch wenn er manche nur als fiebrig glänzende Punkte in der Dunkelheit sah.

Er machte ein unbekümmertes Gesicht. »Die wollen es aber wissen! Verdammte Tommies!«

Der LI drehte sich langsam um. Wahrscheinlich hatte er die Worte seines Alten nicht einmal gehört. Wie gebannt starrte er auf die Tiefenanzeige. »Kann Boot nicht halten, Herr Kaleun!«

»Was?« Der Alte wandte sich um.

Der Ingenieur nickte. »Kann Boot nicht halten!«

»Anblasen!« Die Stimme des Kommandanten klang scharf, aber nicht scharf genug, den Schrecken zu verbergen. »Anblasen!«

Pressluft zischte aus den Flaschen, aber die aufgerissenen Zellen hielten die Luft nicht mehr. Und so entwich das wertvolle Gas nur in einem großen Blasenschwall. Der Bug senkte sich in die Tiefe. Zweitausend Faden. Haltlos rauschte das Boot in die ewige Dunkelheit. Und irgendwo im Bugraum betete eine verzweifelte Stimme. Nicht um das Überleben, sondern dass alles schnell vorbei sein möge.

Öl kam an die Oberfläche, dann ein Blasenschwall, der die dicke Suppe aufkochen ließ. Und andere Dinge. Frazier wandte den Blick ab. Er sollte Triumph fühlen. Immerhin hatten sie gerade eine der verdammten Naziröhren zu den Fischen geschickt. Aber alles, was er fühlte, war Übelkeit.

»Von Horchgerät: Er zerbricht!« Der Posten blinzelte. »Wir haben ihn erwischt, Sir!«

Die Nachricht schien sich herumzusprechen. Überall im Schiff brachen Hochrufe aus. Maxwell, der die Jagd am ASDIC verfolgt hatte, kam auf die Brücke gestürmt. »Er zerbricht, Sir! Im Horchgerät deutlich zu hören.«

Überrascht blickte Frazier seinen Zweiten an. Da war etwas in seiner Stimme gewesen. Etwas, das gar nicht nach Triumph geklungen hatte. »Die versenken keinen mehr!« Aber seine Stimme klang rau. »Kleine Fahrt, der Kutter soll zurückkehren.« Er zögerte. »Kreisen Sie, der Kutter soll ein paar Beweisstücke sammeln.«

Maxwell blickte außenbords. Öl, Trümmerstücke, eine einzelne Bierflasche und menschliche Überreste vereinten sich zu einem grotesken Tanz, als das kleine Kriegsschiff sich langsam näher schob. Die Sieger. Aber

109

der Lieutenant hatte nur Augen für den Kutter, der sich von der anderen Seite des Ölteppichs näherte. Auch das machte die Sache für den jungen Offizier wett. Noch immer hörte er die fernen Schreie im Horchgerät. Eine andere Sprache, die er nie gelernt hatte, und trotzdem war ihm, als habe er jedes Wort, jeden letzten verzweifelten Fluch, jedes Betteln verstanden, in den Sekunden, bevor der Stahl kreischend unter dem ungeheuren Druck zerriss und die See jedes menschliche Leben dort unten einfach auslöschte.

»Sir, Kutter signalisiert! Sie haben den Ersten, aber er ist schwer verletzt. Und den Heizer Hillard, unverletzt.«

Maxwell warf einen Blick auf den Kommandanten, doch der starrte reglos auf die See hinaus, als habe er nichts gehört. Nach einem kurzen Moment räusperte er sich. »Sie sollen zurückkommen und auf dem Weg ein paar Stücke fischen. Aber keine große Messe.« Verdutzt blinzelte er. Seine eigene Stimme hatte ganz ungewohnt geklungen. Fest, selbstsicher und viel älter. *Vielleicht kein Sieger, aber wenigstens ein Überlebender!* Er nickte knapp, als der Signalgast bestätigte. Hinter ihnen sank endlich der Bug des brennenden Tankers, folgte seinem Achterschiff und dem U-Boot. Aber das Schiff war schon vergessen.

Seetag 14

Die Tage vergingen für Jason Philipps wie ein Albtraum, weit von jeglicher Realität entfernt. Es gab Zeiten, in denen er sich wieder auf dem brennenden Tanker befand und ins Meer stürzte. Immer und immer wieder durchlebte er die verzweifelte Flucht vor dem brennenden Öl. Die Bilder unterschieden sich jedes Mal, doch immer gleich blieben die Furcht, der Schrecken und die Hilflosigkeit. Ein Kaleidoskop aus Eindrücken, das von seinem halb betäubten Hirn verarbeitet werden wollte. Nur, dass es nichts zu verarbeiten gab. Es war nicht sein Fehler gewesen, er hatte eine Entscheidung treffen müssen.

Es waren die guten Zeiten, wenn der Kommandant oder Maxwell ihm eine Morphiumspritze gab. Denn wie alle Korvetten hatte auch die Goosefoot keinen Arzt an Bord. Die Ersten Offiziere hatten normalerweise einen kurzen Erste-Hilfe-Kurs absolviert und einen Haufen Arbeitsanweisungen für solche Fälle parat, die sich gegenüber der Realität allerdings meist als nutzlos erwiesen.

Nun war es der Erste selbst, der hier verletzt lag, was die Qualität seiner Behandlung von »schlecht« auf das Niveau reiner Schmerzbekämpfung sinken ließ. Aber das waren noch die guten Zeiten.

Es gab andere Zeiten. Zeiten, in denen die Betäubung nachließ. Während der Nachtwachen, während der häufigen Alarme oder auch im Gefecht, als das Geleit erneut von U-Booten angegriffen wurde. Zeiten, in denen niemand die Gelegenheit fand, ihm eine neue

Spritze aus dem schwindenden Vorrat zu geben. Es waren die Zeiten, in denen die Schmerzen kamen. Die Zeiten, in denen Jason Philipps sich stöhnend und schreiend auf seiner Koje wälzte. Alles brannte, sein ganzer Körper. Jeder Atemzug wurde zur Qual. Zeiten, in denen der Schmerz ihn nach langen, zermürbenden Ewigkeiten wieder in einer schwarzen Bewusstlosigkeit versinken ließ, nur um ihn irgendwann wieder zu wecken und das grausige Spiel erneut zu beginnen. Es gab keinen Ort, an dem er sich vor dem Schmerz hätte verstecken, keinen Traum, in dem er hätte Frieden finden können, und keinen Trick, der gegen diesen Schmerz half. Der Schmerz war Teil seines geschundenen Körpers geworden.

Und mehr als einmal wünschte sich Jason Philipps, er wäre draußen geblieben, bei den Männern seines Kommandos, bei den Männern, die er auf der Oil Privateer zum Sterben verurteilt hatte.

Es gab eine dritte Art von Zeiten. Kurze Zeiten, die meist dann einsetzten, wenn das Morphium am Abklingen, aber der Schmerz noch nicht zurückgekehrt war. Zeiten, in denen sein Verstand weit genug an die Oberfläche zurückkehrte, um Eindrücke zu empfangen. Zeiten, in denen er das unruhige Rollen der Korvette spürte, die dicken Verbände, die den größten Teil seines Körpers bedeckten, ertastete oder die vielfältigen Geräusche der überfüllten Welt vor seiner Kammer hörte. Es waren die Momente, in denen selbst der Geruch der ansonsten eher abscheulichen Snorkels reichte, um ihm einen Hoffnungsschimmer zu geben. Dort war Leben. Dort war sein Leben.

Lieutenant Commander Keith Frazier war müde. Aber er schenkte dieser Tatsache keine Aufmerksamkeit mehr.

Es war normal geworden. Sein Erster lag mit schweren Verbrennungen in seiner Kammer und fiel aus. Maxwell und er selbst waren Wache um Wache gegangen. Schlaf war zu einem unbezahlbaren Luxus geworden.

Sechs Tage raus, sechs Tage rein, so war es geplant gewesen. Aber das Geleit, das sie erwartet hatten, hatte sich verspätet, weil es in Zickzackkursen weit nach Norden hatte ausweichen müssen. Vereinzelt schlugen die Wolfpacks jetzt schon beinahe bis zur Mitte des Atlantiks zu. Der Krieg fand also schon weit vor den Küsten Englands und Irlands statt.

Er beugte sich über die Brüstung und spähte aufs Achterdeck. Da der Erste verletzt und der Bootsmann mit dem Tanker untergegangen war, galt es, doppelt vorsichtig zu sein. Maxwell, Blake und ein paar andere Seeleute würden die Leinen auf dem Achterschiff unter Kontrolle haben. Aber das Vordeck, nun unter Kontrolle eines der wenigen etwas erfahreneren Seeleute an Bord, war ein wüstes Durcheinander aus dicken Leinen, die sich wie Schlangen um die Füße der Männer zu ringeln schienen.

Frazier seufzte und winkte dem Posten an den Sprachrohren: »Stopp, kleine Fahrt achteraus!«

Wasser wirbelte am Heck auf, als die Korvette beinahe zum Stillstand kam. Er spähte zur nahen Pier. Wieder flogen Leinen hinüber und erreichten dieses Mal sogar die Seeleute auf der Pier. »Na also, geht doch!« Er grinste freudlos. »Also wieder stopp und langsam voraus! Backbord zehn!«

Das Heck der Korvette schmiegte sich gegen die Fender, und die Leinen wurden dichtgeholt. Er wartete, bis der Posten meldete: »Achtern fest!«, bevor er den nächsten Befehl gab. »Stopp, kleine Fahrt rückwärts.« Da das Ruder immer noch Backbord zehn stand, schor

113

das hohe Vorkastell langsam zurück gegen die Fender. Die Männer auf dem Vordeck holten in aller Eile die Leinen dicht.

Frazier wischte sich über die Stirn. Es war ein lausiges Anlegemanöver gewesen, das lausigste, an das er sich in all den Jahren seiner Fahrenszeit erinnern konnte. »Stopp, Maschinen abklingeln!«

»Anruf von der Signalstelle: Sind Sie jetzt fertig?« Die Stimme des Signalgastes klang erbost. »Was soll ich antworten?«

Frazier runzelte die Stirn. Seine Ideen für eine Antwort schwankten zwischen »Für den Augenblick« und »Leck mich!«.

»Farlane ruft den Signalturm an!« Der Signalgast las die Meldung laut mit. »Sein Bootsmann ist gefallen, der Erste verletzt. Ein deutsches U-Boot versenkt. Wo waren Sie?«

Der Kommandant machte kein sehr geistreiches Gesicht, und er wusste es.

Tatsächlich war für ihn das eine U-Boot irgendwie an ihm vorbeigegangen. Sie hatten weitere Frachter, sechs an der Zahl, wenn er beide Geleite zusammenrechnete, verloren, sie hatten Männer aus dem Atlantik gefischt, sie hatten zusammen mit Farlane erfolglos ein U-Boot gejagt, und sie hatten sich um die Verletzten gesorgt. Und irgendwie war ihr eigener Erfolg schon innerhalb weniger Tage so etwas wie ferne Vergangenheit geworden.

»Äh … ja.« Er zuckte mit den Schultern. »Geben Sie an die Signalstelle: ›Für den Augenblick fertig!‹« Er zuckte erneut mit den Schultern. »Ich glaube nicht, dass er es versteht.« Sein Blick ruhte auf den Sanitätern und den Ambulanzen, die bereits im Hintergrund war-

teten. Etwa neunzig Gerettete, ein Drittel davon verletzt, einige schwer. Sie würden ins Marinehospital in
Haslar gebracht werden. Einige würden sich erholen
und wieder hinausfahren, einige würden zusammenge-
flickt werden und den Rest ihrer Tage an Land verbrin-
gen, und wiederum einige ... er gab den Gedanken auf.
Grübeln lohnte sich nicht.

Jens packte den Brief wieder weg. Es war immer der gleiche Brief, endlos lang. Natürlich an Ulrike. Aber sie würde ihn erst lesen können, wenn sie wieder zurückkehrten in den Stützpunkt. Wenigstens im Nachhinein würde sie wissen, dass er an sie gedacht hatte, was er hier
draußen gefühlt hatte, wie es war.

Ein Zensor würde wahrscheinlich den größten Teil
unlesbar machen. Aber der Brief würde gar keinem Zensor in die Hände fallen, also hatte es keine Bedeutung.

»Was schreebste denn deiner Kleenen?« Aus der ge-
genüberliegenden Koje spähte Kupinska neugierig he-
rüber.

»Geht dich gar nix an!« Jens stopfte den Brief in sein
winziges Fach und schloss es. »Komm ja nicht auf dumme Ideen!«

Der Berliner hob abwehrend die Hände. »Keene
Bange nich.« Er ließ sich wieder auf den Rücken fallen
und starrte die Rostflecken über sich an.

Jens blickte einen Augenblick wütend zu ihm hinüber, bevor er es ihm gleichtat. Auf eine perverse Weise
genoss er es, wütend zu sein. Es war wenigstens ein Gefühl. Mit plötzlicher Sorge erinnerte er sich wieder an
den Brief. Er hatte nicht gewusst, was er schreiben
sollte. Es gab hier einfach nichts, wovon er ihr berich-
ten konnte. Nichts, worüber er nicht schon ein paarmal geschrieben hatte. Die Welt, in der sie lebten, blieb

immer gleich. Mal etwas wärmer, mal etwas kälter, mal rollte und stampfte sie etwas mehr, mal etwas weniger. Aber das war es auch schon. Die Begegnung mit den Zerstörern lag schon eineinhalb Wochen zurück, war bereits Vergangenheit.

Seither hatte sich nichts getan. Gar nichts.

Achtern im Maschinenraum ging Daniel Berger seine Wache. Alle dreißig Minuten die Abgasklappen einschleifen, das war mehr oder weniger alles, was er zu tun hatte. Die Diesel wummerten gleichmäßig in dem engen Raum und verursachten einen Höllenlärm. Aber das war er gewohnt. Dreißig Minuten, eintausendachthundert Sekunden. Er lauschte auf den Steuerborddiesel. Der Bock klang nicht ganz so, wie er sollte. Aber das hatte er noch nie getan, und im Augenblick hielt es sich noch im Rahmen. Er fuhr sich durchs ölige Haar. Er stank, wie alles in der Röhre. Mit einem Schulterzucken wandte er sich wieder seiner Uhr zu und beobachtete die Bewegungen des Sekundenzeigers. Exakt siebzehnhundert Sekunden, bis er das nächste Mal nach dem Abgasventil sehen musste. Noch dreimal, bis die Wache um war. Aber es war nichts, das er herbeisehnte. Weil es eigentlich nichts gab, was ihn am Ende der Wache erwartete. Daniel Berger war über den Punkt hinaus, an dem er Skatkarten überhaupt noch sehen konnte.

Alois Dörfler hob das schwere Glas wieder vor die Augen. Mit jeder verstreichenden Stunde schien es schwerer zu werden. Der Himmel war so leer wie der Horizont. Nur der weite Atlantik zog sich endlos in alle Richtungen. Heute wirkte das Wasser grau, und der Seegang hatte etwas zugenommen. Er ließ das Glas sinken und unterdrückte ein Gähnen. Sie waren inzwischen weit außerhalb der Reichweite der Tommy-Flieger. Keine Luftgefahr mehr, wenn nicht gerade ein Träger in diesen Gewässern kreuzte. Aber Träger waren selten.

Erneut zwang er sich zur Aufmerksamkeit. Sorgfältig kontrollierte er jedes Stück seines Sektors, um dann noch einmal mit dem Glas nachzukontrollieren. Aber alles war so leer wie zuvor. Wie immer, wenn gar nichts zu sehen war, irrten seine Gedanken ab.

Wird sie auf mich warten? Hat das überhaupt einen Sinn? Sie hat bereits jemanden verloren.

Es waren Fragen, auf die er keine Antwort wusste. Fragen, die keine Antwort fanden, solange sie hier draußen herumfuhren. Er hätte es niemals für möglich gehalten, dass er sich solche Fragen stellen würde, aber irgendwie war es eben passiert. Er ließ das Glas wieder sinken. Immer noch war der Himmel leer. *Nach dieser Fahrt will ich es wissen!*

Rudi Schneider beschäftigte sich damit, Schimmel aus einem Vierpfundbrot zu schneiden. Was er übrig behielt, war nicht sehr beeindruckend. Aber er wusste, es würde noch schlimmer kommen, zumindest, was das Brot anging. Zur Hälfte Schimmel, zur Hälfte Brot. Eigentlich gar nicht schlecht nach vierzehn Tagen.

Außerdem schmeckte hier sowieso alles muffig und schimmelig. Er hob den Kopf, als er ein Geräusch hörte. Ein leises Summen, das aus der Zentrale zu kommen schien. »Was ist denn das?«

Oberleutnant Wegemann, der LI, hob ebenfalls den Kopf. »Der Alte. Er schaut sich mal mit dem Seerohr um.« Er grinste. »Aufgetaucht reicht das Sehrohr beinahe sechs Meter über die Köpfe der Wache. Sechs Meter mehr Augenhöhe macht ein paar Meilen aus.«

»Aber?« Rudi Schneider blinzelte.

Der Leitende zuckte mit den Schultern. »Ich glaube, er langweilt sich einfach nur.«

Angewidert ließ der IWO den Blick über die schimmeligen Brocken auf der Back vor sich gleiten. »Da ist er nicht der Einzige!« Er wandte sich wieder dem LI zu. »Und was lesen Sie Interessantes, Herr Oberleutnant?«

Der Methusalem ließ seinen Schnellhefter sinken. »Wartungsvorschriften für unsere Diesel, Herr Oberleutnant.« Er verzog das Gesicht. »Natürlich haben ausgerechnet unsere Diesel noch nie was davon gehört.«

»Hört sich eher langweilig an.«

Der Leitende ließ den Blick über das schimmelige Brot gleiten, das der IWO ausweidete. »Ja, wird wohl so sein!«

Überall an Bord war die Langeweile eingekehrt. Das Elend ausgedehnter Feindfahrten, wenn es darum ging, in See zu stehen und die Geleite zu finden. Doch meistens fanden sie die Geleite gar nicht, denn der Ozean war gewaltig und selbst der größte Geleitzug nicht mehr als ein winziger Punkt auf den Seekarten.

Auch Hans-Georg von Hassel war sich dessen bewusst, vielleicht sogar bewusster als die meisten Männer seiner Besatzung. Jeden Tag studierte er die Karte. Aber das änderte nichts. Sie konnten einen Geleitzug nicht auf größere Entfernung erfassen, als die Ausgucks der Wache sehen konnten. Etwa zehn Meilen in jeder Richtung.

Das Horchgerät reichte etwas weiter, und deshalb ließ er jeden Tag ein paarmal tauchen, um rundzuhorchen. Doch selbst das half nicht viel. Unter guten Bedingungen mochten sie ein Geleit auf vielleicht dreißig Meilen ausmachen.

Er gab das Spähen durch das weit ausgefahrene Seh-

118

rohr auf. Vielleicht stand bereits ein Tommy-Geleit gleich hinter dem Horizont, vielleicht nur ein paar Fahrtstunden entfernt – aber sie konnten es nicht finden. Es mussten Dutzende von Geleitzügen unterwegs sein, aber die Lücken zwischen den Booten waren einfach zu groß. Die verdammten Tommies fuhren einfach durch, irgendwo. Und so blieb den wenigen Booten nichts anderes übrig, als weiterhin zu lauern, in der Hoffnung, ein Geleit möge durch Zufall doch nahe genug herankommen – heute, morgen, nächste Woche.

Unten im Funkschapp gegenüber dem Kommandantenkabuff hob der Funkgefreite Olm plötzlich den Kopf. Einen Augenblick vorher hatte er noch gelangweilt durch die Frequenzen gesucht. Aber selbst dort hatte gähnende Leere geherrscht. Als sei der Krieg plötzlich vorbei und niemand hätte ihnen Bescheid gesagt.

Ein seltsamer Gedanke.

Doch nun hatte er etwas. Hastig schrieb er mit, und je länger er schrieb, desto länger wurde sein Gesicht. Endlich riss er den Text vom Block und las ihn noch mal durch. Dann brachte er den Spruch in die Zentrale.

Kaum dass er durchs Schott kletterte, richteten sich alle Augen auf ihn. Aber er schüttelte nur den Kopf. »Wetter!« Die Augen senkten sich, und die Männer erstarrten wieder zur Bewegungslosigkeit. Nur das Wetter, vielleicht ein englischer Seewetterbericht, vielleicht eine Aufforderung, das Wetter zu melden. Aber keinesfalls die Meldung, die jeder herbeisehnte, die Meldung, dass ein Boot ein Geleit erfasst hatte und nun als Fühlungshalter mitlief, während es die Leitstelle des BdU ständig über dessen Position informierte, oder gar der Befehl, selbst auf ein solches Geleit zu operieren. Und auch keine B-Dienstmeldung, dass ein Geleit auf funktechnischem Wege entdeckt worden war und sie nun hinter diesem Geleit her waren.

Nichts von alledem, nur einfach das Wetter.

Aber Olm wusste, dass sie auf jedes Wort, auf jede Geste achteten. Denn selbst das Wetter mochte eine Abwechslung darstellen.

Obersteuermann Franke lehnte an dem winzigen Kartentisch und spitzte Bleistifte mit einem kleinen Messer. Es war nicht einfach das Spitzen von Bleistiften, es hatte alle Züge eines Rituals. Sorgfältig glättete und rundete er jede einzelne Spitze, prüfte hier und da mit dem Daumen, ob sie auch wirklich spitz genug war, und wirkte im Großen und Ganzen völlig in diese Tätigkeit vertieft. Kein Wunder bei durchschnittlich etwa einer Kursänderung am Tag. Als Olm mit dem Zettel wedelte, blickte er trotzdem auf. »Was gibt es?«

»Englische Wettermeldung, Herr Obersteuermann.« Der Funker wartete ab.

Franke zuckte mit den Schultern. »Na, dann lassen Sie mal sehen.« Er überflog die Meldung, und sein Gesicht verdüsterte sich. »Das sieht aber nicht schön aus.« Die letzte Bemerkung hatte er nur gemurmelt. Aber trotzdem blickten die anderen Männer auf. Er grinste in die Runde. »Scheint so, als bekämen wir Sturm.«

Die Besatzungen saßen im Bereitschaftsraum zusammen und studierten die letzten Wetterberichte. Gerade einmal fünf Besatzungen, fünfundzwanzig Mann. Nicht viel, verglichen mit den Staffeln der großen Kampfgeschwader, aber sie erledigten ja auch eine andere Aufgabe.

Major Lunzner räusperte sich trocken. »Der B-Dienst sagt, das Auslaufen eines großen Geleitzuges am oder um den 5. August stehe bevor. Also in zwei Tagen. Die

Schiffe sammeln sich in Halifax.« Er sah in die neugierigen Augen der Männer. Geleitzugmeldungen des B-Dienstes waren keine Neuigkeit.

Tatsächlich hörten ständig Funker den Funkverkehr der Tommies mit, und auch wenn sie den verschlüsselten Text nicht lesen konnten, reichte es oftmals aus, zu erkennen, wer von welcher Position funkte.

Unterstützt wurde das Ganze noch von einem Netz von Agenten, die, meistens auf dem Umweg über die Organisation Canaris, den Deutschen mitteilten, welche Schiffe von wo ausliefen. Wobei das natürlich nicht immer echte Spionage war. In den meisten südamerikanischen Häfen reichte es, wenn Botschaftsmitarbeiter die Zeitung lasen, denn dort wurden die erwarteten Schiffe einfach aufgelistet.

Geleitzugmeldungen waren also nichts Neues. Allerdings waren die Meldungen nicht immer zuverlässig. Und natürlich bedeutete es nichts, zu wissen, wann ein Geleitzug auslaufen würde, wenn man die Kurse nicht kannte, die er in See steuern würde. Auch ein bekanntes Problem. Die Männer sahen Lunzner abwartend an. Da musste noch etwas kommen.

Der Major verzog das Gesicht. »Ja, meine Herren, Sie haben recht, die Sache hat einen Haken oder, wenn man es genau nimmt, gleich zwei. Sie haben den Wetterbericht gelesen. Eine polare Sturmfront zieht nach Südosten. Als ob das nicht schon reichen würde, befinden sich auch noch ausgedehnte Hochdruckgebiete davor und dahinter.« Er zuckte mit den Schultern. »Ich habe mit den Meteorologen bei der Luftflotte gesprochen. Wir werden hier wahrscheinlich nicht mehr viel mitkriegen, aber das Ganze kann sich über dem Nordatlantik festsetzen.« Er seufzte. »Natürlich wagt niemand vorherzusagen, wie lange das Ganze andauert oder wie weit es nach Süden kommt. Sturmausläufer werden mit hoher Wahrscheinlichkeit Spitzbergen erreichen.«

Feldwebel Dachsmeier, der einzige Unteroffizier unter den Piloten, seufzte. »Also müssen wir damit rechnen, dass es südlich weiter als Spitzbergen runter reicht?«

»Ich befürchte es.« Lunzner deutete auf die Karte an der Wand. »Der Geleitzug kann etwa zehn Tage nach dem Auslaufen in unsere Reichweite kommen. Und genau dann soll sich die ganze Geschichte so richtig zusammengebraut haben. Ich hoffe, wir bekommen noch bessere Meldungen, wenn der Zeitpunkt näher rückt.«

»Wenn nicht, verpassen wir also den Geleitzug?« Einer der anderen Piloten zuckte mit den Schultern. »Wäre ja nicht der erste.«

»Net so aaner.« Dachsmeier sah den anderen Piloten an, bevor er den Blick wieder zu Major Lunzner wandte. Vor dem Krieg waren sie alle Lufthansa-Piloten gewesen, Zivilflieger. Dass sie nun unterschiedliche Ränge hatten, war nur ein Teil der Wahrheit. »Wenn ned irgendwas mit dem Geleitzug los wär, würdest nicht einmal drüber nachdenk'n, bei so am Wetter zu flieg'n. Also raus damit, Lunzi!«

Der Major sah aus dem Fenster. Leichter Sommerregen. Aber was er vor sich sah, waren die Weiten des Atlantiks. »Die schlauen Köpfe glauben, er läuft so weit nördlich wie möglich. Ein großer Geleitzug. Der B-Dienst behauptet, es seien mindestens fünfzig Schiffe.«

Wieder warteten die Männer. Lunzner war noch nicht am Ende.

»Die Engländer befürchten, nun, nachdem Frankreich gefallen ist, werden wir eine Invasion versuchen. Also holen sie alles auf ihre Insel, was Beine hat und eine Waffe halten kann.« Seine Stimme klang etwas leiser. »Alte, langsame Schiffe, die zu einem eigenen Geleitzug zusammengefasst werden, um die schnellen HX-Geleitzüge nicht zu behindern. Und angeblich Truppentransporter.«

Jeder der Männer dachte sich seinen Teil. Die Piloten, deren Aufgabe es sein würde, Stunde um Stunde zu fliegen. Die Kopiloten, deren Hauptsorge der Navigation galt. Und die Schützen, die den Geleitzug als Erste sehen und, sollte sich die Gelegenheit ergeben, die Bomben abwerfen würden. Auf Schiffe voll mit Tausenden von Männern.

Einen Augenblick hing Schweigen im Raum, dann räusperte sich Dachsmeier. »Also dieses Mal keine reine Aufklärung?«

Lunzner winkte ab. »Es gibt noch keine konkreten Befehle, nur Vorwarnungen. Warten wir es ab.«

Seetag 21

Von Hassel warf einen Blick auf den Übersegler. Seit Tagen standen sie so weit nördlich wie gerade noch vertretbar im befohlenen Operationsgebiet und kreuzten mit kleinster Fahrt hin und her. Er verzog grimmig das Gesicht. »Also gut, das erste Geleit haben wir verpasst.«

»Sieht so aus, Herr Kap'tän!« Obersteuermann Franke nickte langsam. »Wahrscheinlich waren wir von Anfang an hinten dran.«

»Möglich!« Der Alte fuhr mit dem Finger über die Linie, die ihren zurückgelegten Kurs markierte. »Aber es erklärt nicht, warum wir gar kein Schiff mehr zu Gesicht bekommen. Wenigstens ein paar Neutrale sollten hier doch unterwegs sein!?«

»Na, so viele gibt es davon in Europa ja nicht mehr.« Der Steuermann runzelte die Stirn. »Trotzdem ist es komisch. Sollten die Tommies es bereits geschafft haben, allen Verkehr in ihr Geleitzugsystem zu fassen?«

»Kann ich nicht glauben. Im letzten Krieg haben sie dazu zwei Jahre gebraucht. Und selbst dann – damals machten die Neutralen, was sie wollten.« Der Alte runzelte die Stirn. »Aber Sie haben recht, Steuermann. Entweder die Tommies sind dieses Mal erfolgreicher, oder sie sind ganz einfach schlauer als wir. Die Sache stinkt!«

Franke dachte nach. »Die anderen Boote haben auch nichts gemeldet. Weiter im Süden ist also auch tote Hose.«

Irgendwo müssen die Tommies stecken. Sie brauchen Nahrungsmittel und Rohstoffe. Außerdem pfeifen es ja die

124

Spatzen von den Dächern, dass sie eine Invasion befürchten, also müssen sie auf ihre Insel holen, was sie kriegen können. Aber der Kommandant gab den Gedanken wieder auf. Es war von Anfang an klar gewesen. Keine Neuigkeit. Die Tommies hatten genauso wenig eine Wahl wie sie selbst.

Er seufzte. Er war das Ganze in den letzten Tagen immer und immer wieder durchgegangen, aber stets am selben Punkt angelangt. »Na schön, dann warten wir weiter. Irgendwann müssen die Tommies ja des Weges kommen.« Er spürte die unruhigen Bewegungen des Bootes. Der Seegang hatte etwas zugenommen. Noch nicht zu sehr. Der angekündigte Sturm war nicht so weit nach Süden gezogen, wie BBC befürchtet hatte. Aber es war ein weiteres Tief im Anzug, ausgedehnter und schneller.

Sollte es zu einem schweren Sturm kommen, würden sie die Tommies nicht einmal angreifen können. »Machen wir Schluss, Steuermann. Aber wenn Ihnen eine geniale Idee kommt, sagen Sie mir Bescheid.«

Lieutenant Commander Frazier beobachtete Commander Smith mit Argusaugen, als dieser in die Runde blickte. Nichts an dem Mann verriet Unsicherheit. Ein Berufsoffizier. Frazier war sich der Kluft zwischen den Berufsoffizieren und der ständig steigenden Zahl an Reservisten in der Navy bewusst. Eigentlich sollte es reichen, dass sie alle den gleichen Feind bekämpften, aber so einfach war es nicht. Viele Berufsoffiziere blickten auf die Reservisten herab, hielten sich für die eigentlichen Profis. Und nicht wenige sahen den Krieg immer noch als eine Chance für ihre Karriere.

Unwillkürlich dachte Frazier an seinen Ersten im Marinehospital in Haslar. Niemals zuvor hatte es so viele

Beförderungschancen in der Navy gegeben, aber auch niemals zuvor so viele Chancen, einen ausgesprochen hässlichen Tod zu sterben.

Der Commander räusperte sich. »Also schön, meine Herren. Vielleicht ist dem einen oder anderen aufgefallen, dass wir bereits eine Woche in Liverpool herumliegen?«

Die Männer grinsten bei der Bemerkung. Tatsächlich war das ungewöhnlich. Normalerweise hatten sie gerade einmal Zeit, Brennstoff und Proviant zu ergänzen. Frazier lächelte. Die Pause hatte seinen Männern gutgetan.

Und wenn er sich im Kreis umblickte, dann auch den Kommandanten. Aber er kam nicht dazu, dem Gedanken weiter nachzuhängen.

Commander Smith klopfte mit dem Finger auf den Messetisch der Farlane. »Ich fürchte aber, die ruhige Zeit ist vorbei, Gentlemen.« Er sah wieder kurz in die Runde. Neben Frazier saß Thorndyke, der Kommandant der Korvette Henbane. *Bilsenkraut.* Frazier konnte nicht an das Schiff denken, ohne zu grinsen. Aber andererseits – wenn sich die Navy in der Zwischenzeit zu Namen wie Love-in-the-mist verstieg, mochte Thorndyke mit seiner HMS Henbane noch günstig weggekommen sein. Er blickte über den Tisch und sah Biggs an, den Kommandanten der Brambleberry. Vor zwei Monaten erst hatte Fraziers Goosefoot die qualmende, schwer angeschlagene Korvette nach Dover eingeschleppt. Nun war sie wieder da. Biggs und Frazier waren bereits vor dem Krieg in der Handelsmarine zusammen gefahren. Freunde aus besseren Zeiten.

Smith hatte den Blick über den Tisch bemerkt. Ein leichtes Lächeln umspielte seine Lippen. »Und wie Sie sehen können, ist auch die Brambleberry wieder bei uns.« Er zuckte mit den Schultern. »Leider braucht die Sorceress mehr Zeit. Sie bekommt einen komplett neuen Bug. Und damit fällt sie für den bevorstehenden Einsatz leider aus.«

Bevorstehender Einsatz? Alle Köpfe wandten sich dem Gruppenkommandeur zu. Technisch gesehen waren sie die 3rd Escort Group, aber das war mehr ein Versuch als eine echte taktische Einheit. Noch! Hoch oben im Norden Schottlands wurden mehr und mehr neue Geleitfahrzeuge und ihre Besatzungen gedrillt. Neue Schiffe, neue Techniken und eine neue Qualität der U-Boot-Jagd. Es würde eine Weile dauern, bis sich die Auswirkungen zeigen konnten. Zeit aber war genau das, was sie nicht hatten.

»Neuer Einsatz? Eine neue Geleitfahrt, nehme ich an?« Frazier beobachtete das Gesicht seines Vorgesetzten, aber Smith hatte seine Gefühle zu gut unter Kontrolle.

Der Commander nickte knapp. »Einsatz … und ja, Geleitaufgaben.« Er wartete einen Augenblick ab. »Wir erwarten einen Geleitzug von Halifax. Einen wichtigen Geleitzug.«

Frazier verzog das Gesicht. *Jeder Geleitzug war wichtig, einfach weil er Nahrung auf die von U-Booten bedrängte Insel brachte.* »Wichtiger als normal, Sir?«

»Viel wichtiger.« Smith nickte bestätigend. »Nach meinen Unterlagen zweiundfünfzig Schiffe. Die Ladung besteht aus Munition, Rohmaterial und kanadischen Truppen.«

»Truppen?« Biggs hob fragend den Kopf.

Smith nickte ihm kurz zu. »Sie haben richtig gehört. Dieses Geleit transportiert nicht mehr und nicht weniger als eine komplette Panzerdivision mit Ausrüstung. Etwa sechzehntausend Männer, Panzer, Geschütze, die notwendige Munition, alles. Natürlich ist das alles streng geheim.«

Streng geheim? Was kann ein Geheimnis bleiben, wenn mehr als zwei davon wissen?

Frazier runzelte die Stirn. »Dann ist die Geheimhaltung aber nicht sehr gut.«

»Was meinen Sie damit?«

Frazier wandte sein Gesicht wieder dem Kommandeur zu. »Die Werftgrandis bereiten sich bereits auf Sonderschichten vor, weil sie einen großen Konvoi erwarten. Meine Männer haben in den Hafenkneipen Gerüchte aufgeschnappt, und in Scapa sollen angeblich schwere Einheiten klar zum Auslaufen sein.«

Dieses Mal zeigte Smith Reaktion. »Ist das wahr?« Sein Gesicht verzog sich zu einer Grimasse. »Kann Ihre Buschtrommel auch sagen, wann der Konvoi aus Halifax auslaufen wird?«

Frazier zuckte mit den Schultern. »Einer meiner Männer war Buchmacher, bevor die Navy ihn geholt hat. Die Wetten stehen drei zu eins, dass das Geleit bereits vorgestern in See gegangen ist.« Er grinste spitzbübisch. »Obwohl, wenn ich richtig darüber nachdenke, kann da was nicht stimmen.« Nachdenklich sah er Smith an. »Dann würde der Konvoi mindestens zehn Tage brauchen, bevor er am Rendezvouspunkt wäre. Es gäbe noch keine Notwendigkeit, uns hier zusammenzurufen.«

Schweigen hing im Raum. Biggs und Thorndyke sahen Frazier verblüfft an. Nur Smith lächelte amüsiert. »Sie denken zu viel, Frazier.« Er zwinkerte. »Aber Sie haben recht. Das Geleit ist bereits vier Tage früher ausgelaufen, unter strengster Funkstille. Stationsfunker haben einen Täuschfunkverkehr aufrechterhalten, in der Hoffnung, die Deutschen werden annehmen, der Konvoi würde sich noch sammeln.« Smith wurde wieder ernst. »Es handelt sich um ein nicht besonders schnelles Geleit. Aber wegen der gebotenen Eile musste jedes bisschen Schiffsraum genutzt werden, das zur Verfügung stand. Gentlemen, das Geleit wird in vier Tagen die Gewässer südlich von Spitzbergen erreichen. Und wir werden dort sein, um es in Empfang zu nehmen.«

»Das wird ein Brennstoffproblem geben.« Biggs Stimme klang rau. »Vier Tage mit AK, und wir schaffen den Rückweg nicht mehr.«

Smith wischte den Einwand mit einer Geste vom Tisch. »Dafür ist gesorgt. Mit dem Konvoi laufen ein Schlachtschiff und ein Tanker mit Brennstoff für die Geleitfahrzeuge. Außerdem läuft eine Sicherungsgruppe, bestehend aus einem Schlachtkreuzer und zwei schweren Kreuzern, ebenfalls heute Nacht aus für den Fall, dass eine der schweren deutschen Einheiten ausbricht.« Er sah sich um. »Sie werden vielleicht glauben, dass wir mit unseren kleinen Schiffen nur eine Nebenrolle spielen, aber bitte täuschen Sie sich nicht. Wenn die Jerries die Geschichte mitkriegen, dann werden wir keinen verdammten Kreuzer auf dem Hals haben, sondern U-Boote.« Er zögerte einen Augenblick. »Wir haben unsere Befehle. Aber sollte es hart auf hart kommen, denken Sie daran, dass unsere Korvetten im Gegensatz zu den dicken Schiffen in der Lage sind, die Wolfpacks zu bekämpfen.«

Die letzten Worte hingen schwer im Raum. Smith war so nahe dran, wie nur möglich, Kritik an der ganzen Planung zu üben. Und Frazier konnte ihm nur beistimmen.

Sollten die Dickschiffe nicht ihre eigene U-Boot-Sicherung mitbringen, dann waren sie selbst bedroht, mehr Opfer als sonst irgendetwas.

Wer sich das ausgedacht hat, denkt noch immer in den Kategorien der Battle of Jutland.

Aber schon im letzten Krieg hatte es lange gedauert, bis die Männer in den höheren Rängen gegen neue Leute ausgetauscht waren.

Angeblich pflügten die Bauern in Flandern immer noch Knochen von Soldaten aus ihren Äckern, die von Generälen geopfert worden waren, in dem Glauben, Kavallerie sei mächtiger als Maschinengewehre. Wahrscheinlich gab es auch immer noch Admiräle, die glaubten, Schlachtschiffe seien stärker als U-Boote.

Fraziers trübe Gedanken wurden von Smith' Stimme unterbrochen. Der Gruppenkommandeur klang ernst. »Wir laufen heute Nacht um elf aus. Ihre Schiffe sind voll ausgerüstet, ich erwarte also keine Probleme. Gott mit Ihnen, Gentlemen!«

Der Lieutenant Commander hob den Kopf. »Einen Augenblick, Sir, mein Erster liegt im Lazarett.«

»Ja …« Smith zögerte kurz. »Man hat mir zugesichert, dass heute Ersatz eintreffen wird. Ich soll selbst auch noch einen zusätzlichen Offizier bekommen.« Er runzelte die Stirn. »Wahrscheinlich wird alles wieder in letzter Sekunde passieren.«

Der Kommandant der Goosefoot nickte kurz. Er war mit der Antwort nicht zufrieden, aber augenscheinlich hatte Smith keine bessere. »Ich bin auch knapp an Leuten, Sir.«

Der Kommandeur nickte. »Der Stützpunktkapitän schickt ein paar Leute. Und nur für den Fall … meine Farlane hat auf dieser Fahrt einen Arzt an Bord.«

»Er hat was?« Von Hassel schälte sich aus der schmierigen Decke. »Noch mal, dass ich es auch verstehe.«

Funkmaat Rückert, in seiner Nebenfunktion auch

Bordsanitäter, hob unsicher die Schultern. »'nen Tripper, Herr Kap'tän!«

Der Alte schüttelte ungläubig den Kopf. »Wir sind schon drei Wochen in See. Der kann das doch nicht jetzt erst bemerkt haben?«

»Hat er auch nicht, aber er hat sich nicht getraut. Bis die Schmerzen zu stark wurden.«

»Verdammte Sch…« Von Hassel rieb sich die müden Augen. Da hatte er gerade einmal ein Nickerchen genommen, und dann weckte ihn der Maat mit so einer Meldung. Alles in seinem Gehirn arbeitete noch schläfrig und verlangte nach einem starken Kaffee.

Selbst wenn der nicht mehr richtig wach machte, zumindest würde er den öligen Geschmack ein wenig von den Schleimhäuten vertreiben.

Er spürte, wie er abschweifte. »Also, irgendwelche Vorschläge?«

»Wir können nur in der Heimat nachfragen, was wir tun sollen. Und bis dahin müssen wir die zweite Toilette ausräumen. Er soll nur achtern gehen, wir anderen vorn.«

Der Alte unterdrückte den Impuls, die Augen zu verdrehen. Die achtere Toilette war bis zur Decke voll mit Dosen. Zusätzlicher Proviant.

Der musste jetzt irgendwo anders gestaut werden. Aber er hatte ja sowieso keine andere Wahl.

»Also schön, ich spreche mit dem Bootsmann, wo der ganze Kram hinkann. Und Sie setzen einen Spruch für die Leitstelle auf. Keine Namen, nur die Tatsachen, klar?«

»Klar, Herr Kap'tän!« Rückert tippte sich kurz an die Mütze. »Ich mache mich dann an die Arbeit.«

Von Hassel sah dem Funker nach, als der durch den Vorhang verschwand. Dann grinste er unwillig. Es kam

131

vor, verdammt, das war die Marine, keine Betbruderschaft. Aber dass es Kupinska war, den es erwischt hatte, und nicht Dörfler, wie immer befürchtet, überraschte ihn schon etwas. *Komm zur Marine, da erlebst du was!*

Mit einem letzten sehnsüchtigen Blick auf seine Koje rappelte er sich auf. Er brauchte einen Kaffee und dann den Bootsmann, in dieser Reihenfolge. Aber er sollte jetzt noch nicht zu seinem Kaffee kommen. In der Zentrale rief eine laute Stimme eine Meldung vom Turm. »Kommandant auf den Turm, Flieger!« Er angelte nach seinem Fernglas und rannte in die Zentrale.

Jens Lauer ließ den Blick über den weiten Ozean schweifen. Es war kälter geworden und der Seegang höher. Reste eines Sturmes weiter im Norden, so viel hatte er vom Steuermann aufgeschnappt.

Selbst jetzt, im Sommer, unter besten Bedingungen, konnte das Wetter im Nordatlantik tückisch sein.

Die Eisgrenze lag immer noch ein paar Hundert Meilen nördlich, wenigstens jetzt in dieser Jahreszeit. Genug Raum für die Tommies, um auszuweichen.

Einmal mehr kontrollierte er die See. Nichts. Tief atmete er die frische Seeluft in seine hungrige Lunge. Wenn die Wache vorbei war, musste er wieder hinunter in die stinkige Röhre. Öl. Ungewaschene Körper und das Klopfen der Skatkarten, auch wenn nur noch die ganz Hartnäckigen spielten. Die Männer schrieben endlose Briefe, lagen auf den Kojen und versuchten zu schlafen oder so etwas wie einen Rees nach Backbord zu beginnen. Aber die Gesprächsthemen waren nach drei Wochen erschöpft, und so blieben nur die üblichen Schweinigeleien. Er lächelte flüchtig. Als er neu an Bord gekommen war, hatte ihn das alles noch schockiert. Die dreckigen Witze, der raue Ton.

Aber er hatte sich in der Zwischenzeit daran gewöhnt. Es war etwas, das zum U-Boot-Leben gehörte wie der alltägliche Mief. Nicht, dass er auch nur einen dieser Witze jemals Ulrike erzählen würde. Das meiste war ohnehin einfach nur Trommeln.

Mit automatischen Bewegungen hob er das Glas und stutzte. Ein winziger schwarzer Fleck stand am Himmel. Weit entfernt. »Flieger, Steuerbord voraus, große Entfernung!« Er behielt den Punkt im Glas.

Der IIWO richtete sein Glas in die angegebene Entfernung. Dann nickte er langsam. »Sehr große Entfernung!« Er beugte sich über das Sprachrohr. »Kommandant auf den Turm, Flieger!«

Von Hassel kletterte die Stahlleiter empor und schwang sich aus dem Luk. »Was haben wir?«

Leutnant Wellenberg ließ das Glas keinen Augenblick sinken. »Flugzeug, Herr Kap'tän. Drei Dez an Steuerbord.«

Für einen Augenblick spürte er den Drang, den Leutnant in den Hintern zu treten. Wenn ein Flieger am Himmel stand, tauchte man. Die verdammten Bienen konnten ein U-Boot auf weite Entfernung ausmachen, ganz einfach, weil sie so hoch flogen.

Er hob das Glas und studierte den dunklen Punkt. Dann nickte er. »Ich muss Abbitte leisten, IIWO. Mir war nicht ganz klar, warum Sie keinen Alarm gegeben haben.«

»Er ist zu weit weg und nicht hoch genug.«

Der Alte studierte den winzigen Punkt, der weit entfernt seine Kreise zog. *Wie weit und wie hoch?* Die Maschine schien beinahe auf dem fernen Horizont zu tanzen, aber weil sie mindestens ein paar Hundert Meter hoch flog, musste sie in Wirklichkeit schon weiter entfernt sein. Nur konnte er nicht einschätzen, wie weit, weil er nicht die geringste Ahnung hatte, wie groß der Vogel eigentlich war.

»Vielleicht von Island? Das haben die Tommies ja überfallen und besetzt.«

»Könnte sein, Herr Kap'tän.« Die Stimme des IIWO klang vorsichtig, und einmal mehr wurde von Hassel daran erinnert, dass er es mit einem Rechtsanwalt zu tun hatte. »Aber es gibt keine Berichte, dass sie dort Bomber stationiert haben.«

Der Kommandant nahm sich Zeit, den fernen Punkt eingehend zu studieren. »Das ist kein Bomber. Ein großer Bomber würde niemals so umhertanzen.« Er zögerte. »Ich frage mich nur, was der dort treibt?«

Korvettenkapitän von Hassel lag mit seinen Beobachtungen näher an der Wahrheit, als er selbst ahnte. Tatsächlich wurde die Supermarine Walrus in der Royal Navy wenig liebevoll mit dem Spitznamen »Tanzende Fledermaus« bezeichnet. Für viele Engländer war es unvorstellbar, dass jemand, der etwas optisch so Schönes wie die Spitfire konstruiert hatte, auch für solch eine Maschine verantwortlich sein konnte. Aber tatsächlich waren die Spitfire und die Walrus wie Schwestern – nur war die »Tanzende Fledermaus« eindeutig die hässliche Schwester. Aber wie es mit hässlichen Schwestern so ist, manchmal haben sie verborgene Vorzüge. Die Walrus war jedenfalls in der Lage, auch bei rauem Wetter noch auf dem Wasser zu landen. Und sie konnte bei einem Seegang selbst von der Wasseroberfläche aus starten, einem Seegang, der jedes andere Wasserflugzeug in Schrott verwandelt hätte. Das und ihre große Reichweite glichen die nicht besonders große Bombenlast wieder aus. Und tatsächlich diente die Walrus vornehmlich zwei Zwecken: als Aufklärer an Bord großer Kriegsschiffe und als U-Boot-Jäger. Manchmal war sie auch beides gleichzeitig.

Und auch mit seiner anderen Vermutung hatte von Hassel recht: Es gab Walrus-Aufklärer auf Island. Aber diese kam nicht von dort.

Die Maschine zog einen weiten Kreis, doch die Aufmerksamkeit der Besatzung konzentrierte sich auf das still liegende Schiff im Mittelpunkt des Kreises. Ein einsamer Frachter, der dort beigedreht auf ein Untersuchungskommando wartete.

Gerade so eben sichtbar, aber noch verborgen für das U-Boot in weiter Entfernung, ragte bereits ein Artillerieleitstand über den Horizont. Und noch während die Männer in der Maschine hinsahen, erschienen Brücke über Brücke, drohende, auf größte Erhöhung gerichtete Geschütztürme und endlich ein Rumpf.

Mit beinahe dreißig Knoten Fahrt stürmte ein Schwerer Kreuzer über die See, bereits ein Boot ausgeschwenkt, um ein Untersuchungskommando an Bord des gestoppten Frachters zu schicken.

Die übliche Routine einer Seeblockade.

Heinz-Georg von Hassel schlug das schwere Luk zu und drehte das Handrad dicht. »Luk zu!« Dann ging es abwärts an den Holmen der Leiter.

Unten in der Zentrale herrschte gespannte Stille, nur unterbrochen von gelegentlichen Befehlen des LI. Langsam, beinahe schon gemütlich, verschwand U-68, die Seekuh, unter Wasser.

»Wer sitzt am GHG?«

»Funkmaat Rückert!« Rudi Schneider lächelte kurz. »Ist wie ein Wilder an seine Zauberkiste gestürmt, als der Befehl zum Tauchen kam.«

Der Alte nickte knapp. Rückert war der beste Horcher an Bord. Ein erfahrener Mann. Nun musste er ihm nur die besten Chancen geben. »Auf sechzig Meter, LI! Ruder Steuerbord zehn, kleine Fahrt!«

Die beiden Oberleutnants nickten unisono. »Jawohl, Herr Kap'tän!«

Von Hassel unterdrückte ein Lächeln. Er konnte die Veränderung spüren. Endlich passierte etwas. Etwas, das die Männer aus ihrer Lethargie riss.

Er zwinkerte dem IWO zu. »Wir gehen genau auf Nord. Mal hören, was sich da so tut.«

»Jawohl, Kurs Null-Null-Null!« Rudi Schneider beobachtete den Kompass mit Argusaugen.

Hinter von Hassel meldete der Zentralemaat: »Vierzig Meter gehen durch.«

»Sehr gut!« Der Alte sah sich suchend um und erspähte Leutnant Wellenberg, den IIWO. »Herr Leutnant, greifen Sie sich mal den Ordner mit den B-Dienstberichten. Vielleicht finden Sie da drin irgendetwas über größere britische Einheiten in diesem Seegebiet.«

Der Leutnant starrte ihn verständnislos an. »Größere Einheiten?«

»Ja …« Von Hassel lächelte nachdenklich. »Kreuzer, Schlachtschiffe, so etwas.« Er wartete einen Augenblick ab. »So, wie das Ding hin und her getanzt ist, denke ich, es ist ein Wasserflugzeug. Und das kann nur von Island oder einem größeren Schiff kommen.«

Der Rechtsanwalt dachte einen Augenblick nach. »Ein Kreuzer der Blockade?«

»Vielleicht, vielleicht auch nicht.« Von Hassel wiegte den Kopf hin und her. »Die Tommies schaffen es selten, das nördliche Ende der Dänemarkstraße wirklich dicht zu halten. Jetzt, im Sommer, haben sie es leichter, aber im Winter ist das Wetter zu schlecht.«

Er sah das Glitzern in den Augen der Männer. Ein Kreuzer der britischen Seeblockade. Einer der Burschen, die einen gnadenlosen Hungerkrieg gegen die Zivilisten in der Heimat führten, denn nichts anderes war die Seeblockade – oder hätte es nach dem Willen der Tommies sein sollen. Aber es klappte nicht, nicht so wie im großen Krieg. Doch das lag weniger daran, dass die verdammten Kerle es nicht versucht hätten. Einen der Kreuzer umzulegen würde seine Belohnung schon in sich tragen. Wenn es wirklich einer war und das Flugzeug nicht von einer Landbasis auf dem besetzten Island kam.

Leutnant Wellenberg rappelte sich von der Apfelkiste hoch, um den Ordner mit den Feindlageberichten aus dem Kommandantenkabuff zu holen.

»Sie übernehmen die Zentrale, ich höre mir mal an, was Rückert findet.« Von Hassel spähte kurz auf den Papenberg. Nahe bei sechzig Metern.

»Vorn unten fünf, hinten oben fünf!« Der Leitende wartete einen Augenblick ab. Dann kommandierte er: »Vorn oben fünf, hinten unten fünf!«

Von Hassel spürte die vertraute Nickbewegung unter seinen Füßen, noch bevor der Methusalem meldete. »Boot in sechzig Metern durchgependelt, Herr Kap'tän!«

»Danke, LI.« Er schlüpfte durch das Mannloch und blickte den Funkmaat in seinem Schapp erwartungsvoll an. »Was haben wir?«

Maat Rückert zuckte mit den Schultern. »Unklar, das Wasser ist noch aufgewirbelt von unserem Tauchmanöver.«

»Nehmen Sie sich Zeit.« Von Hassel nickte langsam. Sie hatten jetzt Zeit.

Der Bug zeigte nach Norden, in die Richtung, in der sie das Wasserflugzeug gesehen hatten. Voraus hatten

137

sie die besten Horchbedingungen, keine Störungen durch die eigenen Schrauben, keine lästige Geräuschbildung durch die Strömung, die am Heck manchmal abriss. Voraus hatten sie die größte Reichweite.

Der Horcher bewegte sein Handrad langsam, fast schon in Ein-Grad-Schritten, über die Skala. Rückerts Augen waren halb geschlossen, als gehe ihn das Leben im Boot für den Augenblick nichts an. Und vielleicht tat es das auch nicht, weil er, im Augenblick als Einziger, einen Sinneseindruck von außerhalb der Röhre erhielt.

Er erstarrte. Automatisch plierte von Hassel auf das Handrad. Backbord voraus, beinahe genau voraus. Und da kam auch schon die Meldung. »Kontakt in Drei-Fünf-Fünf! Kriegsschiff, drei oder vier Schrauben, Turbinenantrieb, läuft hohe Fahrt, große Entfernung.«

Drei oder vier Schrauben! Also ein Kreuzer. Aber in großer Entfernung. Von Hassel unterdrückte den Impuls, zu seufzen. Wenn man den Lärm bedachte, den eine Maschinenanlage von fünfzig- oder hunderttausend Pferdestärken produzierte, dann konnte große Entfernung verdammt groß sein. *Zu groß! Vor allem, wenn er hohe Fahrt läuft.* Die Rechenmaschine in von Hassels Hirn lieferte ihm mitleidlos das Ergebnis aus den Peilungen und Geschwindigkeiten, da brauchte er nicht einmal ins Jane's zu sehen. *Da kommen wir nicht ran!*

Er zögerte. *Es sei denn ...*

Das Flugzeug hatte gekreist. Es musste etwas gesehen haben, etwas auf dem Meer. Ein Schiff, und das bedeutete, der Kreuzer, den Rückert hörte, rauschte mit AK heran, um das unbekannte Schiff näher zu untersuchen. Schließlich nahmen die Tommies sich ja das Recht, jedes neutrale Schiff auf Konterbande zu durch-

138

suchen. *Wie lange dauert so eine Untersuchung? Ein paar Minuten, weil sie nur in die Papiere schauen ... oder Stunden, wenn sie wirklich die Ladung kontrollieren?* Der Alte wandte sich zu Rückert. »Irgendwo muss ein Frachter sein.«

Der Horcher sah ihn erstaunt an, und einmal mehr begriff der Kommandant, dass der Mann gar nicht genau wusste, worum es hier ging. Nur die Brückenwache hatte das Flugzeug gesehen, und nur der Funkmaat selber hatte bisher den Kreuzer gehört. Alle anderen fuhren mal wieder blind und taub ins Ungewisse. Von Hassel grinste. »Ich glaube, der will ein Schiff kontrollieren.«

»Das muss ja dann ein Neutraler sein!?« Leutnant Wellenbergs Stimme klang etwas belegt.

Der Kommandant sah den Leutnant amüsiert an. »Und was folgert der Rechtsanwalt daraus? Krieg nach Prisenordnung?« Er lächelte. »Der Kreuzer wird uns wohl kaum lassen.«

Der IIWO grinste wie ein Honigkuchenpferd. »Nein, glaube ich auch nicht. Aber wenn er funkt, dann begeht er einen feindlichen Akt, und Sie sind rechtlich sauber.«

Von Hassel blinzelte verdutzt. »Was ...« Er schüttelte den Kopf. »Im nächsten Leben werde ich Rechtsanwalt. Sie schlagen vor, beide unter Wasser zu treten?«

»Nein.« Leutnant Wellenberg schüttelte den Kopf. »Betrachten Sie das als ein juristisches Steckenpferd von mir.« Er schlug den Ordner auf. »Außerdem könnte es sein, dass es mit dem Frachter etwas ganz anderes auf sich hat.«

Der Alte überflog die Meldung, die ihm der IIWO hinhielt. Dann pfiff er schrill durch die Zähne. »Das ist ein Ding!«

»Dachte ich mir, dass Sie das interessieren würde.«

Von Hassel runzelte die Stirn. »Immerhin, es könnte sein. Der Bursche ist verdächtig weit nördlich.« Er hob den Kopf und sah am IIWO vorbei. »Rudi! Halbe Fahrt, wir müssen näher rankommen.«

Funkmaat Rückert hob den Kopf. »Wenn da ein Frachter ist, dann hat er gestoppt. Ich höre nur den Kreuzer. Peilt jetzt in Drei-Fünf-Acht! Ich glaube, er nimmt Fahrt weg.«

Von Hassel nickte. »Behalten Sie ihn im Ohr. Und sehen Sie zu, ob sie irgendwo einen Frachter finden.« Er jumpte durch das Mannloch zurück in die Zentrale, gefolgt von Wellenberg.

Nachdenklich ließ er sich auf seinem Stammplatz im Schott nieder.

Wellenberg versuchte, sich am IWO und dem Steuermann, die sich den engen Platz am Kartentisch teilten, vorbeizuquetschen. Aber Rudi Schneider hielt ihn am Arm fest. »Lassen Sie mal sehen, Herr Wellenberg.«

Der IIWO schlug den Ordner erneut auf und zeigte dem Oberleutnant die Meldung von der Leitstelle. Der IWO las sie laut vor. »Zwischen 8. und 15. mit Durchbruch eigenen HSKs durch die Grönlandstraße und südlich Island rechnen. BdU.«* Er blickte auf. »Unwahrscheinlich, dass ausgerechnet wir seinen Kurs kreuzen, wenn er in einen britischen Kreuzer läuft. Aber wenn …« Er zögerte. »Man hat ja auch schon Pferde vor der Apotheke kotzen sehen.«

---

* Tatsächlich ging eine derartige Meldung um den 3. August 1940 herum an die U-Boote. Sie diente allerdings eher dazu, den britischen Abhördienst von der Tatsache abzulenken, dass die deutschen HSKs (Handelsstörkreuzer) Atlantis, Pinguin und Komet längst durchgebrochen waren und nun ihre Operationsgebiete ansteuerten. Die Briten sollten ihre Abwehrmaßnahmen in den falschen Seegebieten konzentrieren, was für eine gewisse Zeit auch geschah.

Von Hassel hatte der kurzen Unterhaltung nur mit halbem Ohr zugehört.

Jetzt nickte er langsam. »Schön gesagt, IWO. Wir werden sehen, was dabei herauskommt.« Er verzog das Gesicht. »Und ob wir überhaupt eine Chance zum Schuss bekommen.«

Vorn im Bugraum bekamen die Männer nur wenig mit. Es waren zumeist die Seeleute, die hier hockten und warteten. Unverzichtbarer Bestandteil der Besatzung, wenn sie aufgetaucht fuhren, aber wenn das Boot getaucht war, degradiert zu lebendem Ballast, während die Techniker, die E-Heizer und Diesel-Heizer auf ihren Gefechtsstationen waren.

Jens versuchte, irgendwo seine Beine unter der Back unterzubringen und es sich etwas bequemer zu machen. Wie alle wartete er gespannt darauf, welche Wort- und Satzfetzen aus der Zentrale weitergeflüstert wurden.

»Ein Kreuzer!« Der Mann am Schott gab die Nachricht weiter. »Weitab.«

Dörfler zuckte mit den Schultern. »Zu schnell für uns, so a Kreuza.«

»Abwarten, Loisl.« Jens studierte eingehend eine Mug mit Kujambelwasser. Die Oberfläche des Gebräus vibrierte leicht. »Abwarten, wir sind mit der Fahrt hochgegangen.«

Kupinska, seit den neuesten Entdeckungen mit dem Spitznamen »Tripper« versehen, sah sich unauffällig um. Die anderen schienen nicht besorgt zu sein. Dabei war der Alte drauf und dran, sich an einen verdammten Kreuzer heranzumachen.

Seine Stimme klang heiser. »Verdammt dicker Brocken, so een Kreuzer!«

Jens sah den Berliner überrascht an. »Kreuzer ist gut, Kreuzer ist sogar sehr gut!« Er grinste. »Natürlich nur, wenn wir auch rankommen.«

»Ick versteh nich janz. Dat iss'n riesijes Schiff mit riesijen Kanonen. Wat jloobste, wat der mit uns macht, wenn er uns kriecht.« Der Berliner starrte Jens wütend an. Irgendwo in seinem Kopf hämmerte wieder das gnadenlose Geschützfeuer von Narvik. Was glaubte dieser Junge denn, wer er war?

Aber Lauer nickte nur ruhig und ließ sich nicht provozieren. »Komm auf den Teppich, Tripper. Wir sind auf einem U-Boot.«

»›Uuu‹, wie ›unbefriedigt‹«, warf Dörfler von der Seite ein. »Aba da Milchbart hot recht!«

Der junge Seemann warf dem Bayern einen giftigen Blick zu. »Du hast mal wieder deinen schlauen Tag, Loisl.«

»Man tut, was man kann!« Dörfler zuckte ungerührt mit den Schultern. »Was unsa Hirnakrobat versucht, dir zum erklärn, is ganz einfach. Der verdammte Kreuza kann koa U-Boot jag'n. Hot koane damischen Wabos. Dafür hot er a Bordwand wia a Kaimauer, und wann da Alte ihn umleg'n mog, braucht er dazu mindestens viere von de Aale.«

Der Funkgefreite Henke, ein junger Mann von normalerweise wenig Worten, verzog entzückt das Gesicht. »Na und, dann kommen vier Ersatzaale in die Rohre, und wir ham mehr Platz.«

Der Tripper blickte von einem zum anderen. Entweder waren die U-Boot-Johnnies alle durchgeknallt, oder die Sache sah gar nicht so schlecht aus. Er runzelte die Stirn. »Die Tommies wern ja nich nen dicken Pott so eenfach ohne U-Boot-Sicherung herumjondeln lassen, nich wah?«

Dörfler und Lauer wechselten einen kurzen Blick. Es war einer der wenigen Momente gegenseitigen Verstehens. Dann brummte Dörfler. »Bist a ganz Schlauer, was? Die Tommy-Kreuza jog'n do heraußen allaanz, weil de Zerstörer ned mitkumma, wenns Wetter schlechter werd.«

Jens nickte. »Außerdem hätte der Rückert ja längst was von denen gehört.« Der junge Seemann zwang sich zu einem Lächeln. *Kreuzer war gut, Kreuzer war sogar sehr gut.*

Er wusste auch nicht, warum er so ein schlechtes Gefühl bei der Sache hatte.

Matthias Hänisch betrachtete die Spannungsanzeige unruhig. Noch waren die Batterien fast voll. Nur ein winziges bisschen war die Spannung abgefallen. Vierundsechzig Seemeilen bei vier Knoten, mehr steckte nicht drin. Theoretisch sechzehn Stunden Unterwasserfahrt. Oder mehr, wenn der Alte endlich auf kleine Fahrt gehen würde.

Er steckte den Kopf durchs Schott in den Dieselraum. Daniel Berger und Obermaat Mohr standen auf dem stählernen Laufsteg wie bestellt und nicht abgeholt.

Hänisch verzog das Gesicht zu einer Grimasse. Genau wie er selber. Sie achteten auf jedes Geräusch, auf jede ungewöhnliche Wahrnehmung.

Still und reglos standen die beiden Diesel auf ihren Bettungen. Die Stille im Dieselmaschinenraum war geradezu unheimlich. Nur das Summen der Elektromotoren erfüllte das ganze Boot.

Hier, ganz hinten im Achterschiff, waren sie von jeder Nachricht abgeschnitten. Nicht einmal ein einzelner Wortfetzen durchdrang das dicke Schott. Alles, was sie hatten, war die Fahrtstufe und ihre Instrumen-

143

te. Es war ein Ort, fernab der wirklichen Welt. Aber die wirkliche Welt war da, dort draußen. Erst vor ein paar Wochen hatten sie es wieder erfahren müssen, als plötzlich das Ping der Zerstörer die Hülle traf, als die Wasserbomben um sie herum fielen. Hier, im Achterschiff, passierte alles ohne große Vorwarnung. Sie wussten nicht einmal, ob sie gerade Jäger oder Gejagte waren.

Und alles, worauf sie hofften, war, dass die Männer in der Zentrale keinen Murks machten.

Heimatfront

Kapitänleutnant Dieter Hentrich starrte den Läufer verdutzt an, der gerade in das Klassenzimmer gestürzt war und seinen Namen gerufen hatte. »Der bin ich!«

»Der Kommandeur will Sie sehen, Herr Kaleun!« Warnend setzte er hinzu: »Sofort!«

Mit einem leisen Seufzer setzte Hentrich sich in Bewegung. Hier, an der altehrwürdigen Marineschule in Mürwik, geschah immer alles »sofort«. Die normale Fortbewegungsart innerhalb dieser Mauern war Laufschritt. Und auch wenn die Kommandantenschüler durch Rang und teilweise Reputation nicht so sehr unter Druck standen wie beispielsweise die Offiziersanwärter, so musste doch auch Hentrich zugeben, dass die Kommandantenausbildung sehr stark von Kommiss und manches Mal sehr wenig von U-Boot geprägt war.

Warum zum Beispiel auch Nachtmärsche und Schießübungen mit Karabinern auf dem Lehrplan standen, würde wahrscheinlich eines der ewigen Geheimnisse deutscher Marinetradition bleiben.

Etwas außer Atem erreichte er das Dienstzimmer des Kommandeurs. Immerhin schaffte er es noch, sich zusammenzureißen und schneidig Meldung zu machen: »Kapitänleutnant Hentrich zur Stelle, wie befohlen.«

Der Kommandeur erhob sich langsam hinter seinem Schreibtisch und legte die Hand an die Mütze. »Danke!« Mit einem kurzen Seitenblick musterte er den Läufer, und seine Stimme sank zu einem drohen-

145

den Brummen. »Ihre Mütze sitzt schief, Gefreiter. Das wäre alles!«

Hentrich wusste nicht genau, was er sagen sollte. Also sagte er vorsichtshalber erst einmal nichts und blieb in Habacht stehen.

Kapitän zur See Otto von Mehring musterte den Kapitänleutnant eingehend. Dann nickte er beiläufig. »Rühren!« Das Lächeln erschien wie von Geisterhand auf dem Bulldoggengesicht, und es sah eigentlich nicht so aus, als sei es dort heimisch. »Nehmen Sie Platz, Herr Hentrich.« Er deutete auf einen Stuhl. Mit energischen Schritten kehrte er hinter seinen Schreibtisch zurück … und holte zu Hentrichs Überraschung eine Flasche Schnaps und zwei Gläser aus einer Schublade. Während er einschenkte, grollte er: »Natürlich habe ich Sie nicht ohne Grund aus dem Kurs holen lassen. Nachtangriffstaktik, richtig?«

»Jawohl, Herr Kapitän.« Hentrich wartete ab. Vorgesetzte hatten unterschiedliche Methoden, mit Untergebenen umzugehen. Aber am Ende lief es stets auf das Gleiche hinaus – den Untergebenen eine Weile auf kleiner Flamme zu rösten. »Nachtangriffstaktik.«

Von Mehring schob ihm eines der Gläser zu. »Runter damit!«

Es war kein Angebot, sondern ein Befehl. Hentrich unterdrückte ein Grinsen und kippte den Schnaps hinunter. Lauwarm und scharf lief das Teufelszeug seine Kehle hinab. Er räusperte sich. »Darf ich fragen, warum Sie mich rufen ließen, Herr Kapitän?«

Otto von Mehring schien an den Schnaps gewöhnt zu sein, jedenfalls verzog sich in seinem Gesicht keine Miene. »Zwei Dinge, Herr Kapitänleutnant.« Er zögerte. »Erstens hat Ihr alter Kommandant Sie für ein EK II vorgeschlagen. Laut seinem Bericht waren Sie es, der das

146

Boot in einer Kampfsituation in einen feindlichen Verband steuerte und so die Voraussetzung für einen erfolgreichen Angriff schuf.«

Dieter Hentrich lehnte sich zurück. Davon hatte von Hassel ihm natürlich kein Wort gesagt. Aber er erinnerte sich an das Schlagen der Schrauben über ihnen, an das flache Wasser des Kanals und an die nahen Kriegsschiffe. Vor allem aber erinnerte er sich daran, dass der Kommandant ihm eine Chance gegeben und befohlen hatte, er solle übernehmen, während von Hassel selber im Schott gehockt und Blut und Wasser geschwitzt hatte – wie er selber auch.* Der Kaleun grinste schwach. »Davon hat von Hassel mir nichts gesagt.«

»Aber Sie erinnern sich an diese Vorgänge?« Der Kapitän beugte sich vor und machte Anstalten, die Gläser neu zu füllen.

»Ja, natürlich, ich meine, es war flaches Wasser, ein Haufen Schiffe und dazwischen die Geleiter. Nichts, was man so schnell vergisst.« Hentrich sah in das Bulldoggengesicht auf der anderen Schreibtischseite. »Es war eben so befohlen.«

Von Mehring grinste. Eine Gefühlsäußerung, die offensichtlich besser zu seinem Gesicht passte als ein Lächeln. »Ja, wir, die wir dem Feind ins Auge gesehen haben, vergessen oft, wie eng es dabei zugeht.« Er zuckte mit den Schultern. »Aber Sie wissen ja, Bescheidenheit ist eine Zier … doch weiter kommt man ohne ihr.« Er dachte einen Augenblick nach. »Also gut, dann werde ich schreiben, dass Sie den Bericht Ihres Kommandanten in allen Punkten bestätigen. Ist in diesem Fall ohne-

---

* Siehe Peter Brendt, *U-Boot im Fadenkreuz*

hin nur eine Formsache, da von Hassel bereits Zeugen angegeben hat. Ich denke, dann wird, so Gott und die Marine wollen, bei Ihnen in ein paar Wochen die freudige Botschaft eintreffen, dass Sie ein EK II erhalten.«

»Danke, Herr Kapitän.« Hentrich betrachtete den Kommandeur aufmerksam.

An der Uniformjacke prangte nicht nur das blutrote Band des EK I, der Kapitän trug einen weiteren Orden an einem Band um den Hals. Pour le Mérite, auch der »Blaue Max« genannt.

Ein anderer Krieg, ein anderer Orden.

Von Mehring registrierte den Blick des jüngeren Offiziers und konnte sich dessen Gedanken vorstellen. Ein altes Schlachtross aus dem großen Krieg. Wieder aus der Versenkung hervorgeholt, um einen jüngeren Mann für eine wichtigere Aufgabe frei zu machen. Und warum sollte der Kapitänleutnant auch anders denken? Sie kämpften einen Krieg, der jetzt schon über alles bisher Vorstellbare hinausging. Was ihm dreißig Jahre früher den höchsten Orden des Kaiserreiches eingebracht hatte, würde heute ein Ding der Unmöglichkeit sein. Wenn die Tommies damals schon solche Suchgeräte wie heute gehabt hätten, dann würde er mit seiner Besatzung heute irgendwo auf dem Grund der See ruhen, anstatt hier Papier hin und her zu schieben. Aber statt zu seufzen, zwang er sich zu einem erneuten Grinsen. »Also schön, kommen wir zu der anderen Sache. Ich habe einen Anruf von der Personalstammstelle erhalten. Ein Boot hat bei einem Tieffliegerangriff seinen Kommandanten verloren, kurz vor dem Einlaufen nach Wilhelmshaven. Der IWO hat den Schlitten zurückgebracht.«

Kapitänleutnant Hentrich runzelte die Stirn. »Welches Boot?«

»U-122, Korvettenkapitän Loof.« Der Kommandeur sah Hentrich an. »Jetzt wird in aller Eile ein Kommandant gesucht. Sie waren bereits mit einem Boot dieses Typs an der Agru-Front und auf Feindfahrt. Dazu diese Ordensgeschichte, die ihr voriger Kommandant angezettelt hat. Das alles macht Sie zum logischen Kandidaten.«

Hentrich schluckte. »Einfach so?«

»Einfach so!« Der Kapitän schob das wieder gefüllte Schnapsglas über den Schreibtisch. »Glückwunsch, Kommandant.«

Der Kaleun griff wie in Trance nach dem Glas. »Na, denn Prost!«

Die beiden Offiziere kippten die Schnäpse. Dann nickte von Mehring. »Ich soll Sie so schnell wie möglich nach Wilhelmshaven in Marsch setzen. Der Löwe braucht jedes Boot draußen, gerade jetzt.«

»Wieso gerade jetzt? Ist mir etwas entgangen, Herr Kapitän?«

»Einiges!« Kapitän von Mehring zuckte mit den Schultern. »Entlang der ganzen Atlantikküste sammelt die Kriegsmarine kleine Einheiten ein. Fischtrawler, Schlepper, kleine Frachter. Was auch immer. Und entlang der Flüsse werden überall Landungsboote gebaut.«

»Die Invasion?« Hentrich konnte es nicht glauben.

Der Kapitän zuckte mit den Schultern. »Vielleicht, vielleicht machen die das alles auch nur zum Spaß. Sie können sich aussuchen, was Sie glauben wollen. Ihr U-Boot-Fahrer seid etwas weit weg von den Dingen und habt eure eigenen Probleme. Aber manchmal solltet ihr auch mit dem Rest der Marine reden.« Von Mehring holte tief Luft. »Auf jeden Fall! Nach allem, was man so hört, glauben wenigstens die Engländer, dass wir kom-

149

men werden, und holen alles an Truppen auf die Insel, was sie in ihrem Commonwealth versteckt haben.«

»Dann wird die Sache hart werden für unsere Feldgrauen.«

Von Mehring sah ihn prüfend an. »Warten wir es ab. Die Luftwaffe kämpft ja immer noch um die Luftherrschaft, soweit ich das verstanden habe … gehen wir davon aus, dass sie wissen, was sie tun.«

Hentrich nickte. Noch immer schwirrte ihm der Kopf. *Ein eigenes Boot! Mein Gott, wird Ingeborg sauer sein.* Er zwang sich zu einem Lächeln.

»Dann sollte ich mich mal daranmachen, meine Sachen zu packen und mir einen Zug zurück nach Wilhemshaven zu suchen.«

Von Mehring erhob sich. »Mein Schreiber wird Ihnen den Marschbefehl geben, Herr Hentrich.« Für einen kurzen Moment fielen die Jahre von dem alten Kapitän ab. Er erinnerte sich noch an den Tag, als er sein Kommando erhalten hatte. Fünfundzwanzig Jahre war das her. Ein anderer Krieg, eine andere Zeit. Aber trotzdem … er erinnerte sich an das Gefühl.

»Du verstehst nicht … er weiß es noch gar nicht!« Ulrike Hartmann tupfte sich ein paar Tränen aus den Augen. »Er ist draußen!«

Ihre Mutter sah sie kopfschüttelnd an. »Also gibt es keine Möglichkeit, ihn zu erreichen?« Sie seufzte. »Was zum Teufel habt ihr euch dabei nur gedacht?« Aber dann winkte sie ab. »Ich will es gar nicht wissen.«

»Was Paps dazu sagen wird?« Unwillkürlich kauerte sich Ulrike etwas mehr in dem großen Sessel zusammen.

Frau Hartmann verzog das Gesicht. »Ich glaube nicht, dass er begeistert sein wird.« Wieder schüttelte sie den Kopf. »Ich glaube, du überlässt es besser mir, ihm die freudige Mitteilung zu machen. Wichtiger ist, dass du dir darüber klar wirst, was du willst.«

»Was ich will?« Ulrike sah ihre Mutter ratlos an. »Ich will ... ich weiß nicht.«

»Es gibt immer mehrere Möglichkeiten. Aber ich glaube nicht, dass ein einfacher Seemann eine Familie ernähren kann.«

Ulrike hob den Kopf, und das gewohnte trotzige Funkeln kehrte in ihre Augen zurück. »Jens ist nur jetzt Seemann. Nach dem Krieg ...«

Frau Hartmann winkte ab. Das hier würde schwierig werden, sehr schwierig. Aber im Grunde hatte sie es bereits erwartet, seit sie bemerkt hatte, dass ihre Tochter überfällig war. »Glaubst du, er wird dich heiraten? Seeleute haben einen gewissen Ruf und ...« Sie ließ den Rest vorsätzlich offen.

Ulrike starrte sie an. »Heiraten? Darüber haben wir noch gar nicht gesprochen.«

»Nein.« Ihre Mutter nickte. »Das glaube ich. Ihr wart zu beschäftigt mit anderen Dingen.«

»Mutter!«

Frau Hartmann zog eine Braue in die Höhe. »Nun, genau genommen habe *nicht ich* deinen Seemann mit ins Bett geschleppt.«

»Es ... es hat sich so ergeben, Mama.« Ulrike runzelte die Stirn. »Es war nicht so, dass er mich gedrängt hätte oder so.«

Und natürlich hatte keiner an Pariser gedacht! Ulrikes Mutter runzelte die Stirn. *Aber wie viel habe ich selber ihr gesagt?* Sie bemühte sich um eine ausdruckslose Stimme. »Nun, wie gesagt, es gibt mehrere Möglichkeiten. Ihr könnt heiraten, du kannst das Kind weggeben, oder – das ist vielleicht das Beste – du kannst es wegmachen lassen.«

151

Wegmachen lassen? Ulrike starrte ihre Mutter wortlos an. Gedanken rasten durch ihren Kopf. *Was wird Jens dazu sagen?*

Frau Hartmann schien die Gedanken ihrer Tochter zu ahnen. »Er braucht es nie zu erfahren.«

Er wird noch wochenlang in See sein. Die Erkenntnis traf sie ganz plötzlich. *Wenn er zurückkommt, kann die ganze Sache vorbei sein.*

Langsam nickte sie. Sie hatte von solchen Dingen gehört. Die anderen Marinehelferinnen sprachen offen und ziemlich kaltschnäuzig über solche Sachen. Dinge, die eben passierten. Und immer nur anderen. Aber jetzt war es ihr passiert. *Ich muss Jens erreichen! Irgendwie!*

Kalte Spur

Etwas mehr als zwei Stunden waren vergangen, seit sie getaucht waren. Zwei Stunden des Wartens und Lauschens. Aber keine fernen flachen Detonationen an der Oberfläche hatten verraten, dass dort ein deutscher Hilfskreuzer einen verzweifelten Kampf gegen einen überlegenen schweren Kreuzer der Tommies kämpfen würde. Also hatten die Tommies vielleicht doch nur einen harmlosen neutralen Frachter erwischt.

Zwei Stunden, das machte gerade einmal acht Meilen aus. Eine Winzigkeit mehr oder weniger, je nach Strömung.

»Er läuft wieder an!« Rückerts Stimme klang beinahe desinteressiert.

Resigniert schob von Hassel die Mütze wieder ein Stück tiefer ins Genick. »Also schön. Kleine Fahrt. Wir bleiben noch etwas auf diesem Kurs.« Er wandte sich um. »Rückert, behalten Sie ihn im Ohr!«

»Jawohl, Herr Kap'tän!«

Langsam raffte der Alte sich auf und ging zum Kartentisch. Der IWO musste erst zur Seite treten, um ihm Platz zu machen. Schweigend beugte sich der Kommandant über die Karte und studierte die sauber eingezeichnete Kurslinie über alten Kaffeerändern und Schmutzflecken.

Rudi Schneider schüttelte den Kopf. »Das macht keinen Sinn. Wo kommt der überhaupt her?«

Für einen Augenblick schwieg der Alte. Der IWO war sich nicht sicher, ob er ihn nur einfach nicht gehört hatte. Aber dann räusperte sich von Hassel doch. »Er ist zu weit westlich, um zur Blockade zu gehören. Entweder hat er sein Patrouillengebiet aus irgendeinem Grunde verlassen, oder er kommt aus dem Atlantik und ist zufällig über ein Handelsschiff gestolpert.«

»Sie meinen, er hat Fernsicherung für ein Geleit gefahren?«

Für einen Augenblick dachte der Korvettenkapitän über die Frage nach. Dann schüttelte er den Kopf. »Glaube ich nicht. Die Tommies sind nicht dumm.« Er blickte auf und sah dem Oberleutnant in die Augen. »Unsere dicken Schiffe werden jetzt nicht ausbrechen. Zu kurze Nächte und zu gutes Wetter. Das Risiko ist zu hoch. Andererseits, wenn sie es täten, vielleicht weil sie ein so wichtiges Ziel hätten, dass alle anderen Einwände zur Seite geschoben werden müssten, was könnte ein einzelner Kreuzer dann retten? Die einzigen unserer schweren Einheiten, gegen die er im Alleingang eine Chance hätte, sind doch der Prinz* und Hipper**. Und selbst das würde ihm wahrscheinlich nicht bekommen.« Von Hassel zuckte mit den Schultern. »Scharnhorst und Gneisenau in der Werft. Das lässt Lützow und Scheer übrig, und die würden einen einzelnen Tommy-Kreuzer glatt überbügeln.«

---

* Schwerer Kreuzer Prinz Eugen, allgemein nur als »der Prinz« bezeichnet. Mit 8 x 20.3 cm von der Bewaffnung her vergleichbar mit den größeren britischen Schweren Kreuzern, aber aufgrund schwererer Panzerung und besserer Feuerleitung dennoch überlegen. Allerdings wurde der Kreuzer erst am 1. August 1940 in Dienst gestellt (Verzögerung wegen eines Bombentreffers im Juli).

** Schwerer Kreuzer Admiral Hipper, gleicher Typ wie Prinz Eugen, wenn auch etwas älter. Hipper war allerdings, was den in See stehenden Booten natürlich unbekannt war, zu einer Eismeerunternehmung aufgebrochen.

Schneider verzog das Gesicht. »Also gut, das ergibt keinen Sinn.« Er dachte an die Schiffe, die der Kommandant nicht erwähnt hatte. Blücher und die Graf Spee. Schnee von gestern. Auch eine Anzahl britischer Dickschiffe schwamm ja nicht mehr. Trotzdem gab ihm der Gedanke einen Stich. »Vielleicht ist er auf dem Heimweg?«

»Zu weit nördlich. Er würde dann durch die Irische See in einen Hafen auf der Insel laufen. Scapa ist ja immer noch im Umbau.« Er grinste bei der Erinnerung. U-47 war bereits im vergangenen Herbst in den angeblich so hervorragend gesicherten Hafen eingedrungen und hatte ein Schlachtschiff versenkt. Seither bauten die Tommies fieberhaft an neuen Sicherungsmaßnahmen.

Schneider machte einen ratlosen Eindruck. »Dann fällt mir auch nichts mehr ein. Die Tommies brauchen ihre Kreuzer wie die Luft zum Atmen. Die können ja nicht einfach einen völlig im Abseits rumgammeln lassen.«

Von Hassel blickte kurz auf die Karte. Dann ging er zurück zum Mannloch und steckte den Kopf hindurch. »Können Sie ausmachen, in welche Richtung er abläuft?«

»Wandert langsam nach Backbord aus, Herr Kapitän. Läuft große Fahrt. Aber er ist bereits so weit weg, dass ich ihn kaum noch höre.«

»Danke, Rückert.« Langsam richtete sich von Hassel wieder auf und stülpte sich die Mütze korrekt auf den Kopf.

Der IWO sah seinen Kommandanten fragend an. »Macht uns das schlauer?«

»Vielleicht.« Wieder trat von Hassel an den Kartentisch. »Nordwest, mit hoher Fahrt. Er kam bereits aus der Richtung, jetzt verschwindet er wieder dorthin.«

Die beiden Offiziere sahen einander an. Dann nickte Schneider. »Also war er bereits auf dem Weg irgendwo nach Nordwesten, als sein Flugzeug einen Frachter entdeckte.«

Von Hassel setzte die Überlegung fort. »Der war interessant, weil er ja kaum aus Südosten gekommen sein kann. Denn dann hätte der Kreuzer ihn bereits früher entdeckt.«

»Aber er hätte aus Südosten oder wenigstens Osten kommen müssen, wenn er aus Skandinavien ausgelaufen ist. Also hat der Kreuzer einen Blockadebrecher vermutet und ihn kontrolliert.« Der IWO runzelte die Stirn. »Es war aber offensichtlich keiner. Was ihn für uns umso interessanter macht.«

Von Hassel nickte. »Aber das erklärt nicht, wo der Kreuzer jetzt hinwill. Auf diesem Kurs kann er an Island vorbei und irgendwo bis an die Küste Grönlands.«

»Er läuft hohe Fahrt, also schert er sich wenig um seinen Ölverbrauch.«

Leutnant Wellenberg, genauso wie die anderen Männer in der Zentrale, hörte dem Wechselgespräch neugierig zu. Als ob von Hassel und Schneider ein Puzzle zusammensetzten. Ein paar Teile fehlten noch, aber so langsam begann sich ein Bild herauszuschälen.

Der Kommandant ignorierte die neugierigen Blicke. Langsam fuhr er fort. »Er weiß also, wo er bunkern kann. Entweder von einer Landbasis in Grönland. Aber ich bezweifle, dass die so viel Öl vorrätig haben. Oder aus einem Tanker.«

Schneider grinste. »Aber der ist sicher nicht allein, sondern läuft mit einem Verband oder einem Geleit.«

Von Hassel verzog das Gesicht. »Aber Grönland? Die Tommies trauen unseren Booten eine Menge zu.«

»Wir können Grönland erreichen, Herr Kap'tän.«

Der Alte nickte. »Und haben immer noch Reserve. Aber nur die IXB-Boote. Für die VIIB-Boote wird es eng.« Er zögerte. »Verdammt kalt da oben, selbst im Sommer.«

Schneider lächelte ruhig. »Aber immer noch besser, als sich einen Aal einzufangen. Aus Sicht der Tommies, meine ich.«

»Also Grönland! Da wird sich der Löwe aber freuen.« Von Hassel dachte einen Augenblick nach, dann kam er zu einer Entscheidung. »LI, bringen Sie uns auf Sehrohrtiefe!«

Zehn Minuten später tauchte U-68 auf, und ein paar Minuten später raste ein Rafferspruch aus der Antenne. »1.) Kreuzer gesichtet in AL21, setzen nach. 2.) Vermuten, Geleit wird nahe Südspitze Grönland passieren. U-68.«

Mit voller Fahrt begann das Boot, nach Nordwesten zu laufen. Zu langsam, um den Kreuzer einzuholen, aber vielleicht schnell genug, um das Geleit zu finden, das der Kreuzer vielleicht treffen wollte. Eine winzige Chance und viele »Vielleichts«, aber immerhin eine Chance.

Ein neues Spiel, die alten Spieler

Ulrike war zum Dienst zurückgekehrt wie normal. Schließlich war alles noch ganz am Anfang, und niemand konnte etwas sehen. Aber ihre Stimmung war düster. Das Kind einfach »wegmachen«? Ihre Eltern schienen jedenfalls entschlossen zu sein, sie davon zu überzeugen. Und wenn das nicht half, was dann? Sie brauchte sich nur an das wütende Brüllen ihres Vaters zu erinnern, als ihre Mutter ihm die Neuigkeit mitteilte. *Hure!* So hatte er sie genannt in seinem Zorn. Und noch immer glaubte sie, die brennende Wange zu spüren. Es war das erste Mal seit Jahren, dass er sie geschlagen hatte. *Hure!* Noch immer brannte das Wort auf ihrer Seele.

»Mein Gott, du siehst aus, als hättest du das ganze Wochenende durchgefeiert.« Wie immer klang Ingeborg Neusels Stimme etwas gereizt. »Jaja, die Marine!«

Ulrike wandte sich langsam um. »Wer weiß, vielleicht habe ich mir einfach einen Schnupfen eingefangen. Was auch immer, wahrscheinlich hast du mehr gefeiert als ich.«

Eines der jüngeren Mädels kam vorbei und starrte die beiden älteren Marinehelferinnen mit offenem Mund an. Die Hartmann und die Neusel waren also mal wieder aneinandergeraten. Ein unfairer Krieg im Hühnerhof, schließlich war die Neusel ja bereits Unteroffizier, und es gab Gerüchte, dass, sollte es irgendwann Marinehelferinnen im Offiziersrang geben, die Neusel bei den Ersten sein würde. Aber trotzdem biss sie sich immer wieder an der Hartmann die Zähne aus. Und auch wenn nicht klar war, wo das hinführen würde, so war der Unterhaltungswert dieser Konfrontation auf dem Klatschmarkt des Hühnerhofs hoch.

Ingeborg runzelte demonstrativ die Stirn. »Oh, ich verstehe. Nichts zu feiern, U-68 ist ja wieder in See.«

Was weiß sie, was ahnt sie? Ulrike zwang sich zu einem Lächeln. »Siehst du, also keine Party.«

Ingeborgs Kopf schwenkte herum, und ihre blauen Augen fixierten die jüngere Marinehelferin. »Und was stehst du hier rum?«

»Ich soll Sprüche zur Funkstelle bringen. Aber ich habe keine Ahnung, wo die ist.«

»Oje!« Ulrike musterte den dicken Stapel. Sie wandte sich wieder Ingeborg zu. »Wenn du erlaubst, erledige ich das. Vielleicht sollte jemand die Neuen einweisen. Es würde helfen.«

Auf dem Gesicht der anderen erschien ein zorniger Rotton. Nicht ohne Grund, gehörte es doch zu ihren Aufgaben, die Neuen einzuweisen. Und es gab ständig neue Marinehelferinnen hier, denn je mehr sich der Krieg ausdehnte, desto mehr Leute wurden auch hier benötigt. »Ja, wenn Zeit ist.« Sie musterte Ulrike. »Du hast die Nachtschicht.«

Ulrike Hartmann unterdrückte ein Lächeln. *Das war billig.* Die sogenannte Grabräuberschicht war allgemein unbeliebt. Meistens passierte nicht viel, und es war sterbenslangweilig. Andererseits war es nicht so hektisch wie manchmal am Tage. Es machte ihr nicht so viel aus. Schließlich hatte sie nicht die Absicht, auszugehen, während Jens in See war. So nickte sie nur. »Alles klar! Dann bin ich dienstfrei bis zur Schicht.«

Ingeborg nickte säuerlich. »Kümmere dich vorher um die Funksprüche!«

»Mach ich!« Sie nahm der erleichterten Marinehelfe-rin den Stapel ab und machte sich auf den Weg.

Der Weg zur Funkstelle war nicht weit, aber trotzdem lag sie etwas abgelegen. Ulrike presste sich in eine Ni-sche zwischen den Gebäuden. Mit fliegenden Fingern durchsuchte sie die Funksprüche. Endlich fand sie die gesuchte Bootsnummer – U-68. Eilig überflog sie den Text. »1.) Tonnagekrieg hat Vorrang, Verfolgung Kreu-zer nur bei Aussicht auf Erfolg. 2.) Vermutung deckt sich mit anderen Erkenntnissen. Aufklären, wenn Chance auf Erfolg. 3.) Ölbestand melden. 4.) Mit Ölversorgung aus heimkehrendem Boot rechnen. BdU.«

Sie dachte einen Augenblick nach. Wie üblich war der Text nur mit Bleistift auf einen Meldezettel ge-schrieben. Trotzdem, wenn sie ihn veränderte, und es würde herauskommen, dann würde es einen riesigen Ärger geben. Und herauskommen würde es. Aber sie musste Jens erreichen. Irgendwie. Es gab keine andere Möglichkeit. Sie sah sich um. Niemand in der Nähe. Und wie jede brave Marinehelferin hatte sie Bleistift und Radiergummi bei sich.* Es dauerte nur Augen-blicke. Mir klopfendem Herzen überflog sie den Text. *Armer Jens, das wird dich ein paar Runden kosten, wenn du wieder an Land bist.*

Kapitänleutnant Dieter Hentrich legte die Hand an die Mütze. »Rühren!«

Gerade eben hatte ihm der IWO die Besatzung von U-122 vollzählig angetreten gemeldet. Es hätte ein stol-

---

* Gemäß heute noch gültiger Dienstvorschrift hat der Soldat ja Notizzet-tel, Bleistift, Radiergummi, Kondom und Taschentuch bei sich zu tragen.

zer Augenblick sein sollen, aber alles, was Hentrich fühlte, während er in die fremden Gesichter blickte, war Unsicherheit. Er räusperte sich. »Männer, ihr kennt mich nicht, ich kenne euch nicht.« Er zwang sich zu einem Grinsen. »Aber macht euch keine Sorgen, am Ende der Fahrt werden wir uns alle gut genug kennen.« Erleichtert sah er das Grinsen auf einigen der Gesichter. Aber die meisten verbargen ihre Gefühle hinter ausdruckslosen Masken. Nach allem, was er gehört hatte, war sein Vorgänger ein guter Mann gewesen und bei seinen Leuten beliebt. Es würde nicht einfach sein, in seine Schuhe zu schlüpfen. Erneut ließ er den Blick über die Männer gleiten. »Also, wir haben unsere Befehle. Auslaufen morgen Vormittag. Dann erwarte ich, dass ein jeder Mann seine Pflicht tut.*« Das Grinsen verbreitete sich auf mehr Gesichtern.

Er griente: »Bis dahin: Landgang bis zum Wecken, und dass mir keiner achteraus segelt. Offiziere nach dem Wegtreten in die Messe bitte!« Er nickte dem IWO zu und wandte sich ab. Während er den Turm emporkletterte, hörte er hinter sich die lauten Kommandos. »... Wegtreten!« Fünfzig Paar Beine machten sich auf den Weg in Kneipen und Bordelle. Es würde eine wilde Nacht werden, wie immer vor dem Auslaufen. Nachdenklich sah er sich um. Nur eine Spur frischer Farbe verriet noch, wo die Geschosse den letzten Kommandanten niedergemäht hatten. Hoffentlich brachte das Boot ihm mehr Glück.

---

* Hentrich zitiert hier Nelson. Wahrscheinlich eines der bekanntesten Signale in der Seefahrtsgeschichte. Aber bekanntermaßen von einem Mann, der sein Teleskop ans blinde Auge setzte, um sagen zu können, dass er kein Signal sehen würde.

Seetag 24

Noch immer lief das Boot Kurs Nordwest. Aber die Aufregung an Bord war abgekühlt, genauso wie das Wetter und die Stimmung.

In seinem Kabuff grübelte von Hassel über dem Übersegler. Es wurde Zeit, dass er sich entschied. Sie konnten nach Westen halten und die Südspitze Grönlands erreichen. So weit wie möglich nach Norden, das war die einzige Route, die den britischen Geleiten blieb. Alle südlicheren Routen würden die U-Boot-Gefahr nur steigern. Eine logische Rechnung.

Aber trotzdem eine unlogische Rechnung, denn die Tommies wussten, dass die Deutschen wussten, dass die Tommies wussten ... und so weiter.

Vor dem Vorhang, der ihn von der wimmelnden Welt seines Bootes abschirmte, entstand Bewegung. Er hörte die Stimme des Funkgefreiten Henke. »M-Offizier!«

»Danke!« Das war die Stimme des IIWO, denn Rudi Schneider war auf Wache.

Von Hassel lehnte sich zurück und kratzte sich im Bart. Nun, nach über drei Wochen, wuchs das Kraut. Wahrscheinlich tat die ständig feuchte, muffige Luft dem Bartwuchs gut. Aber es war nur ein müßiger Gedanke.

Es klopfte am Türrahmen, und der IIWO steckte den Kopf durch den Vorhang. »M-Offizier, Herr Kap'tän. Ich brauche die Schlüsselunterlagen.«

Der Kommandant rappelte sich auf und öffnete den

Tresor. Nachdenklich zog er den Ordner heraus und reichte ihn Wellenberg. »Dann schauen Sie mal, was der Löwe für uns hat.«

»Mache ich, Herr Kap'tän.« Wellenberg klemmte sich den Ordner unter den Arm und verschwand in Richtung Funkraum. Von Hassel verschloss den Tresor wieder und setzte sich an seine Karte. Aber er konnte sich nicht mehr konzentrieren. Der Funkspruch würde irgendetwas Neues bringen. Vielleicht wusste der BdU mit einem Tommy-Kreuzer auf Nordwestkurs mehr anzufangen, vielleicht gab es andere Sichtmeldungen, die sie nur nicht aufgefangen hatten. Vielleicht, vielleicht, vielleicht!

Mit plötzlichem Zorn griff er nach dem KTB und las den Eintrag, den er bereits früher gemacht hatte. »Freitag, der 13. August 1940. Boot klar, 16 ATos, 6 ETos …« Seine Augen blieben am Brennstoffbestand hängen. Etwas über drei Viertel des Öls war noch in den Bunkern, aber das konnte sich bei einer längeren AK-Fahrt schnell ändern. Er seufzte.

Alle Aale noch da, im Grunde verfuhren sie nur Sprit und futterten ihren Proviant auf.

Er stoppte mit einer schnellen Bewegung einen Stift, der über den winzigen Schreibtisch rollte. *Und das Wetter spielt auch nicht mit!*

Draußen in der Messe endete das energische Hacken des IIWO auf der ENIGMA. Für einen Augenblick herrschte Stille, dann hörte er ein Geräusch, als würde ein Seeelefant ersticken. Verdutzt blinzelte er. *Was ist so komisch an einem Funkspruch?*

Er musste nicht lange warten. Einen Augenblick später klopfte es wieder, und Leutnant Wellenberg steckte den Kopf ins Kabuff. »Ich habe den Spruch entschlüsselt, Herr Kap'tän.«

Von Hassel sah in das lachende Gesicht. »Muss ja echt erheiternd sein, IIWO. Zeigen Sie mal her den Wisch!«

Wellenberg reichte ihm den entschlüsselten Spruch. Der Alte überflog die Meldung ... stutzte ... und las sie noch einmal genau durch. Dann schüttelte er den Kopf. »Das kann ja wohl nicht wahr sein.« Kopfschüttelnd las er den Spruch noch einmal. »1.) Tonnagekrieg hat Vorrang, Verfolgung Kreuzer nur bei Aussicht auf Erfolg. 2.) Vermutung deckt sich mit anderen Erkenntnissen. Aufklären, wenn Chance auf Erfolg. 3.) Ölbestand melden. 4.) Mit Ölversorgung aus heimkehrendem Boot rechnen. 5.) Jens, bin schwanger, was nun? U. – BdU.«

Wellenberg schüttelte ungläubig den Kopf. »Wie sie das nur in einen offiziellen Funkspruch reinbekommen hat?«

»Herr Wellenberg, ich habe keine Ahnung.« Von Hassel zwinkerte belustigt. »Na ja, wir haben nur einen Jens, den jungen Lauer. Also wenigstens diesen Teil des Rätsels können wir lösen.«

Der IIWO sah seinen Kommandanten nachdenklich an. »Wollen Sie es ihm sagen?«

»Muss ich ja wohl.« Von Hassel ließ sich wieder auf seinem Stuhl nieder. Noch einmal studierte er den dienstlichen Teil des Funkspruchs. *Verfolgung Kreuzer nur bei Aussicht auf Erfolg.* Er grinste. Eine nette Art, ihm mitzuteilen, dass sein Boot zu langsam war, um einen Kreuzer zu verfolgen. Er nickte langsam. »Wir sollen Richtung Grönland aufklären. Und ich brauche den Ölbestand vom LI.« Sein Blick blieb an Punkt vier hängen. *Also sollen wir keine falsche Rücksicht auf den Spritverbrauch nehmen? Oder wie soll ich das verstehen?* Der Alte sah zum IIWO auf, der immer noch abwartend

164

im Türrahmen stand. »Der Steuermann soll einen Kurs zur Südspitze Grönlands absetzen. Halbe Fahrt.« Er seufzte. »Und ich werde unser junges Talent jetzt erst mal von seinen kommenden Vaterfreuden unterrichten.« Er schüttelte den Kopf. »Erst Kupinska mit 'nem Tripper, nun Lauer mit 'ner schwangeren Freundin. Was für eine Fahrt!«

»Was für eine Fahrt!« Auch Lieutenant Commander Keith Frazier konnte nur den Kopf schütteln. Seit drei Tagen waren sie wieder draußen und liefen mit voller Fahrt von sechzehn Knoten immer tiefer in den Atlantik. Eine unangenehme Dünung lief unter dem Schiff durch, und wie immer gab es eine Anzahl Seekranker. Und natürlich rollte die Goosefoot wieder einmal vor sich hin, als würden sie bereits durch einen Sturm fahren. Das Mannschaftsdeck unter dem Vorkastell war schon wieder chronisch nass. Das war alles normal.

Aber nur ein paar Kabellängen an Steuerbord ragte eine gewaltige Barriere aus Stahl in die Höhe. Brücke über Brücke überragten gewaltige Geschütztürme. Noch während er hinsah, begannen die mächtigen Türme, sich zu bewegen, schwenkten aus der Mittschiffslinie wie gepanzerte Ungeheuer. Langsam, als wollten sie einen unsichtbaren Gegner erschnüffeln.

Auch wenn es nur Übungen waren und es keinen echten Feind gab, war es beeindruckend. Frazier verzog das Gesicht. Jeder dieser verdammten Türme wog etwa so viel wie seine ganze Korvette.

An der Rah des Schlachtschiffes erschien eine Reihe bunter Flaggen, und der Signalgast meldete: »Signal von Duke of Buckingham: Halten Sie sich frei von unserem Kurs!«

Wieder einmal hatte Frazier Mühe, nicht die Augen

zu verdrehen. »Also schön. An den Rudergänger, er soll den Abstand zum Schlachtschiff um zehn Yards vergrößern.« Seine Augen suchten die Farlane, die eigentlich vor dem Verband herlaufen sollte, aber sich lieber etwas seitlich hielt. Brambleberry lief auf der anderen Seite mit, und achtern lief die Henbane hinter dem letzten Dickschiff. Frazier schüttelte den Kopf.

Ein Schlachtschiff, ein Schlachtkreuzer, ein Schwerer Kreuzer und zwei Zerstörer. Was für ein Aufwand! Und gleichzeitig so ein Durcheinander.

Der Signalgast schwenkte sein langes Teleskop und blickte ebenfalls zur Farlane. Dann grinste er zufrieden. »Farlane an Duke of Buckingham: Schade um die Hunts!« Frazier sah die funkelnden Augen des jungen Seemannes. »Er hat sich sogar die Zeit genommen, es auszubuchstabieren!«

Irgendwann wird Smith sich ganz gewaltig was einfangen. Frazier grinste. Aber bis dahin war es ein gutes Gefühl, zu wissen, dass ihr Gruppenchef offenbar nicht gewillt war, dumme Sprüche von den schwimmenden Kasernen hinzunehmen. Er wartete ab, da würde noch mehr kommen. Und tatsächlich entfalteten sich bereits neue Flaggen an Farlanes Signalrah. »Von Farlane: Befohlenen Abstand zu Ihren Schützlingen halten!« Der Signalgast brauchte einen Augenblick, um das zu verdauen. »Oh Mann!«

Der Kommandant nickte gleichmütig. »Mr Maxwell, würden Sie bitte dem Rudergänger mitteilen, dass er den Abstand zum Schlachtschiff wieder um zehn Yards verringern kann?«

»Aye, Sir!« Auch Maxwell konnte sich das Grinsen kaum verkneifen.

Immerhin haben die Burschen auf dem Schlachtschiff unfreiwillig für die erste gute Stimmung seit Tagen gesorgt.

Aber noch immer erwartete der Kommandant, Jason Philipps hagere Gestalt auf der Brücke zu sehen. Der hätte seine Freude an dieser Sache gehabt. Beinahe verächtlich sah er zu dem Schlachtschiff hinüber, dessen Artilleriemannschaften offensichtlich Zielübungen durchführten. *Genügend Feuerkraft, um die halbe deutsche Flotte aus dem Wasser zu blasen, aber gegenüber einem einzigen U-Boot völlig hilflos. So viel also zum ursprünglichen Plan.* Er musterte die Schiffe. Die Dickschiffe waren normalerweise zu schnell für die Wolfpacks, aber das schützte sie nicht davor, den Nazis mundgerecht vor die Rohre zu laufen.* Und die beiden Zerstörer des Verbandes? Er beobachtete die Silhouette des einen Schiffes, das mit hoher Fahrt zwischen Farlane und dem Flaggschiff hin- und herzackte. Die Bugwelle reichte beinahe bis aufs Vordeck, aber Frazier wusste, das war noch nicht alles, was ein Tribal zu bieten hatte. Dreiunddreißig Knoten, fünf Fünfzollgeschütze, Torpedos und sogar eine Wasserbombenschiene und zwei Werfer für Wabos. Frazier verzog spöttisch sein Gesicht. *Und vierundzwanzig Wasserbomben an Bord. Das reicht für eine halbe Stunde, wenn die Jerries uns aufspüren.* Wieder glitt sein Blick voraus zur winzigen Farlane. Er überlegte, wie sich Smith fühlen musste, nachdem es sich gezeigt hatte, dass die vier Hunt-Zerstörer bereits jetzt dem Seegang nicht gewachsen

---

* Zu diesem Zeitpunkt war man sich in der Royal Navy noch nicht darüber im Klaren, wie oft das wirklich geschah, aber man wusste bereits, dass man in einigen Fällen einfach nur Glück gehabt hatte. HMS Warspite wurde vor Norwegen gleich mehrfach angegriffen, aber die Torpedos waren Versager. HMS Ramilles wurde leicht beschädigt, als ein Frühzünder nur Yards vor dem Schiff explodierte. HMS Courageous war bereits am 17. September 1939 von einem U-Boot versenkt worden. Und umgekehrt hatten ja britische U-Boote vor Norwegen ebenfalls deutsche Dickschiffe beschädigt.

waren und zurück nach Liverpool entlassen werden mussten.* War es eine Chance, zu zeigen, was seine kleinen Schiffe leisten konnten, oder war er nur der Sündenbock, sollte etwas schiefgehen? Eine gute Frage. Manchmal, so viel wusste jeder Offizier, konnte ein Befehl die Karriere eines Mannes genauso schnell beenden wie der Feind. »Das kann ja noch ziemlich interessant werden.« Maxwell sah ihn neugierig an. »Eigentlich sollten wir doch die Eskorten des Konvois verstärken!?«

Der Kommandant sah seinen Zweiten nachdenklich an. »Warten wir ab, was der Chef entscheidet. Oder der Admiral.« Er blickte hinaus aufs Meer. »Oder die Jerries.«

»Verstehe, Sir!«

Frazier sah den jungen Mann überrascht an. *Wenn du das verstehst, dann wirst du so langsam ein Mann.* Aber er hütete sich, Maxwell das zu sagen. Stattdessen nickte er nur langsam. »Warten wir es ab. Das Wetter wird schlechter.«

Der Lautsprecher erwachte mit einem Knacken zum Leben. »Matrose Lauer zum Kommandanten!«

»Na was denn jetzt?« Alois Dörfler sah von den Skatkarten auf. »Host was ausg'fress'n, Bursch?«

---

* Die Hunt-Geleitzerstörer waren ebenfalls eines der vielen Aufrüstungsprojekte kurz vor dem Krieg. Aber nachdem sich HMS Athelstone während der Installation eines ihrer Geschütze bereits im Dock an ebendieses angelehnt hatte, war jedem klar, dass dieser Schiffstyp einen grundsätzlichen Konstruktionsfehler hatte, der die Stabilität beeinträchtigte. Als Erste Hilfe wurde jedem Schiff ein zusätzlicher Stahlballast mitgegeben, der dafür sorgte, dass sie wenigstens unter guten Bedingungen und in Küstennähe überlebten. Bis man allerdings in der Admiralität das Problem erkannte und Flottenzerstörer mit größeren U-Jagdkapazitäten ausrüstete, war es bereits Ende 1941.

Jens schwang bereits die Beine von der Koje, wo er vor sich hin gedöst hatte. »Nicht, dass ich wüsste.« Unsicher sah er in die fragenden Gesichter. »Echt nicht!«

»Jaja, das sagt jeder.« Daniel Berger verzog das Gesicht. »Besser, du machst dich auf die Socken. Ist ja nicht weit.« Die Skatspieler quittierten den Witz mit lautem Gelächter.

Jens machte sich auf den Weg in die Zentrale. Es war ja wirklich nicht weit, aber immerhin weit genug, um sich Gedanken darüber zu machen, warum der Alte ihn rufen ließ. Aber soweit er wusste, gab es nichts, was er verbockt hatte, nichts, was seine Pflicht gewesen wäre, vergessen. Sein Gewissen war rein. Trotzdem spürte er ein unsicheres Gefühl, als er in die Zentrale kam. »Der Kommandant will mich sehen?«

Leutnant Wellenberg, der mit dem Steuermann am Kartentisch stand, sah ihn mit amüsiert funkelnden Augen an. »Ja, er ist in seinem Kabuff.« Grinsend machte er den Weg frei. »Einfach an den Türrahmen klopfen und eintreten.«

Während Jens durch das Kugelschott schlüpfte, hörte er hinter sich schon wieder die Stimme des Steuermanns. »Darf man fragen, was Sie so belustigt, Herr Leutnant?«

»Oh, nichts!« Aber der Ton machte klar, dass Wellenberg sich wirklich gut amüsierte.

Jens klopfte an den Türrahmen und schlug den Vorhang zur Seite. »Matrose Lauer wie befohlen zur Stelle!« Grüßend legte er die Hand ans Schiffchen.

Der Alte erhob sich von seinem Stuhl, erwiderte den Gruß und lächelte. »Danke!« Aufmunternd deutete er auf den Stuhl. »Nehmen Sie Platz, Lauer!«

Was soll das hier werden? Jens blinzelte verdutzt. Nun griff der Kommandant auch noch in eines der Fächer

169

über seiner Koje und angelte nach der Cognacflasche und den Gläsern.

Der einzige Alkohol an Bord, wenn man von dem Bier absah, und das waren auch nur zwei Flaschen pro Mann für die gesamte Fahrt.

Von Hassel nickte. »Wen kennen Sie, der sich mit ›U-Punkt‹ abkürzt?«

Jens hielt den Atem an. »Ulrike! Was ist mit ihr?« *Hatte es einen Luftangriff gegeben? Aber dann würde der Alte nicht so grinsen.*

Der Kommandant schenkte jeweils einen Fingerbreit Cognac in zwei Wassergläser. »Trinken Sie, den werden Sie brauchen.« Immer noch grinsend schob der Alte dem Seemann einen Meldezettel entgegen. »Lesen Sie!«

Gehorsam nahm er den Zettel und las. Kreuzer, Grönland, Ölversorgung … sein Blick blieb am letzten Teil hängen. Verdutzt las er laut. »… 5.) Jens, bin schwanger, was nun? U. …« Er hob den Kopf. »Was …?«

»Schwanger! Sie wissen schon, Bienchen und Blümchen und so.« Von Hassel schob eines der Gläser näher an Jens heran und setzte sich auf seine Koje. »Trinken Sie, Sie sehen ja ganz blass aus, Mann!«

Automatisch griff Jens zum Glas und kippte den teuren Weinbrand hinunter wie einen billigen Schnaps. Natürlich setzte sich das lauwarme Mistzeug in seiner Kehle zur Wehr, und er musste erst einmal husten. Wasser trat ihm in die Augen, als sich der Alkohol brennend und in quälender Langsamkeit auf den Weg nach unten machte. »Verzeihung, Herr Kap'tän!« Jens' Stimme war ein Röcheln. »›Schwanger‹ sagen Sie?«

»Ich weiß auch nicht mehr, als in dem Funkspruch steht.« Der Alte zuckte mit den Schultern. »Ich weiß nicht einmal, wie sie es geschafft hat, das in einen Funkspruch zu kriegen.«

Jens winkte ab. So langsam bekam er wieder Luft.
»Sie arbeitet in der Leitstelle als Marinehelferin. Vielleicht hat sie das einfach dazugeschrieben, vielleicht
hat einer der Offiziere es abgesegnet.«

»Na ja, in Anbetracht der Lage vielleicht eine ver-
zeihbare Dienstverletzung.« Von Hassel schob sich die
Mütze tiefer ins Genick. »Aber was ist das nu für eine
Geschichte, junger Mann? Sie müssen es mir natürlich
nicht erzählen, aber ... na ja, Dinge passieren, und falls
Sie eine Botschaft mit dem nächsten Funkspruch ab-
senden wollen ... Nur weiß ich nicht, wie die dann zu
Ihrer Ulrike kommen soll.«

Jens blickte wieder auf den Funkspruch. Was nun?
Gute Frage. Und was würden ihre Eltern sagen? Er
kannte sie ja nur flüchtig, aber er konnte sich den Wirbel vorstellen. Erzkatholisch und angesehene Mitglie-
der ihrer Gemeinde. Ulrike würde ganz schön unter
Druck stehen.

Der Alte beobachtete die verschiedenen Gefühle, die
sich auf dem Gesicht des Seemannes widerspiegelten.
Verwirrung, Nachdenklichkeit, Unruhe. Er konnte sich
vorstellen, welche Gedanken durch den Kopf des Mannes gingen. Und es war ja nicht gerade so, dass der Sold
eines Matrosen großzügig bemessen gewesen wäre.
Und heiraten? Jetzt, in Kriegszeiten? Keine einfache
Entscheidung. Ruhig füllte er die Gläser wieder. Eigentlich war der gute Schnaps ja nur für medizinische
Zwecke vorgesehen, aber mit viel Auslegung konnte
man das als einen solchen ansehen.

Auch Jens dachte nach. Alles kam so schnell, so über-
raschend. Sie waren so jung, sie brauchten ja sogar eine
Sonderheiratserlaubnis. Und er als Soldat sowieso. Und
Vater werden? Das war ein völlig neuer Gedanke. Irgendwie fühlte er sich ja noch gar nicht so alt. Irgend-

wie, auf eine seltsame Art und Weise. *Aber ich kann Ulrike damit ja nicht allein lassen.* Ohne hinzusehen, kippte er den zweiten Cognac. Dieses Mal ging es schon besser. Er straffte sich etwas. »Ich würde ihr gern eine Botschaft schicken.« Er sah den Alten unsicher an. »Ich habe nur keine Worte.«

Von Hassel, eingefleischter Junggeselle und in keiner Weise bereit, in Kriegszeiten zu heiraten, spürte einen Anflug von Panik. *Er wird hoffentlich nicht mich fragen, wie man so etwas in einem Funkspruch sagt?*

»Funkspruch, von Admiralität an Duke of Buckingham: Mindestens Admiral Hipper* von Norwegen ausgelaufen. Beschädigungen der Zwillinge unklar, ausgelaufen, vermutlich zu Reparaturen in Deutschland.** Zwei Westentaschenschlachtschiffe*** nicht an ihren Ankerplätzen.«

Frazier studierte die Meldung nachdenklich. Natürlich war der Funkspruch nicht an ihn, sondern an den Admiral auf dem Schlachtschiff gerichtet. Aber es war ja nicht verboten, sich seinen Teil zu denken. Also wa-

---

* Admiral Hipper hatte bereits eine Woche zuvor seinen Ankerplatz verlassen und war zu einer Eismeerunternehmung nach Norden gelaufen.

** Scharnhorst und Gneisenau, in der Royal Navy auch die »ugly twins« genannt, hatten nach Torpedotreffern und Notreparaturen Drontheim verlassen. Allerdings hatte die Royal Navy keine Anhaltspunkte darüber, wie schwer die Schiffe beschädigt waren und ob sie vielleicht in den Atlantik ausbrechen konnten.

***Westentaschenschlachtschiffe (Pocketbattleships) nannte man die Schweren Kreuzer Lützow und Scheer. Scheer befand sich zu Erprobung und Ausrüstung in Deutschland und brach knapp zwei Monate später wirklich in den Atlantik aus. Lützow lief zurück nach Deutschland, um Schäden eines Torpedotreffers durch das britische U-Boot HMS Spearfish zu reparieren. In diesem Fall war den Briten allerdings lange Zeit unbekannt, dass sie überhaupt etwas getroffen hatten.

ren alle schweren deutschen Einheiten in See. Vielleicht beschädigt, vielleicht auch nicht. Wenn nicht, dann würden die Jerries nicht so dumm sein, ihre wenigen Einheiten gegen die Fünfzehnzöller der Buckingham oder der Reliant anrennen zu lassen. Nicht, wenn es ihnen nicht bereits vorher gelungen war, mindestens eines der beiden Schiffe zu verkrüppeln. Einmal mehr spürte er die Kälte. Alles war gut, solange die verdammten Wolfpacks nicht wussten, wo der Verband steckte. Er hob verwundert den Kopf, als ihn ein Stoß heißer Luft traf. Riesige Flammenzungen stießen aus den Rohren, und das Schlachtschiff hüllte sich in Pulverqualm. »Steuerbord fünfzehn!« Er hustete, als der Geschützqualm sein Schiff erreichte und einhüllte. *Verdammt, wir waren doch mindestens vier Kabel weit weg? Worauf schießen die eigentlich?*

Feldwebel Dachsmeier spähte aus dem Seitenfenster. Drei Achtel Wolkendeckung. Nicht viel, wenn man so einen großen Vogel verstecken wollte. Mit einem Ächzen streckte er das steife Kreuz. Immerhin waren sie bereits seit fast sechs Stunden in der Luft. Sechs ungemütlichen Stunden, denn der Wind war erheblich böiger geworden.

»Sollen wir rangehen und uns die Burschen näher ansehen?« Dachsmeier bedachte seinen Kopiloten mit einem sauren Blick. »Ich hob koa guat's G'fühl bei dera Sach.« Er ließ die Maschine höher steigen, aber viel ging nicht mehr.

»Dicke Schiffe!« Himmels Stimme aus der Bodenwanne klang zweifelnd. »Die kommen hoffentlich nicht auf dumme Ideen!«

»Beruhig di!« Dachsmeiers Stimme war mehr ein unwilliges Knurren. »Des san mindestens zwanzig Kilo-

meter. Die wern ja ned auf de Entfernung auf uns …«
Das Wort blieb ihm im Hals stecken, als das Spitzenschiff der Kiellinie sich in Rauch hüllte. Grelle Flammenzungen sprangen aus der Wolke hervor, und für
einen kurzen Moment sah es für Dachsmeier so aus, als
würden alle genau auf ihn zeigen. »Scheiße!«

Schwarze Sprengwolken erschienen am Himmel und
zerrissen den dünnen Wolkenschleier, von dem der
Feldwebel sich Deckung erhofft hatte. Alle weitab, aber
die schwere Maschine bockte in den Druckwellen.

»Verdammte Tommies!« Das war Himmel aus der
Bodenwanne.

Unteroffizier Hartmann im Sitz des Kopiloten versuchte instinktiv, sich so klein wie möglich zu machen.
Von weiter hinten kam ein erschreckter Ruf des Funkers.

Dachsmeier reagierte instinktiv. Er trat in die Pedale
und ließ die Maschine über die linke Tragfläche wegg-
leiten. Irgendwo knirschte ein Holm protestierend gegen die raue Behandlung. Aber der Fahrtmesser
schnellte in die Höhe, während der Höhenmesser anfing, immer schneller linksherum zu laufen. Viertausend Meter … drei-acht … drei-sechs. Wieder rumpelte
und knallte es, als draußen schwere Koffer krepierten.
Zu schnell, das muss der Zweite gewesen sein. Aber
Dachsmeier war sich nicht sicher. Vielleicht dauerte das
auch bereits über zwanzig Sekunden, und es war wieder
das Spitzenschiff gewesen. *Uninteressant!* Mit aller Kraft
zog er am Steuerknüppel und ließ den Druck vom Pe-
dal. Die linke Tragfläche kam wieder in die Höhe und
der Kompass beinahe zum Stillstand. Aber noch immer
raste die Maschine mit zunehmender Geschwindigkeit
auf die Wasseroberfläche zu.

Eine dritte Serie von Detonationen ließ die Condor

bocken. Mit metallischem Klingen schlug etwas in die Hülle. Aber der Druck auf den Klappen blieb. »Kruzitürk'n noch amal! Hilf mir, Hartmann!«

Die beiden Piloten stemmten sich in die Steuerknüppel, und langsam hob sich die Nase der rasenden Maschine. Der Sturzflug wurde zu einem steilen Gleitflug, dann zu einem moderaten Gleitflug.

Neue Sprengwolken füllten den Himmel. *Aber alle zu hoch!* Dachsmeier wischte sich den Schweiß von der Stirn. *Und jetzt weg hier!*

Der Funker Wille brüllte in die BzB: »Meldung ist raus!«

Der Feldwebel riss die Augen auf. »Was hast denn gemeldet? Dass sie uns den Oarsch wegschiaß'n?«

»Drei Schlachtschiffe mit Geleit in Planquadrat AL19, Kurs Nordwest.« Der Funker hielt sich fest, als die Maschine wieder von einer krepierenden Granate durchgeschüttelt wurde. Für einen Augenblick rasten sie durch schwarzen Rauch.

»Passt ja!« Dachsmeier schielte auf den Höhenmesser und die Geschwindigkeit. Nur noch sechshundert Meter. Dafür stand die Geschwindigkeit jetzt am Anschlag der Anzeige. Er spürte bereits das Flattern der beanspruchten Tragflächen im Steuerknüppel.

»Nummer vier läuft heiß!« Die Stimme von Hartmann klang warnend.

Dachsmeier zog vorsichtig am Ruder. Nicht zu viel, er musste noch weiter runter. Aber die Geschwindigkeit ließ nach. »Der muss noch etwas durchhalten!«

Von unten kam wieder die Stimme von Himmel: »Ich kann sie nicht mehr sehen.«

Gerschewski rumorte etwas im oberen Stand herum. »Sie sind weg, hinter dem Horizont.«

»Ka Wunder!« Dachsmeier richtete die Maschine

wieder in die Horizontale. »Hartmann, stell Nummer vier ab. Der hat genug für den Augenblick.« Er atmete tief durch. »So a Sauhund, a damischer!« Aber dann grinste er. Der Vogel war immer noch schnell, auch wenn die Geschwindigkeit langsam abnahm.

Aber der Anschlag lag bei über vierhundertachtzig Kilometern pro Stunde. Das waren acht Kilometer pro Minute. Zwei, vielleicht drei Minuten, bis sie aus der Reichweite auch der schwersten Geschütze waren. »So viel also zum Thema ›Näher herangehen‹!« Er spähte aus dem Seitenfenster. Keine hundert Meter Höhe mehr. Mit vorsichtigen Bewegungen ließ er die Maschine nach Osten drehen. Für heute hatte die Condor genug geleistet.

Die Meldung des Funkers Wille wurde aufgefangen, dechiffriert, erneut chiffriert und weitergeleitet. Sie durchquerte verschiedene Stäbe innerhalb der Luftwaffe, bis sie schließlich auch an die zuständigen Marinedienststellen weitergegeben wurde, die sie wiederum entschlüsselten und erneut, nun im Marinecode, verschlüsselten.

Und endlich, als jeder sie gelesen und seinen Kommentar dazu abgegeben hatte, wurde die Meldung auch von der Leitstelle in Wilhelmshaven an die U-Boote weitergegeben.

Beinahe sechs Stunden später landete Dachsmeier seine beschädigte Condor wieder an der holländischen Küste. Erneut stand ein Motor, in der glitzernden Metallhülle des Hecks klaffte ein Splitterloch, und die Bomben hatte man über See abgeworfen, um Gewicht zu reduzieren. Schweigend standen die Männer um ihr ramponiertes Flugzeug herum. Aber der Vogel hatte sie wieder heimgebracht.

Seetag 25

»Funkspruch ist raus!«

Der Alte entspannte sich etwas, als die Meldung von unten kam. Wenigstens etwas erledigt! Er musste unwillkürlich grinsen, als er an den Text dachte. Lauer hatte sich die Nacht über Zeit genommen, zu einer Entscheidung zu kommen. Jetzt würde der Funkspruch wahrscheinlich für Verwirrung in der Leitstelle sorgen.

Seine Gedanken verharrten ein paar Augenblicke bei dem jungen Seemann, der hinter ihm auf seinem Posten stand und jedes Stück seines Sektors sorgfältig kontrollierte. Der Junge wird es nicht einfach haben. Es war eine sichere Erkenntnis. Unwillkürlich fragte er sich, was er in dieser Sache würde tun können. Aber es gab wenig. Einen Antrag, Lauer zum Offiziersanwärter zu machen, hatte er bereits vor Monaten und aus völlig anderen Gründen gestellt.* Vielleicht würden ja die zuständigen Dienststellen endlich zu einer Entscheidung kommen. Mehr konnte er im Augenblick nicht tun. Zu seiner Überraschung stellte er fest, dass er den Jungen beneidete. Aber er schob den Gedanken von sich.

»Herr Kap'tän, Funkspruch von Leitstelle!« Das war die Stimme von Olm, der offenbar bereits unter dem Luk in der Zentrale stand.

Von Hassel runzelte die Stirn. Das war zu schnell für

---

* Siehe Peter Brendt, *Jagd vor Afrika*

eine Antwort, also musste es etwas anderes sein. »Bringen Sie das Ding mal rauf!«

In Windeseile erklomm Olm den Turm und reichte dem Kommandanten den Zettel. Nachdenklich überflog der Alte die Meldung, dann nickte er. »Leutnant Wellenberg, Sie übernehmen. Ich bin unten, um mir die Geschichte auf der Karte anzusehen.« Er grinste. »Ein Fernaufklärer hat gestern einen Verband aus angeblich drei Schlachtschiffen und Geleit in AL19 entdeckt. Nordwestkurs. Das ist ein paar Hundert Meilen Südsüdost von hier.«

»Jawohl, Herr Kap'tän!« Wellenberg lächelte ruhig. »Sieht so aus, als wären wir auf der richtigen Spur.«

»Hoffen wir es!« Von Hassel beugte sich über das Luk. »Ein Mann Zentrale!« Dann rutschte er auch schon an den Leiterholmen durch den engen Schacht. Minuten später stand er über den Kartentisch gebeugt und nahm Entfernungen aus dem Übersegler.

Der Steuermann sah ihm neugierig über die Schulter. »Knappe tausend Meilen. Falls die wirklich bis dicht an die Südspitze Grönlands gehen.«

»Jedenfalls gehen sie sehr weit nach Norden, genau wie unser Freund von vor ein paar Tagen.« Von Hassels Blick ruhte auf der Karte, aber in Wirklichkeit setzte er im Geiste die Stücke seines Puzzles zusammen. »Schwere Einheiten, also rechnen die Tommies damit, dass unsere dicken Schiffe ausbrechen.«

»Können die doch gar nicht.« Obersteuermann Franke schüttelte den Kopf. »Die sind nach der Norwegenaktion doch alle mehr oder weniger werftreif, außer vielleicht Hipper. Die Burschen haben ja ein seltenes Glück.«

Der Alte schüttelte seinerseits den Kopf. »Das ändert nichts. Selbst ein einzelner Schwerer Kreuzer kann ein normales Geleit zu Schrott verarbeiten. Also versuchen die Tommies genau das zu verhindern. Vielleicht wissen sie auch gar nicht über den Zustand unserer Schiffe Bescheid.«

»Aber trotzdem. Mit Verlaub, Herr Kap'tän, das klingt in etwa, als wollten die Tommies mit Kanonen auf Spatzen schießen. Außerdem müssen zu jedem Zeitpunkt Dutzende von Geleitzügen unterwegs sein. Glauben Sie, die Tommies lassen da einen derartig starken Verband auslaufen, um ein einziges dieser Geleite gegen unsere Dickschiffe zu schützen, die vielleicht, vielleicht auch nicht, ausbrechen können? Die Tommies müssen ja ihr ganzes verdammtes Empire schützen. Damit sind sie noch knapper dran als wir.« Franke schaute den Kommandanten ungläubig an.

Von Hassel lächelte nachdenklich. »Wir gehen immer davon aus, dass die Tommies viel über uns wissen. Und umgekehrt gehen die Tommies davon aus, dass wir viel über sie wissen. Aber wenn die Tommies nicht wissen, wie viele unserer Großkampfschiffe klar sind, was ist es, was *wir nicht* über die Tommies wissen?«

Franke antwortete: »Zum Beispiel, was dieser Verband im Norden sucht.«

»Eben!« Der Alte grinste. »Dann fahren wir also mal hin und sehen nach. Der Löwe hat uns ja freie Hand gegeben!«

Der Oberleutnant in der Funkstelle starrte auf den entschlüsselten Spruch. »1.) 120 cbm. 2.) 16 ATo. 6 ETo. 3.) Kläre Richtung AJ95 und südlich auf. 4.) Mit wie viel Brennstoff und wo kann gerechnet werden? 5.) Von J. an U.: Willst du meine Frau werden? – U-68, v. Hassel.« Er hob den Kopf und sah den Funkmeister neben sich an. »Wenn wir das so weitergeben, dann gibt das Ärger!«

179

Der in Ehren ergraute Funkmeister, ein Relikt des großen Krieges, zuckte mit den Schultern. »Es steht in der Funkkladde, Herr Oberleutnant. Da kriegen wir das nicht mehr raus.«

»Nee, keine Chance!« Der Oberleutnant blickte wieder auf den Funkspruch. »Also schön, ich bringe das Ding selbst in den Lagebunker. Hab dort einen Crewkameraden, der mir vielleicht sagen kann, wer ›U-Punkt‹ ist.«

»Alles klar, Herr Oberleutnant!« Der Funkmeister griente. »Immerhin ist das hier die Marine und kein Kindergarten!«

So machte sich der Oberleutnant auf den Weg und mit ihm der Funkspruch. Die dienstlichen Meldungen fanden ihren Eingang in die Lagekarte und in die Berichte, die wiederum an Vorgesetzte gingen. Der Funkspruch selbst wurde abgeheftet. Und der Oberleutnant suchte sich die Vorgesetzte der Marinehelferinnen und setzte sie diskret von Punkt fünf des Spruches in Kenntnis.

Ingeborg Neusel hatte nicht sofort die Möglichkeit, Ulrike Hartmann zur Rede zu stellen, denn diese war ja nach der Nachtschicht dienstfrei.

Doch sie tröstete sich mit dem Gedanken, dass aufgeschoben nicht aufgehoben war.

Kurze Zeit später wiederum wurde der Funkspruch aus dem Ordner entnommen und zusammen mit den anderen Sprüchen von und an U-68 dem BdU persönlich vorgelegt, der sich für die Vorgänge rund um das Aufkommen einer ungewöhnlichen Anzahl von Großkampfschiffen im Nordatlantik interessierte.

Nachdenklich ging der Admiral die Funksprüche durch und versuchte, sich aus den spärlichen Angaben ein Bild zu machen. Die Tommies hatten etwas vor. Sie waren in der Defensive. Also? Er kam bis zum letzten Blatt und überflog den Spruch. Er stutzte. Las noch einmal. Dann schüttelte er den Kopf. »Verdammt noch einmal!«

Es kam selten vor, dass der Löwe verblüfft war. Verblüfft, aber nicht verärgert. Er kannte seine U-Boot-Männer gut genug. Mit gerunzelter Stirn blätterte er rückwärts. U-68 hatte auch wegen Ratschlägen für eine Tripperbehandlung angefragt. »Hoffentlich ist das nicht der Gleiche!«, murmelte er. Dann rief er nach seinem Schreiber. »Brückner!«

Der Schreibergefreite kam zur Tür hinein. »Herr Admiral?«

»Schauen Sie mal!« Dönitz schob den Ordner über den Tisch.

Gehorsam las der Gefreite die Meldung und sah seinen Admiral fragend an. »Ich weiß nicht, was ich sagen soll, Herr Admiral.«

»Gar nichts!« Der Löwe bemühte sich, ein ernstes Gesicht zu wahren. »Wenn wir fähig sind, denen eine Antwort zu einer Tripperbehandlung zu schicken, dann können wir auch diese U-Punkt finden und die Antwort mit dem nächsten Funkspruch mitschicken. Kann ja nicht so viele junge Damen mit diesem Anfangsbuchstaben hier geben. Und finden Sie heraus, wie viele J-Punkt es auf dem Boot gibt!«

Der Gefreite salutierte zackig. »Jawohl, Herr Admiral!«

Dönitz lächelte knapp. »Und nun wieder an die Arbeit!«

Der Schreiber verschwand, und der Admiral wandte sich dem nächsten Problem zu. Die Italiener schrien nach Verstärkung im Mittelmeer. Dabei hatte er selbst gar nicht genügend Boote, vor allem nicht, falls sie wirklich eine Invasion Englands durchführen sollten. Dann würde er jedes Boot brauchen, um die Royal Navy unter Druck zu halten. Kopfschüttelnd machte er sich eine Notiz. Er würde mit Raeder darüber sprechen müssen.

Jens starrte zur gerundeten Bordwand über sich. Der Rost breitete sich weiter aus. Die Werft würde nächstes Mal eine Menge zu tun haben. Aber im Grunde interessierte ihn das im Augenblick nicht. Noch immer kreisten seine Gedanken darum, zu heiraten und Vater zu werden, und noch immer konnte er sich daran nicht gewöhnen. Selbst wenn er sich erwachsen und in der Zwischenzeit auch erfahren genug fühlte, bei diesem Gedanken musste er sich sein wahres Alter eingestehen. Und dass er nicht die geringste Ahnung hatte, wie das alles werden würde.

Dörfler betrachtete die Gestalt auf der Koje mit deutlichem Missvergnügen. Er war genau in der richtigen Stimmung, einen Streit vom Zaum zu brechen. Nicht, dass ihn irgendetwas geärgert hatte. Nicht mehr als sonst. Er war einfach nur gelangweilt. Wie jeder hier. Sie gingen ihre Wachen, sie aßen und verdauten, und die Bärte wuchsen. Und das war alles, was sie taten. Er schnüffelte. Es roch hier wie im Affenstall. Öl, gekochter Kohl, Schimmel und menschliche Ausdünstungen von Schweiß bis zu verkästem Penis. U-Boot-Mief. Den Kopfschmerz gab es gratis dazu. Wütend grollte er. »Was grübelst, Bursch?«

Daniel Berger, der, an ein Torpedorohr gelehnt, dasselbe Buch schon zum dritten Mal las, hob den Kopf. »Ich?«

»Naa, der Jens!« Er schielte nach oben. »Schaut aus, als brütet er wieder irgend an Unsinn aus!«

Jens wandte den Kopf und starrte hinunter auf den stämmigen Bayern. »Kannste nicht mal für ein paar Stunden Ruhe geben, alter Bazi?«

»Was brütst denn aus, Bursch?« Dörfler schien eher nicht geneigt, Ruhe zu geben. »Und warum hat da Alte di gestern ruf'n lass'n?«

Berger hob interessiert den Kopf. Nicht, weil es ihn wirklich interessierte. Aber es war etwas Neues, und Neues passierte auf einem U-Boot selten genug. Gesprächsthemen wurden knapp. Selbst die Erlebnisse des Urlaubs und des letzten Landganges wurden nur noch widerwillig wiedergekäut.

»Lass mich einfach in Ruh, Dörfler!« Jens schwang die Beine aus der Koje. Vielleicht konnte er dem Steuermann über die Schulter schauen, oder es gab irgendetwas zu tun. Alles war besser, als hier zu liegen und zu grübeln. Vor allem wenn Dörfler mit Fragen bohrte.

»Host Ärger?« Dörfler wartete genau den richtigen Moment ab, wie beim Abfeuern eines Geschützes. »Vielleicht a Alte angebumst?«

Alles geschah viel zu schnell. Niemand hätte etwas unternehmen können, nicht Berger, der zwischen den Torpedorohren hockte, nicht Kupinska, der in seiner Koje schnarchte, und auch keiner der anderen wachfreien Männer. Nicht einmal Dörfler, der zwischen Back und Koje eingeklemmt war, und erst recht nicht Jens, der plötzlich rotsah. Als seine Faust Dörflers Kinn traf, wusste er nicht einmal, wie er von der Koje hochgekommen war.

Der Kopf des Bayern schlug rückwärts gegen das Brett der Oberkoje. Dann setzte er sich unfreiwillig, an der Unterkoje vorbei, auf das Deck und starrte mehr verdutzt als verärgert Jens an.

Für einen Augenblick hing Schweigen im Deck. Dann

183

ächzte Berger: »Oh verdammte Scheiße!« Er starrte Jens an, der seinerseits erschrocken auf den Bayern starrte. Der Maschinist verzog das Gesicht. »Das gibt Ärger!«

Ärger war noch ein schwacher Ausdruck. In Friedenszeiten einen Bordkameraden zu schlagen konnte einem Seemann eine Disziplinarstrafe einbringen. Ein paar Extrawachen oder dergleichen. Aber dann war die Sache ausgestanden. Aber sie hatten keinen Frieden, sie hatten Krieg. Und was im Frieden mit ein paar Extraarbeiten abgetan worden wäre, war in Kriegszeiten ein Fall für eine Kommandantenmeldung, vielleicht sogar für ein Kriegsgericht, je nachdem, wie die Meldung aussehen würde. Wehrkraftzersetzung, so lautete der Ausdruck dafür.* Es war der Augenblick, in dem jeder wusste, Dörfler hatte jetzt seine Chance, Lauer fertigzumachen. Dass der Bayer den Jungen nicht leiden konnte, war ja kein Geheimnis. Aber wie man es auch drehte und wendete, Jens hatte zugeschlagen, nicht Loisl.

»Ich …« Jens brach ab. Von einem Augenblick zum anderen schien seine Welt zusammenzubrechen. Ulrike schwanger, diese Unternehmung hier und nun – auch wenn keiner das Wort in den Mund nahm – Kriegsgericht. Schwer fiel er auf die Unterkoje.

Dörfler hockte auf dem Deck und betastete sein Gesicht. *Da Bursch hot tatsächlich zuag'schlag'n!* Er angelte nach der Kante der Back und zog sich hoch.

Berger kam beinahe zeitgleich auf die Füße. »Nicht, Dörfler!«

---

* Es gibt ähnliche Tatbestände auch heute noch im Soldatengesetz, den Marinevorschriften, auch ausländischer Marinen. Merke: Schlage nie einen Kameraden an Bord, warte auf den nächsten Landgang. Es handelte sich nicht um ein spezielles deutsches Gesetz oder gar ein »Nazigesetz«.

Der Bayer schüttelte sich wie ein großer, zottiger Hund und schob mit der Hand seinen malträtierten Kiefer hin und her, aber egal wie, er hatte nicht das Gefühl, als würde der Knochen da sitzen, wo er hingehörte. Als Bergers Stimme in sein Bewusstsein drang, wandte er sich um und blinzelte. »Was ned?«

»Wenn du ihm jetzt auch eine semmelst, dann steht ihr zusammen vorm Kriegsgericht!«

Der Tripper, Kupinska, schob den Kopf aus der Koje. »Was redste denn vom Kriegsjericht?« Er blickte auf die Szene unter sich und schluckte. »Dörfler, du blutst!«

»Ja, ja!« Der Bayer starrte auf Jens hinunter, der wie ein Häufchen Elend auf der Unterkoje hockte. »Lust hätt i scho!« Er versuchte zu grinsen, verzog aber sofort wieder schmerzhaft das Gesicht. »Autsch!« Er tastete erneut. Tatsächlich, da war eine Platzwunde am Unterkiefer. Dann nickte er langsam. »›Kriegsgericht‹ sagst?« Er wandte seinen Kopf zu Berger.

Der Maschinist zuckte mit den Schultern. »Du weißt es so gut wie wir alle. Aber ich werd auch aussagen, dass du das provoziert hast, Loisl.«

»Provoziert?« Er schüttelte sich. »Du mit deine groß'n Wörter. A bisserl geärgert hab i ihn, und er hat mi dafür g'watscht.«

»Es tut mir leid, Dörfler!« Jens sah aus, als wolle er gleich in Tränen ausbrechen. »Ich weiß auch nicht, was über mich gekommen ist.«

»Da blanke Zorn, tat i sog'n!« Dörfler grinste gequält. »Koa schlechta Schlag, Bursch. Vielleicht mach ma doch noch an Mo aus dir.« Er wandte sich ab und sah Berger an. »Dani, konnst mal schaun, wia schlimm des is? I kanns ned sehn, und bevor da Tripper an mir herumfingert, nehm i liaber deine alten Ölpratz'n!« Er griff sich an den Hinterkopf. »Und a Horn hab i mir aa zua'-zog'n!«

Jens sah den Bayern verdutzt an. Er brauchte etwas, um zu begreifen, dass Dörfler ihn gar nicht melden wollte. Keine Meldung, kein Verfahren! Dörfler war der Letzte, bei dem er mit so etwas gerechnet hätte!

Aber der stämmige Seemann ignorierte ihn für den Augenblick. Mit schief gelegtem Kopf stand er unter der Lampe, während Berger die Wunde kurz inspizierte. »Nichts Großes. Pflaster drauf, und gut. Hört ja schon auf zu bluten.«

»Na, wenigst'ns was. Ned, dass i do herin die ganze Bud'n vollsau!« Beruhigt ließ der Bayer sich wieder auf der Unterkoje nieder und sah zu Kupinska auf. »Was glotzt?«

Der Gefreite blinzelte ratlos. »Ihr U-Boot-Johnnies seid doch alle verrückt!«

»Gewöhn di dran, du g'hörst jetzt aa dazu!« Dörfler griente. »Und jetzt sei a braver Bua und leg di wieda nieda, Tripper!« Er sah über den Tisch. »Und du hör auf, so blass zu schaun, is ja nix passiert!« Er zögerte. »I meld di scho ned, is ned mei Art. Außerdem hast scho gnua Ärger am Hals. Magst red'n?«

Etwa zehn Minuten früher hätte Jens Lauer jeden beliebigen Eid darauf geschworen, dass Dörfler der Letzte wäre, mit dem er über seine Sorgen reden würde. Aber das war zehn Minuten früher gewesen, bevor sich mit einem Schlag die Welt verändert hatte. Und auf einmal sprudelte alles aus ihm heraus.

Das Wetter wurde ungemütlicher und kälter, je weiter sie nach Nordwesten liefen. Mit etwas Besorgnis beobachtete Frazier den zunehmenden Wind. Zwar noch kein Sturm, aber der würde kommen, vielleicht schon in dieser Nacht. Nicht, dass sein Schiff einen Sturm nicht würde abreiten können. Die Korvette würde auf den Wellen tanzen wie ein verdammter Korken und völlig neue Rekorde im Rollen aufstellen. Er verzog das Gesicht. Und seine jungen Seeleute würden völlig neue Rekorde im Fischefüttern aufstellen.

Er sah sich auf der Brücke um. Nicht mehr lange bis zum Abendessen. Wahrscheinlich wieder Corned-Beef-Sandwiches. Maxwell war unter Deck, eine Mütze Schlaf nehmen. Der Ersatzoffizier, und bisher konnte sich Frazier noch nicht einmal dessen Namen merken, war irgendwo mit dem Bootsmann im Schiff unterwegs und kontrollierte, ob alles seefest gezurrt war.

»Signal von Farlane!« Der Signäler plierte durch sein Teleskop. »Von Henbane, weitergegeben von Farlane: Kontakt in Rot Drei-Null!«

Frazier bekam große runde Augen, aber in diesem Augenblick brüllte bereits das Horn des Schlachtschiffes los. Ein lang gezogenes Signal*, in das sich bereits die rasenden Alarmklingeln auf dem Dickschiff mischten. Auch der Lieutenant Commander drückte instinktiv den Knopf. Überall im Schiff rasten die Klingeln los. »Hart Steuerbord, der Chief soll uns geben, was er hat.« Wütend trommelte er auf die Reling. *Dreh, verdammt noch mal, komm rum!* Das Schlachtschiff begann bereits nach Steuerbord zu drehen. Weg von den drohenden Torpedos, weg von der unsichtbaren Naziröhre – und genau zu auf die kleine Korvette, die an Steuerbord Sicherung fuhr! Am Heck des gewaltigen Schiffes wirbelte ein Wasserschwall auf, als die Maschinen auf volle Fahrt gingen.

---

* Das sogenannte Manöver der letzten Sekunde, um drohender Gefahr auszuweichen. Ein langes Hornsignal und hart nach Steuerbord.

Mit einer heftigen Bewegung wirbelte Frazier herum. »Frage: Ruderlage?«

»Ruder liegt hart Steuerbord!«

Langsam begann die Goosefoot herumzuschwingen. Das Schlachtschiff nahm weiter Fahrt auf. Vielleicht sah man dort oben auf der Brücke schon nichts mehr vor lauter U-Boot-Panik. Der Wasserstreifen zwischen Goosefoot und Duke of Buckingham wurde immer schmaler. Schon konnte Frazier nicht mehr auf das Deck des Großkampfschiffes sehen.

»Signal von Farlane: Henbane unterstützen!«

Was zum … Aber Smith hatte recht. Farlane war schneller. Und so musste sie es sein, die versuchte, bei den Dickschiffen zu bleiben, während die kleineren Korvetten nach dem Wolfpack jagten. Nur musste Goosefoot erst einmal aufpassen, von dem dicken Brocken nicht einfach überrannt zu werden. Endlich schob sich das Vorkastell herum, im letzten Augenblick. Auf der Backbordseite erhob sich eine himmelhohe, grau gepönte Stahlbarriere. Frazier musste den Kopf ins Genick legen, um die Deckskante zu sehen. Die ausgeschwungenen Rohre der Mittelartillerie zogen beinahe schon über ihren Köpfen vorbei. Frazier angelte fluchend nach Halt, als die Korvette im Kielwasser des Riesen zu schwanken begann. »Stützruder!« *Nicht, dass wir auch noch mit dem Heck in ihn krachen!*

In der Ferne wummerten Wasserbomben. Henbane machte offenbar ernst, worauf sie die Dinger auch immer warfen. Der Kommandant atmete tief durch. Buckingham nahm weiter Fahrt auf, und als er nach Steuerbord blickte, sah er auf der anderen Seite den Schlachtkreuzer passieren. Der Bursche musste bereits weit über zwanzig Knoten erreicht haben. Fetter Qualm quoll aus den beiden Schornsteinen, und eine hohe

Heckwelle zeigte an, dass einhundertzwanzigtausend Pferdestärken daran arbeiteten, das Schiff weiter zu beschleunigen.

»Was macht denn der?«

Der überraschte Ausruf des Postens an den Sprachrohren war nicht unberechtigt. Noch während Frazier hinsah, kam Turm Y in Bewegung. Die Rohre hoben sich leicht, nur eine Winzigkeit. Der Skipper wirbelte herum. »Signal an Henbane: Machen Sie, dass Sie wegkommen!« Jeden Augenblick rechnete er damit, in eine Wolke säuerlichen Korditqualms gehüllt zu werden, rechnete damit, dass das dumpfe Grollen der Abschüsse der mächtigen Fünfzehnzöller über die See rollen würde – aber Reliant feuerte nicht. Reliant konnte gar nicht feuern. Weil das Zielgebiet zu nahe war, weil Reliant die Rohre hätte senken müssen, um die mächtigen Granaten ins Wasser zu schießen, dorthin, wo Henbane das U-Boot erfasst hatte.

Frazier entspannte sich etwas, als die andere Korvette abdrehte. »Signal an Reliant: Wenn ich nach dem U-Boot jage, werden Sie auf mich feuern?«

Der Signalgast zog eine Reihe Signalflaggen auf. Beinahe sofort erschien als Antwort eine einzelne Bestätigungsflagge. Frazier kratzte sich am Kinn. »Ich hoffe, das heißt nicht ›doch‹.« Er wandte sich um. »Wo bleiben die Klarmeldungen?«

»Achterdeck meldet gerade jetzt klar, Sir!«

»Danke!« Er sah den Posten säuerlich an. »Kleine Fahrt, wir müssen uns erst mal zwischen unseren großen Brüdern rausarbeiten! ASDIC soll nach dem nächsten Kurswechsel versuchen, ob wir Kontakt kriegen!« Er sah zu den beiden Dickschiffen, die an der Korvette vorbeizogen, als stehe diese im Wasser. Weiter an Steuerbord war der schwere Kreuzer offenbar ebenfalls dem

Manöver des Flaggschiffes gefolgt, und fern an Backbord versuchte die Farlane mit allen Kräften, an ihren Schützlingen dranzubleiben – ein aussichtsloses Unterfangen. Hilflos fiel die Sloop zurück. Frazier war froh, dass er nicht den tobenden Smith auf dessen Brücke erleben musste. Oder vielleicht tobte Smith auch gar nicht, vielleicht begann er bereits nachzudenken.

»Signal an Henbane: Haben Sie …« Aber der Signalgast unterbrach ihn. »Signal von Farlane an Henbane: Haben Sie irgendwelche Torpedos gesichtet?« Der Matrose sah ihn fragend an. »Verzeihung, Sir, welches Signal soll ich setzen?«

Frazier blickte kurz zur Farlane, dann wieder auf seinen Signäler. »Belege das! Der Chef hat schon gefragt.«

Der Matrose blinzelte kurz, dann wandte er sich wieder seinen Flaggen zu. Einen Augenblick später meldete er. »Von Henbane an Farlane: Negativ!«

Der Kommandant kratzte sich kurz am Kinn. *Seltsam … aber vielleicht haben sie nur keine gesehen.* Inzwischen hatte das Heck des Schlachtkreuzers die kleine Korvette passiert. Noch immer schwankte die Goosefoot wie angetrunken in den Strömungen und Wellen zwischen den beiden mächtigen Rümpfen, die mit voller Kraft durch die See pflügten. *Die Herren der See … aber wir sind nur die Putzfrauen, also an die Arbeit!* Er grinste ob dieses Gedankens. »Hart Steuerbord, halbe Fahrt voraus!« Er nickte dem Signäler zu. »Signal an Henbane: Haben Sie Kontakt?« Er hob das Glas und beobachtete die andere Korvette, die mit Brassfahrt einen Kreis schlug. Er kannte die Antwort schon, bevor der Signalgast die Meldung aussang. »Kontakt verloren!«

»Also gut, schauen wir selbst mal nach. ASDIC soll die Ohren aufsperren. Und unser Horcher auch.« Er wandte sich zum Befehlsübermittler. »Der Rudergänger soll sich Steuerbord in Dwarslinie an Henbane anhängen. Aber mit einer halben Meile Abstand.«

»Farlane signalisiert wieder!« Der Signalgast studierte das Signal durch sein großes Teleskop. »Aufschließen zum Flaggschiff!« An der Signalrah flitzte das Bestätigungssignal in die Höhe. Aber da entfaltete sich bereits das nächste Signal ihres Gruppenchefs auf Farlane. »Kontakt in Rot Zwo-Null!«

Frazier sah zur Farlane, dann wieder zur Henbane, dann wieder zur Farlane. Die Sloop stand Steuerbord achteraus, aber immer noch Backbord achteraus von den schweren Schiffen. *Zu weit weg, als dass so eine verdammte Röhre in der kurzen Zeit Henbane entkommen sein kann und bereits im ASDIC von Farlane auftaucht. Zu weit weg … zu wenig Zeit …* Er wandte sich zu den Dickschiffen um, und in seinem Kopf hämmerte es. *Zu wenig Zeit …* Aber da blinkte auf dem Signaldeck des Schlachtkreuzers auch bereits ein Scheinwerfer auf. Lang–Pause–Lang–Pause–Lang, TTT.

Irgendwo auf der hohen Brücke hatten sie Torpedolaufbahnen entdeckt!

Auch auf der Farlane blitzte ein Scheinwerfer auf, klein und kümmerlich, verglichen mit dem Morsescheinwerfer des Schlachtkreuzers Reliant. »Laufbahn NNW des Verbandes!«

»Hart Steuerbord!« Frazier blickte sich um. Schon schoren die großen Schiffe nach Steuerbord aus. In die Laufbahn, kleines Ziel bieten, genau nach Lehrbuch. *Wie bietet man ein kleines Ziel mit einem Vierzigtausendtonnenschiff?* Er blickte nach vorn. Die Mittelartillerie der Buckingham hatte auf der abgewandten Seite das Feuer eröffnet, aber er konnte nicht erkennen, worauf. Gleich darauf fiel auch die Reliant in das Feuer ein.

191

Dumpfe Abschüsse rollten über die See, vermischt mit dem Knattern leichter Flak. Irgendwo vor dem Schlachtschiff wurde die See regelrecht umgepflügt. Aber es war zu spät. Mit morbider Faszination sah Frazier eine glänzend weiße Wassersäule am Rumpf der Buckingham in die Höhe steigen. Und dann noch eine und noch eine! Hell standen die Einschlagsäulen vor dem schnell dunkler werdenden Himmel.

Kapitänleutnant Hentrich blickte kurz auf den Funkspruch, den sein IWO ihm hinhielt. Dann brummte er. »Im Planquadrat AJ31 eine Aufklärungsposition besetzen. U-68 in AJ95 und zwei weitere Boote südlich davon. Dann sucht mal die warmen Klamotten raus, Jungs.«

Der Oberleutnant quittierte seine Bemerkung mit einem zerquetschten Grinsen. »Das ist ein verdammt langer Aufklärungsstreifen mit so wenigen Booten.«

Hentrich nickte langsam. »Und sehr weit westlich.« Er hob das Glas, aber die See war leer. *Die Lücken sind riesig. Wer hat sich das nur ausgedacht?* »Die schlauen Jungs im Stab müssen mit einem Geleitzug rechnen. Vielleicht 'ne B-Dienst-Erkenntnis.«

Der Oberleutnant warf einen prüfenden Blick auf seinen neuen Kommandanten. Noch immer erwartete er, seinen alten Alten da stehen zu sehen. *Der Neue muss erst mal beweisen, was er kann.*

Die Jagd nach U-Punkt begann beinahe komische Züge anzunehmen. Natürlich lag die Vermutung nicht weit, dass es sich um eine Marinehelferin handeln musste. Und dass es eine der wenigen sein musste, die Zugang zu Funksprüchen hatte. Sonst wäre ja die Frage mit dieser kryptischen Adresse nie zu ihr gekommen. Da es jedoch in dieser Zeit eine Reihe beliebter Mädchennamen mit U gab, wie Ursula, Ute oder eben auch Ulrike, gab es mehrere Verdächtige. Und der brave Schreiber des Löwen hatte nicht die Absicht, alle diese jungen Damen nach Heiratsplänen zu befragen. Stattdessen wandte er sich an die Marinehelferin im Unteroffiziersrang, die die Aufsicht über die Marinehelferinnen in der Leitstelle hatte. Und natürlich sicherte Ingeborg Neusel ihm auch zu, sich um das Problem zu kümmern, in völliger Unkenntnis darüber, woher eigentlich ursprünglich der Befehl gekommen war, sich um diese Angelegenheit zu kümmern.

Und als Ulrike zur Nachtschicht erschien, wartete Ingeborg bereits auf sie. »Guten Abend. Nett, dass du mich ablöst.«

Ulrike sah demonstrativ auf die Uhr. Tatsächlich waren es noch fünf Minuten bis zur Ablösung, aber sie wusste ganz genau, dass sie es der Neusel nie würde recht machen können. Warum es also überhaupt versuchen? Stattdessen lächelte sie nur und nickte. »Na, jetzt bin ich ja da, und du kannst Feierabend machen. Liegt irgendetwas Wichtiges an?«

»Im Nordatlantik scheint sich etwas anzubahnen. Und vor Gibraltar hat's ein Boot erwischt, die haben sich trotz wiederholter Aufrufe nicht mehr gemeldet. Die Notiz liegt noch auf dem Schreibtisch.«

Ulrike zuckte etwas zusammen. *Erwischt!* Das klang wie Kinder beim Spielen. Nur dass dieses Boot und diese Besatzung nie zurückkommen würden. Seit sie Jens kannte, waren die Boote nicht mehr anonym. Keine bloßen Nummern hinter einem U mehr. Aber wenigstens – vor Gibraltar, das bedeutete, es konnte nicht Jens' Boot sein. Nicht U-68. »Ich kümmere mich darum.«

»Darum möchte ich auch gebeten haben.« Ingeborgs Stimme klang scharf. Sie beobachtete das Gesicht der Hartmann. »Da ist noch etwas!«

»Was?«

Ingeborg runzelte die Stirn. »Der Schreiber des Admirals war hier. Es gibt da einen Funkspruch von U-68 an eine U-Punkt.« Sie legte eine kleine Pause ein. Die andere zappelte ja richtig vor Ungeduld. »Na ja, jedenfalls habe ich mir die Freiheit genommen, mal die Funkkladde in der Funkstelle und unsere Originale zu vergleichen.« Sie lächelte knapp. »Dabei habe ich natürlich deine kleine Privatmeldung gefunden.«

Ulrike schluckte, aber sie riss sich zusammen. »Und?«

»Einen Funkspruch zu verändern ist ein schweres Dienstvergehen. Beim nächsten Mal kommt vielleicht jemand auf die Idee, das U-Boot des Freundes in sonnigere Gewässer zu schicken. Jedenfalls hatte ich keine andere Wahl, als den Vorfall zu melden.« Ingeborg machte ein ernstes Gesicht, aber sie konnte das triumphierende Funkeln in ihren Augen nicht verbergen. »Vielleicht wird man die Sache in Anbetracht deines … äh … Zustandes mit einer gewissen Milde behandeln. Aber auf das Fälschen von Dienstnachrichten stehen schwere Gefängnisstrafen.«

Ulrike ließ sich ungefragt auf einen Stuhl plumpsen. Natürlich hatte Ingeborg den Vorfall gemeldet, und wahrscheinlich mit dem größten Vergnügen. Damit hatte sie rechnen müssen. Aber ebenso natürlich übertrieb ihre Vorgesetzte. Sie hatte den Spruch nicht verändert, sondern etwas hinzugefügt. Selbst wenn es hart kam, mehr, als dass man sie bei den Marinehelferinnen rausschmiss, konnte gar nicht passieren. Und nach Lage der Dinge würde sie ja sowieso nicht bleiben können, wenn das Kind erst mal da war. *Also gut, das blonde Luder wird die Neuigkeit, dass ich ein Kind von einem Seemann erwarte, überall herumerzählen. Soll sie doch!* Als sie Ingeborg wieder ansah, spielte ein leichtes Lächeln um ihre Lippen. »Das wird sich alles zeigen. Und da du ja nun auch den Grund kennst, weißt du, dass ich ohnehin nicht mehr lange hier bin, nicht wahr?«

Ihre Vorgesetzte sah sie wütend an. Sie hatte gehofft, dass Ulrike in Panik geraten würde. Dass die Dunkelhaarige ihr Spiel so mühelos durchschaute, empfand sie als Frechheit, sozusagen als eine persönliche Beleidigung mehr.

Jens' Freundin zuckte nur mit den Schultern. »Damit solltest du zufrieden sein.« In ihrer Stimme klang jetzt die Spur einer Warnung mit. »Was hat Jens geantwortet?«

»Ich habe den Spruch nicht mehr, der ist irgendwo in der Ablage. Aber ich glaube, dein kleiner Seemann hat es sich anders überlegt.«

Ulrike starrte sie an. »Wieso?«

»Er hat gefragt, ob das Kind von ihm ist.« Ingeborg erwiderte ihren Blick mit offensichtlicher Schadenfreude und einem Triumphgefühl. »Seeleute, nicht umsonst werden wir immer wieder gewarnt.« Sie warf einen langen Blick auf die geschlagene Ulrike. »Also, ich geh dann mal. Eine ruhige Schicht wünsch ich dir!« Sie griff nach ihrer Tasche und verschwand mit schnellen Schritten. Sie hatte die Unterhaltung mit Ulrike genossen, aber es gab auch noch andere wichtige Dinge in ihrem Leben. Man musste ja schließlich Prioritäten setzen.

Ulrike saß in der leeren Schreibstube und starrte blicklos auf die geschlossene Tür. Gedanken wirbelten durch ihren Kopf. *Jens ist nicht so ... aber andererseits, Seeleute ... aber nicht er. Nicht er!* Verzweifelt versuchte sie sich an diesen Glauben zu klammern, aber je mehr sie daran festhielt, desto größer wurden auch die Zweifel. *Und will ich ihn überhaupt heiraten? Ich bin jung, zu jung, um mich festzulegen ...* Doch warum weinte sie dann?

Die Einschlagsäulen fielen wieder in sich zusammen, und der Bug der Buckingham schob sich weiter. Auf dem Vorschiff, noch vor dem vorderen Vierlingsturm breitete sich Rauch aus, der aber vom Fahrtwind beinahe sofort wieder mitgerissen wurde. Der Wasserschwall am Heck des Schiffes wurde kleiner, als die Maschinen gestoppt und umgekoppelt wurden. Erneut brüllten die Türme der Reliant auf, aber auf dem Vorschiff der Buckingham feuerte nur noch der kleinere, der Zwillingsturm. Frazier konnte die fedrigen Einschläge nicht sehen.

»Signal! Buckingham an Reliant und Stirling: Neuer Kurs NW! Die Tribals sollen die U-Boot-Jagd unterstützen!«

Der Lieutenant Commander schwenkte das Glas herum. Die beiden Zerstörer schossen bereits in dichter Dwarslinie heran. An der Rah des vorderen Tribals schossen Flaggen in die Höhe.

»Trojan an Farlane: Erbitte Anweisungen!«

Frazier blinzelte verdutzt. Das war was Neues, dass ein Flottenzerstörer eine Sloop fragte. Er blickte hinüber zum Gruppenchef. Aber in der Rah erschien nur ein einfacher schwarzer Wimpel. Der Alte schluckte. Farlane lief bereits volle Fahrt. Er konnte sich die Situation auf der Brücke der Sloop gut vorstellen. Das Ping des Echolots, gerufene Meldungen und Bestätigungen.

Und inmitten all dessen Commander Smith, den Blick starr auf ein Stück Wasser voraus gerichtet.

»Signal an Trojan: Freihalten von Farlane! Schwenken Sie hinter mir ein!« Frazier klang heiser vor Aufregung. »ASDIC soll Backbord voraus suchen!«

Unschlüssig schwenkten die Zerstörer in einem weiten Bogen, um hinter die Goosefoot zu kommen. Die großen Flottenzerstörer mit ihren weit über vierzigtausend Pferdestärken liefen sechsunddreißig Knoten, und es konnte nur Minuten dauern, bis sie die einsame Korvette überholen würden.

»Kontakt in Rot Eins-Fünf!« Die Meldung kam vom Posten an den Sprachrohren, der sie vom ASDIC erhalten hatte. Frazier blickte durch sein Glas nach Backbord voraus. Der Bug der Farlane schob sich von links her in sein Blickfeld. Schon flogen seitlich Wasserbomben weg, während am Heck weitere Ladungen einfach aus den Schienen rollten. Er hielt den Atem an.

Hinter Farlane wurde das Wasser in die Höhe gerissen, als die Wabos krepierten. Der Gruppenchef hatte offensichtlich flach geworfen.

»Signal an Trojan: Tiefe hundertfünfzig bis zweihundert Fuß, Peilung Rot Drei-Null!«

Der Posten an den Sprachrohren schnappte nach Luft. »Sir, ASDIC meldet, Kontakt verloren!«

Das war zu erwarten. Das Wasser ist durch die Bomben aufgewirbelt! »Er soll versuchen, die Naziröhre wiederzufinden.« Er beobachtete die beiden Zerstörer, die etwas weiter nach Backbord hielten. Grauer Rauch stieg aus den Schornsteinen und wehte durch den Fahrtwind nach achtern aus wie lange Wimpel. Hoch an der Rah wehten die Gefechtsflaggen, während die Schiffe auf ihr unsichtbares Ziel zuschossen, den Bug hoch aus dem Wasser, mit einer Bugwelle, die beinahe bis zum

Deck reichte, das Heck so tief ins Wasser gegraben, dass es beinahe überspült wurde. Ein Anblick von mörderischer Schönheit.

»Von Farlane: Öl, keine Wrackteile!«

Frazier griente. *Manchmal ist der Chef genial!* »Also keine Versenkung! Der schwarze Wimpel kam etwas zu früh!« Aber er konnte sich gut vorstellen, wie der U-Boot-Kommandant durch sein Sehrohr die Sloop auf sich zustürmen sah, den schwarzen Wimpel an der Rah. Der Deutsche musste gewusst haben, was der Wimpel aussagte – er hatte sich nur nicht in Panik versetzen lassen. Seine Stimme klang völlig ausdruckslos. »Signal an Tribals: Ran an den Feind!« Er lächelte. »Steuerbord fünf!«

Während die Korvette etwas mehr Platz machte, schossen die beiden Zerstörer vorbei, sauber in Dwarslinie. Ihre Bomben fielen gleichzeitig, und die Werfer schleuderten weitere Ladungen zu den Seiten weg. Als die Ladungen krepierten, waren die schnellen Schiffe schon weit genug entfernt, um keinen Schaden mehr zu nehmen.

Eine Serie dumpfer Explosionen tief im Wasser wirbelte die See auf. Große Kreise schaumigen Wassers erschienen, ein ganzer Teppich.

»Backbord fünf!« HMS Goosefoot schwenkte auf den alten Kurs zurück und schob sich näher. Wie ein Blindenstock suchte das ASDIC die Tiefe ab.

»Kontakt in Grün Eins-Fünf!« Die Stimme des Postens überschlug sich fast. »Bewegt sich nicht!«

Frazier verzog das Gesicht. *Natürlich bewegt er sich, nur genau weg von uns, und so bleibt die Peilung gleich.* »Steuerbord zehn, AK!« Er wartete einen Augenblick. »Klar zum Werfen, tiefe Einstellung!«

Wieder grollten die dumpfen Explosionen. Es war in

der Zwischenzeit beinahe dunkel geworden. Aber das machte keinen Unterschied mehr. Ein getauchtes U-Boot war langsam, es konnte nicht weit weg sein. Bei so vielen Jägern war es eine Geduldsfrage, bis den Jerries einfach Luft oder Strom ausging.

»Signal von Buckingham: Jagd abbrechen, aufschließen zum Flaggschiff!«

Frazier fuhr herum. Schon blinkte wieder der Signalscheinwerfer. »Verbandskurs: NW!« Er schüttelte den Kopf. »Was zur Hölle …«

»Farlane bestätigt!«

Der Kommandant fühlte sich plötzlich sehr müde. »Also gut, bestätigen Sie. Nehmen Sie den Scheinwerfer.« Er blickte zurück, dorthin, wo die weißen schaumigen Kreise in der See gerade noch sichtbar waren. Es würden auch andere Tage kommen.

Der Sturm kam während der Nacht. Zuerst Regen, dann eiskalter Wind, der sich innerhalb von Stunden zu einem Sturm auswuchs. Als der Morgen anbrach, sahen die Männer der Turmwache beinahe nichts davon. Der ganze Himmel war eine einzige schwarze, rasende Wolkendecke. Von der Sonne war keine Spur zu sehen.

Die See selbst hatte eine dunkelgraue Farbe angenommen, und in endlosen Reihen zogen die Wellenberge ihres Weges. In Abständen von ein paar Sekunden kletterte das Boot diese Berge empor und krachte auf der anderen Seite wieder hinunter ins nächste Wellental. Tief bohrte sich das lange Vorschiff dann in die Flanke des nächsten Brechers, und der Wellenberg überflutete das Boot bis über den Turm und ließ die Turmwache hustend und nach Luft schnappend hinter sich. Ohnehin konnte keiner mehr ohne die Sicherheitsleinen Wache gehen. Zu groß war die Gefahr, dass

199

einer der Männer auf Nimmerwiedersehen von einem der Brecher mitgenommen wurde.

Unten in der Zentrale starrte von Hassel ratlos auf die Karte. Noch immer trennten sie ein paar Hundert Seemeilen von der Südspitze Grönlands. Als der Bug sich wieder steil nach unten richtete, hielt er sich am Kartentisch fest. Hinter ihm rutschte die Apfelkiste gegen den Christbaum, und Hänisch, der sich an den Ventilen festklammerte, fluchte vor sich hin.

Für einen ewig langen Augenblick überlief der Brecher die Ansaugöffnungen der Diesel, und die lufthungrigen Aggregate saugten die Verbrennungsluft aus dem Bootsinneren. Während die Abgase ins Innere der Röhre ausgestoßen wurden, saugten die Diesel gleichzeitig Verbrennungsluft an. Männer husteten und hielten sich die Ohren, weil der Druck plötzlich abfiel.

Dann war der Brecher über das Boot gelaufen, und der Bug hob sich wieder. Mit einem Knall öffneten sich die Ansaugstutzen, und der Druck normalisierte sich.

Von Hassel spürte, wie es in seinen Ohren knackte, und ein greller Schmerz zuckte durch seinen Kopf. Auch er verspürte Lust, zu fluchen, aber das allein würde kaum helfen. Er sah in das bärtige Gesicht des Steuermannes. »Wie viel Fahrt machen wir noch über Grund, was schätzen Sie, Franke?«

Der Obersteuermann verzog das Gesicht. »Kann ich nicht sicher sagen. Vielleicht zwei oder drei Knoten.«

Zwei oder drei Knoten? Von Hassel wusste, dass Franke recht hatte. Das hier war ein ausgewachsener Nordatlantiksturm. Und das Schlimmste war, es konnte durchaus ein oder zwei Wochen so weitergehen. Wütend wandte sich der Alte zum Leitenden um. »Was sagen Sie, LI? Unterwassermarsch und nur auftauchen, um die Batterien zu laden?«

Oberleutnant Wegemann runzelte die Stirn, während er sich am Sehrohrschacht festhielt. »Das bringt auch nicht viel mehr, Herr Kap'tän. Sagen wir zwölf Stunden bei vier Knoten, bevor wir laden müssen?«

Auch nicht gerade die Welt, aber mehr, als sie über Wasser machen konnten. Von Hassel nickte. »Alles klar, LI. Dann ruft mal die Turmwache runter, wir tauchen.«

Der Steuermann grinste gequält. »Die armen Kerle können sowieso nicht mehr Ausschau halten. Sind zu sehr damit beschäftigt, zu ertrinken.« Er ging selbst ans Sprachrohr. »Zentrale: Einsteigen, wir tauchen!«

Ein eiskalter Wasserschwall kam aus dem Turmschacht, dann erschien der erste Mann. Fluchend und hustend rutschten sie einer nach dem anderen die Leiter hinunter, gefolgt von einem weiteren Wasserschwall, der gluckernd in der Bilge verschwand. Von oben erscholl der Ruf: »Turmluk ist dicht!« Dann erschien Rudi Schneider, wie seine ganze Wache in Ölzeug und Südwester. Er schüttelte sich, und Wasser spritzte in alle Richtungen. »Verdammtes Sauwetter!«

Von Hassel verzog das Gesicht zu einem amüsierten Grinsen. »Aber, aber, IWO! Sie wissen doch, Seefahrt tut not!«*

Rudi Schneider riss sich den Südwester vom Kopf und sah seinen Kommandanten an. »Verdammt, Seefahrt ist Not!« Er grinste. »Aber ich darf mich nicht beschweren, ich hab's mir ja selber so ausgesucht.«

---

* Zitat nach Johann Wilhelm Kinau, bekannter als Gorch Fock. Kinau war ein deutscher Seefahrtsdichter. Er fiel 1916 in der Skagerrakschlacht. »Seefahrt tut not« war auch das Motto einer Marinewerbekampagne von 1940.

Seetag 28

Für Ulrike vergingen die Tage und Nächte wie in einem Traum. Nur war es kein angenehmer Traum, mehr ein Albtraum. Sie erfüllte ihre Aufgaben mit mechanischer Gleichgültigkeit, und selbst die Versuche der Neusel, sie zu provozieren, prallten an ihr ab. Als könne die Blonde sie gar nicht mehr erreichen.

Sie wusste, dass sie keine große Auswahl hatte. Sicher, wenn dieser Krieg andauerte, würde es viele Frauen mit Kindern und ohne Mann geben. Aber es gab Unterschiede. Unterschiede, für die nicht nur sie selbst, sondern auch ihr Kind würde bezahlen müssen. Die Menschen waren nicht nett. Niemand würde zu ihr sagen: »Armes Kind, ich helfe dir!« Nein, die Menschen würden sie als Hure beschimpfen, so wie ihr Vater es getan hatte. Und sie würden sie auch so behandeln. Weil eine Frau allein gar nichts war. Oder vielleicht doch. Jagdbeute. Und je weiter es bergab ging, desto eindeutiger würden die Angebote werden, so war es doch? Selbst sie hatte davon gehört. Und ihr Vater hatte sich ja in der Zwischenzeit ganz deutlich geäußert. Entweder, sie ließ »es« wegmachen, oder er hatte keine Tochter mehr. Nur dass sie meinte, »es« ständig zu spüren, wie es in ihr wuchs.

Die Schiffe rollten schwer im Seegang. Aber was die Dickschiffe nur in zögerliches Rollen versetzte, ließ die kleine Goosefoot wie einen Korken auf den Wellen tanzen. Das Schiff rollte und stampfte, dass es manchmal beinahe unmöglich erschien, einen einigermaßen geraden Kurs zu steuern.

Lieutenant Maxwell klemmte sich in die Brückennock und sah dem ständigen Anrollen der Brecher zu. Für den Augenblick hatte er die Seekrankheit wohl hinter sich. Vielleicht, weil nichts mehr in ihm war, das er Neptun hätte opfern können. Vielleicht, weil ihm endlich Seebeine wuchsen, wie man so sagte.

Ein Scheinwerfer blitzte durch die Nacht, und der Signalgast der Wache quittierte kurz mit einem einzelnen Blinkzeichen. »Von Flaggschiff: Klar zur Kursänderung, Sir! Vorbereitungssignal!«

Maxwell nickte bestätigend. »Auf Ausführungssignal achten.« Mit Grausen dachte er daran, was passieren würde, sollten sie dem Schlachtkreuzer vor den Bug geraten. Das Flaggschiff fuhr an der Spitze der Dickschiffe, nachdem das beschädigte Schlachtschiff entlassen worden war, um nach Portsmouth zu laufen, und der Admiral seine Flagge auf Reliant gesetzt hatte. Aber auch wenn der alte Schlachtkreuzer kleiner war als die Buckingham, er war, verglichen mit einer Korvette, immer noch gewaltig.

»Ausführung!«

Maxwell beugte sich über das Sprachrohr. »Steuerbord zehn!«

Das Schiff legte sich etwas mehr auf die Seite und quälte sich durch ein Wellental. Für einen Augenblick starrte Maxwell nach Backbord in die Dunkelheit. Das Fehlen des Windes verriet dem jungen Offizier, dass etwas von dieser Seite kam.

Er blinzelte. Das Erste, was er erkannte, war weißer Schaum. Er klammerte sich fest, aber da rollte bereits der Brecher über sie. Als koche es, so brodelte das Wasser um und über das Vierzollgeschütz auf der Back.

Maxwell und seine Wache fanden sich plötzlich in eiskaltem Wasser wieder, das brodelnd und sprudelnd die
offene Brücke füllte.

Tausende und Abertausende von Tonnen Wasser versuchten, das kleine Kriegsschiff zu überrollen. Schwer
legte sich der Walfängerrumpf nach Steuerbord über,
und Wasser verschwand gurgelnd durch das Speigatt.
Für endlos scheinende Augenblicke lag das Schiff beinahe auf der Seite. Das Poltern und Scheppern unter
Deck verriet, dass wieder ein paar Teller hatten dran
glauben müssen. Im Vorkastell purzelten Männer aus
den Hängematten, die in einem unmöglichen Winkel
nach Steuerbord ausschwenkten.

Dann, ganz plötzlich, war der Brecher über sie hinweg. Das kleine Schiff richtete sich wieder auf. Nicht
mit der Behäbigkeit eines Dickschiffes, natürlich nicht.
Der Rumpf federte geradezu zurück in die aufrechte
Lage und, getragen von diesem Bewegungsmoment,
darüber hinaus, um beinahe sofort wieder zurückzurol-
len.

Spuckend und hustend versuchte Maxwell, etwas zu
erkennen. Der Bug kam herum, auch wenn der Kompass wie betrunken vorwärts- und rückwärtsschwang.
Schon kam der nächste Brecher, aber dieses Mal mehr
von achtern. Das runde Heck schwang in die Höhe,
und für einen Augenblick sah Maxwell verdutzt nach
unten in das Wellental. Aber der zweite Brecher tat
nichts weiter, als unter dem Schiff durchzulaufen. Kräfte addierten und subtrahierten sich, und die Physik tat
ihr gnadenloses Werk. Hatte sich die Goosefoot vor ein
paar Herzschlägen noch über sechzig Grad zur Seite geneigt, so stand sie nun fast im selben Winkel auf dem
Kopf. Schraube und Kraft des Brechers wirkten nach
vorn, während die Schwerkraft nach unten wirkte. Was

für die Korvette in diesem Augenblick allerdings das Gleiche war. Als das Schiff mit voller Kraft in den Rücken des Brechers schlug, der sie gerade überrollt hatte, erzitterte der Rumpf, und alle Verbände knarrten gequält vor sich hin. Aber Schritt für Schritt kämpfte sich das Schiff herum und kam auf den neuen Kurs.

Der ganze Verband änderte Kurs und damit seine Position zum Flaggschiff. Die Buckingham war entlassen, um mit ein paar Hundert Tonnen Wasser im Bug in den sicheren Hafen zu laufen. Reliant als neues Flaggschiff fuhr an der Spitze der Dickschiffe, und der neu hinzugestoßene Kreuzer Excalibur machte das Schlusslicht hinter der Stirling und dem Flottentanker Eldergate, der mit der Excalibur gekommen war.

Goosefoot, die vorher an Steuerbord mitgelaufen war, kam durch den Kurswechsel in eine achterliche Position, während die Farlane sich nun noch vor den Zerstörern an der Spitze befand und Henbane ungefähr auf Höhe der Stirling an der Steuerbordseite lief. Nur die Backbordflanke war weit offen. Die Linie der Dickschiffe zog sich über beinahe zwei Meilen hin. Fünf Geleitfahrzeuge sollten ein Gebiet von mindestens zehn Quadratseemeilen überwachen, wobei mindestens drei von ihnen, nämlich die Sloop und die beiden Korvetten, gleichzeitig ständig von sechzig Grad auf der einen Seite zu sechzig Grad auf der anderen Seite rollten und zusätzlich versuchten, sich auf den Kopf zu stellen, während sie mit Schussfahrt in das nächste Wellental rauschten.

»Da ist es wieder, Herr Kaleun!« Der Ausguck musste brüllen, um sich gegen das Heulen des Sturmes verständlich zu machen.

Dieter Hentrich hob das Glas, richtete sich auf und

205

spähte nach Backbord, beinahe am ausgestreckten Arm des Seemannes entlang.

»Aaachtung!«

Der Alte duckte sich und presste das Glas gegen seine Brust. Aber da half alles nichts. Der Brecher lief einfach über das lange Deck, flutete um die Zehn-Fünf herum und brach sich mit Donnergetöse am Turm, bevor die Gischt in langen Fahnen emporstieg, den Wellenabweiser mit der Gleichgültigkeit aller Naturkräfte einfach ignorierte und, aufgepeitscht vom Wind, über die Männer hereinbrach.

Es hätte schlimmer sein können, wenn der Sturm beispielsweise von achtern gekommen wäre. Aber es reichte auch so.

Eiskalt lief das Wasser unter das Ölzeug und vor allem über die lebenswichtigen Gläser.

Hentrich dachte nach. Bevor der Warnruf gekommen war, hatte er nur einen kurzen Blick in die Richtung werfen können. Der Seemann hatte richtig gesehen, da hatte ein Signalscheinwerfer geblinkt. Schwer zu sagen, wie weit entfernt, aber zumindest hatte das Licht ziemlich ruhig ausgesehen. Und das konnte nur eines bedeuten. *Es muss ein verdammt großes Schiff sein. Edelwild.*

Er schlug dem Wachoffizier auf die Schulter. »Einsteigen, wir tauchen!« Er musste brüllen, und im nächsten Moment brach schon wieder ein Brecher über ihnen zusammen.

Einer nach dem anderen verschwand im Luk. Hentrich stieg als Letzter ein und schlug den Deckel zu. Als er in die Zentrale hinunterrutschte, neigte sich der Bug bereits nach unten. Er riss sich den Südwester vom Kopf und nickte dem LI zu. »Sechzig Meter. Mal sehen, was unser Horcher hören kann!«

Sekunden reihten sich aneinander. In der Zentrale wurde wenig gesprochen. Nur die Befehle des Leitenden und das gelegentliche Knacken der Hülle, die sich dem zunehmenden Druck anpasste, unterbrachen die Stille.

»Vorn unten fünf, hinten oben fünf!« Der LI wartete einen Augenblick. »Vorn oben fünf, hinten unten fünf ... uuuuund null!«

»Kleine Fahrt! IWO, Sie übernehmen die Zentrale, ich bin im Funkschapp!« Er jumpte durch das Mannloch.

Der Funker lauschte in die Kopfhörer. Als er die Anwesenheit seines Kommandanten bemerkte, nickte er knapp. »Ich höre sie! Große Entfernung, Backbord querab!«

»Sie?«

Der Funker lauschte und bewegte das Handrad vorsichtig hin und her. »Mindestens drei große Brocken. Vielleicht vier, schwer zu sagen. Große, langsam drehende Schrauben.«

Große Schrauben, kleine Drehzahl. Hentrich runzelte die Stirn. Das hörte sich eher nach einem Geleit an. Entschlossen nickte er. »Wir gehen wieder hoch und versuchen uns vorzusetzen.« Er dachte kurz nach. »Einer der Dampfer ist wahrscheinlich ein Kriegsschiff.« Wieder erinnerte er sich an das geisterhaft aufblinkende Licht. »Ein großes Kriegsschiff.«

Minuten später tauchte U-122 wieder in der wirbelnden See auf und drehte den Bug mehr und mehr nach Westnordwest. Immer wieder sahen sie das kurze Blinken der Morsesprüche, aber es schien, als würden sich die Schiffe sehr schnell bewegen. Zu schnell für das Boot. Resigniert mussten sie die Jagd aufgeben. Wer immer da auch durch den Atlantik fuhr, offensichtlich

207

machte es ihm nichts aus, ungefähr sechzehn Knoten Marschgeschwindigkeit zu halten. Mehr, wenn man bedachte, dass ein Geleitzug normalerweise zackte. Kurz vor Mitternacht ging die Meldung hinaus. »Verband mit mindestens einem großen Kriegsschiff in Planquadrat AK1545, sechzehn Knoten, Generalkurs NW.« Allerdings stand U-122 nicht in AK1545. Seit zwei Tagen hatten sie kein Besteck mehr nehmen können, und der Sturm hatte sie weiter nach Süden versetzt, als sie angenommen hatten.

Seetag 30

Von Hassel las noch einmal über die Eintragung im KTB. »Seegang und Windstärke 12 aus West, Waffeneinsatz unmöglich, Boot seeklar. 48 cbm, 16 ATos, 6 ETos.«

Der Vorhang bewegte sich, und Rudi Schneider steckte den Kopf hindurch. Er lächelte verschmitzt. »Ich habe frischen Kaffee, Herr Kap'tän!«

Der Kommandant klappte das Tagebuch zu. Es gab dazu ohnehin nichts mehr zu sagen. Er rutschte weiter auf seine Koje und machte eine einladende Geste. »Dann sind Sie willkommen!« Er zwang sich zu einem müden Grinsen. »Immer heran damit!«

Schneider füllte den Blechbecher auf dem Schreibtisch und schob ihn seinem Kommandanten zu. »Zucker ist leider aus!« Vorsichtig stellte er die Kanne ab.

Von Hassel nahm einen Schluck und verzog unwillig sein Gesicht. »Wenn Zucker bloß das Einzige wäre, was uns ausgeht!«

»Ich weiß!« Schneider zuckte mit den Schultern. »Der LI macht ein unglückliches Gesicht deswegen.«

Von Hassel winkte ab. »Der BdU wird uns nicht hängen lassen. Aber der verdammte Sturm kostet uns Zeit.«

»Glauben Sie wirklich, dass wir dort ein englisches Geleit finden?«

»Ich habe so ein Gefühl.« Der Alte lächelte unsicher. »Aber ich weiß nicht, ob die Tommies genau zu dem Zeitpunkt da sind, wenn wir dort ankommen.«

Der IWO nickte. »Verstehe. Laut den letzten Funksprüchen sind ja auch noch drei andere Boote unterwegs.« Er grinste. »Haben Sie die Unterschrift gesehen?«

Von Hassel nickte. »Ich habe unseren alten IWO nicht so schnell hier draußen erwartet. Und war 122 nicht Loofs Boot?«

»Glaube schon, Herr Kap'tän. Aber heutzutage passiert ja alles so schnell, da kommt kaum einer mehr mit.«

Die beiden Männer verfielen in Schweigen, und jeder hing seinen Gedanken nach.

Also war Hentrich jetzt auch irgendwo hier unterwegs und steckte vielleicht schon im gleichen Sauwetter. Noch vor ein paar Wochen war er hier IWO gewesen*, im Nachhinein ein seltsamer Gedanke.

Der Admiral blätterte durch die Funksprüche. Es war eine ruhige Zeit. Vor ein paar Tagen hatten gleich mehrere Boote einen Verband von schweren Einheiten gemeldet, der mit nordwestlichem Kurs im Atlantik kreuzte. Ein Boot hatte einen Einzelfahrer erwischt. Aber ansonsten? Nichts. Es war eine zu ruhige Zeit! Irgendetwas braute sich zusammen, das konnte ein Blinder mit einem Krückstock erkennen. Nur was?

Nachdenklich studierte er die letzten Meldungen und verglich sie mit den Wetterberichten. Ein schwerer Sturm also. Er blickte aus dem Fenster. Regen. Die nächsten Tage würden eine Entscheidung bringen. Er blickte erneut auf den Funkspruch und runzelte die Stirn. Seine Stimme klang scharf. »Brückner!«

Der Gefreite kam hereingesprungen und nahm Haltung an. »Herr Admiral?«

---

* Siehe Peter Brendt *U-Boot im Fadenkreuz*

»Ich finde in den letzten Funksprüchen an U-68 keine Antwort von dieser U-Punkt!«

Brückner blinzelte verdutzt. »Ich habe die Vorgesetzte der Marinehelferinnen gebeten, sich darum zu kümmern, und sie hat mir versprochen …« Er brach ab. »Vielleicht will das Mädel ihn ja nicht?«

»Papperlapapp!« Der Admiral winkte ab. »Sprechen Sie mal selbst mit ihr, Gefreiter.« Er grinste. »Der Mann wartet schließlich auf eine Antwort.«

Die Aufklärungsflüge waren nicht eingestellt, aber sie wurden nicht mehr so weit nach Norden geflogen. Denn dort tobte der Sturm, und für die Focke-Wulfs war die Chance, dort zu überleben, gleich null.

Feldwebel Dachsmeier, dessen Besatzung immer noch auf eine Ersatzmaschine wartete, studierte den Wetterbericht mehr aus Gewohnheit. »Sachsenwald meldet Windstärke elf, in Böen zwölf. Beinahe aus West.«

Himmel und Hartmann blickten unisono aus dem Fenster. Himmel stellte fest: »Und hier regnet es den ganzen Tag.«

»Warten wir es ab. Ich gehe mal rüber zum Stab, vielleicht haben die was gehört.«

Hartmann nickte. »Ich komme mit.« Er lächelte knapp. »Sind ja immerhin vier Maschinen draußen.«

»I wollt, unser Vogel käm bald.«

Himmel verzog das Gesicht. »Ich kann damit warten, bis das Wetter besser wird.« Er zuckte mit den Schultern. »Außerdem kann das eine Weile dauern. Die Dinger sind halt nicht für Frontbetrieb gebaut.«

Dachsmeier warf seinem Schützen einen bösen Blick zu. Aber Himmel hatte natürlich recht. Es war ja nicht einmal möglich, auf dem Feldflugplatz einen Motor auszutauschen, weil Motorgondel und Tragfläche nicht zerlegbar waren. Wenn wie im Fall seiner Maschine gar eine ganze Tragfläche fällig war, blieb nur eine Chance: Flügel ab, und den Vogel per Bahn heimschicken, während man auf eine neue Maschine wartete. Schließlich waren die Flügel und der Hauptholm untrennbar mit der Zelle verbunden. Gut für eine zivile Verkehrsmaschine – aber lausig für einen Fernaufklärer.

Noch immer hielt der Sturm an. Die Hälfte seiner Besatzung war seekrank, aber dienstfähig, und der Rest konnte sich vor Müdigkeit kaum noch bewegen. Aber wer konnte schon in diesem ständig kalten, nassen und wild rollenden Stahlrumpf wirklich schlafen?

Selbst Frazier fühlte sich grün und blau gehauen, und das nach all den Jahren der Seefahrt. Aber es war eben doch ein Unterschied, ob man einen ausgewachsenen 5000-Tonnen-Frachter oder eine Badewanne unter den Füßen hatte, die aufgrund ihrer Bewaffnung als Kriegsschiff zählte.

»Signal vom Flaggschiff: Position erreicht, Ausschau nach Konvoi halten.«

Frazier tauchte aus den Tiefen seines Dufflecoats auf und ließ den Blick über die unruhige See wandern. »Na, und wo ist er nun, dieser wertvolle Konvoi?«

»Vor uns, hinter uns?« Maxwell zuckte mit den Schultern. »Wir werden die Funkstille brechen müssen.«

Der Lieutenant Commander grinste gequält. »Das überlassen wir mal schön dem Flaggschiff.«

»Die Jerries müssten schon viel Glück haben, wenn sie einen kurzen Funkspruch mitbekommen wollten.«

»Ja …« Frazier nickte. »Es sei denn, sie wären sowieso schon in der Nähe.«

Der Offizier machte runde Augen. »Glauben Sie?«

»Ich weiß es nicht, und das macht mich nervös.« Er nickte entschlossen. »Signal an Farlane: Schlage vor, einen Suchkreis zu fahren.«

Es dauerte einen Augenblick, bis der Scheinwerfer auf der Farlane aufblinkte. Flaggen konnten sie sich bei diesen Sichtverhältnissen sowieso aus dem Kopf schlagen. »Von Farlane: Abgelehnt!«

Frazier griente. »Also sollen Sie doch funken … Mr Maxwell, Sie übernehmen! Ich versuche mal, ob ich ein Auge zutun kann, bevor der Geleitzug auftaucht.«

»Aye, Sir!«

Aber Frazier hatte zu früh gehofft. Der Geleitzug stand nur noch ein paar Meilen entfernt. Soweit es die Sichtverhältnisse betraf, konnte er ebenso gut auf einem anderen Planeten sein. Und ein paar Meilen beinhalteten mit Sicherheit auch ein paar andere Meilen plus oder minus. Schließlich hatte seit Tagen keiner mehr einen Stern oder die Sonne gesehen. Kein Besteck, alles Koppelnavigation. So war niemand überraschter als die Navigatoren, als pünktlich in der richtigen Peilung tatsächlich ein Blaulicht aufleuchtete.

Frachter um Frachter, dazu Tanker und große Passagierschiffe, zogen an den taumelnden Geleitfahrzeugen vorbei. Kurze, hastige Morsesprüche wurden ausgetauscht. Die Dickschiffe des Kampfverbandes drehten ab, eilig gefolgt von den beiden heftig rollenden Tribals. Die schweren Einheiten würden ungefähr vierzig Meilen südwestlich des Geleits laufen, um einen jeden deutschen Kreuzer anzunehmen und aus dem Wasser zu blasen, sollte er dumm genug sein, sich in die Reichweite ihrer Geschütze zu begeben. Zurück beim Geleit blieben nur die kleinen Schiffe aus Smith' Gruppe, die sich mit den beiden einzigen schon vorhandenen Geleitfahrzeugen vereinten.

Keith Frazier beobachtete die kurzen, hektischen Signale, bis ein jedes der fünf Geleitfahrzeuge auf Position war. Smith, durch Dienstalter und Rang plötzlich der Escort Commander, hatte offenbar eine genaue Vorstellung davon, was sie hier taten.

»Signal von Farlane, Sir!« Der Signalgast verzog enttäuscht das Gesicht. »Wir sollen Position achteraus vom Konvoi einnehmen.« Aber dann hob er den Kopf. »Von Farlane: Halten Sie uns die Wölfe vom Leib!«

Frazier grinste. Er hatte es gewusst, aber es war nett vom Chef, es zu erwähnen. »Signal an Farlane: Wir tun unser Schlimmstes!« Er sah sich um. »Also gut, wir müssen jedes Wolfpack erwischen, noch bevor es seine Freunde herbeirufen kann.« Nachdenklich warf er einen Blick auf die dunklen Schatten. *Und der verdammte Konvoi kriecht bei diesem Wetter nur dahin!* Aber laut sagte er: »Steuerbord zehn! Der Rudergänger soll am Geleit zurücklaufen.«

Ulrike starrte den Gefreiten an, der in die Schreibstube der Marinehelferinnen kam. Ein fremdes Gesicht. Sie sah auf die Uhr. Und ein sehr später Gast. »Kann ich Ihnen weiterhelfen?« Der Gefreite lächelte unsicher. »Ich weiß nicht. Ich dachte, Fräulein Neusel …«

Die Schwarzhaarige verzog das Gesicht. »Fräulein Neusel hat im Augenblick die Tagschicht. Ich fürchte, Sie müssen mit mir vorliebnehmen.« Doch Ingeborgs Name hatte immerhin so etwas wie ein distanziertes Interesse geweckt. Ein einzelner schräger Balken, dazu ein Tätigkeitsabzeichen. Gerade mal Gefreiter und dazu noch ein Schreiber. Sie hätte erwartet, dass die Neusel auf ranghöhere Beute aus war.

»Ja, ich bin spät dran, aber es gab viel Arbeit, und das hier ist eher privat.« Der Seemann zögerte.

»Wenn das ›privat‹ sich auf Fräulein Neusel bezieht, dann sollten Sie vielleicht wirklich morgen wiederkommen.«

Der Schreibergefreite lachte plötzlich. »Oh, nein, was müssen Sie denken, Fräulein.« Er schüttelte energisch den Kopf. »Sehen Sie, der Admiral ist da über einen Funkspruch gestolpert, und nun will er, dass die Antwort auf eine Frage an ein Boot gesendet wird.«

Sie blinzelte verdutzt. Es wurden dauernd alle möglichen Antworten an Boote gesendet. In ungefähr einer Stunde würde die Funkstelle anfangen, die Funksprüche des Tages auf Langwelle zu wiederholen, damit die Boote, die tagsüber getaucht waren, diese Meldungen auch noch empfangen konnten. Der Funkverkehr ruhte nie. Sie stutzte. *Der Admiral?* »Also wollen Sie einen Funkspruch zur Funkstelle geschafft haben? Damit das Boot seine Antwort bekommt?«

Der Gefreite runzelte die Stirn. »Wir können keine Antwort schicken, weil wir selber keine haben. Fräulein Neusel hat mir versprochen, sich darum zu kümmern. Sehen Sie, da hat ein junger Seemann von einem Boot seine Freundin gefragt, ob sie ihn heiraten will. Aber er hat die Namen nur abgekürzt.« Brückner lächelte. »Wir wissen, es muss eine junge Dame aus dem Stab sein oder aus der Funkstelle. Also eine Marinehelferin und ...« Er hielt inne. »Ist Ihnen nicht gut, Fräulein?«

Wie aus weiter Ferne hörte Ulrike ihre Stimme. »U-68?«

Der besorgte Gefreite beugte sich über sie. »Jaja, J-Punkt und U-Punkt. Aber hören Sie, Sie sehen ja ganz blass aus. Sie sollten ...« Weiter kam er nicht. Ulrike fiel ihm um den Hals.

Seetag 32 – der Abend

Mit einem Knacken verstummte die Musik. »Kommandant in die Zentrale!«

Von Hassel schälte sich aus der muffigen Decke und angelte nach seiner Mütze auf dem Schreibtisch. Noch etwas steif wollte er durch das Mannloch jumpen, aber die Stimme von Funkmaat Rückert hielt ihn zurück. »Kontakt in Null-Sechs-Drei, große Entfernung.«

Der Alte stülpte sich die Mütze auf den Kopf. »Was ist es?«

»Schwer zu sagen, Herr Kap'tän!« Der Funker runzelte die Stirn. »An der Oberfläche ist der Teufel los.« Er zögerte. »Könnte ein Geleit sein, aber …«

Der Kommandant ließ dem Mann einen Augenblick Zeit und steckte stattdessen den Kopf durch das Mannloch. »Haben wir Kaffee?«

Leutnant Wellenberg deutete auf eine verbeulte Blechkanne. »Gerade frisch für den Mittelwächter.« Er lächelte. »Zucker ist leider aus.«

»Verdammt. Na gut.« Von Hassel wandte sich wieder zum Funker um. »Also, eine Idee, was es sein könnte?«

Der Funkmaat zuckte mit den Schultern. »Ein Geleit. Der Sturm an der Oberfläche verschluckt natürlich viele der Geräusche.« Er sah zu von Hassel auf. »Wenn so viel übrig bleibt, dann muss das Ding gewaltig sein. Aber da ist ein anderes Geräusch dabei.«

»Geleiter?«

Rückert schüttelte den Kopf. »Zu tief. Langsam drehende Schrauben, aber sehr große Schrauben, würde ich sagen.« Er verzog das Gesicht. »Ich höre es immer nur ganz kurz. Wirklich, schwer zu sagen, Herr Kap'tän.«

»Schon gut! Gute Arbeit unter diesen Bedingungen. Bleiben Sie dran.«

Von Hassel jumpte durch das Mannloch und griff nach dem Kaffee, den Wellenberg ihm entgegenhielt. Das heiße, belebende Getränk rann durch seine Kehle, und der bittere Geschmack vertrieb für einen Augenblick den Öldunst aus seinem Mund. Was hatte der IIWO gesagt? Mittelwächter? Er sah auf die Uhr. Verdammt, halb eins. Er hatte vier Stunden geschlafen wie ein Stein. Nachdenklich spähte er auf die Tiefenanzeige. Sechzig Meter tief hatten sie gehen müssen, bis die Bootsbewegungen endeten. Eine seltsame Ruhe hing über der Röhre, als sei ihre wimmelnde Welt plötzlich zum Stillstand gekommen. Aber das täuschte. Es war nur eine Pause, eine Pause, die ein jeder nutzte, um die dringend benötigte Ruhe zu bekommen. Auf Kojen, auf Backen, und wenn sie keinen anderen Platz fanden, auf dem kalten Deck, weil es natürlich nicht für jeden Mann eine eigene Koje gab. Missmutig zuckte er mit den Schultern, als wolle er sich dafür entschuldigen, die dringend benötigte Ruhe zu stören. »Wache mustern, wir tauchen auf!« Er lächelte etwas gequält. »Das wird eine hübsche Ackerei werden.«

Nur Minuten später richtete sich der Bug langsam nach oben, und das Boot glitt der Oberfläche entgegen.

»Dreißig Meter gehen durch!«

Von Hassel runzelte die Stirn, als das Boot plötzlich zu rollen begann. Die Männer sahen sich kurz an. »Scheint immer noch die Hölle los zu sein, da oben!«

»Dann raus und sofort die Sicherungsleinen einschäkeln.« Rudi Schneider sah seine Männer eindringlich an. »Dass mir da keiner Mist baut!«

Das Boot schwankte stärker, und fluchend angelten die Männer nach Halt. Wie Geschützfeuer krachten die Brecher gegen den Turm.

»Turmluk ist frei!«

Von Hassel kletterte, behindert durch das dicke Ölzeug, die Leiter empor und drehte das Handrad auf. Eiskalte Luft und dann ein Schwall Wasser begrüßten ihn. Völlig durchnässt sprang er auf die Brücke und schäkelte seine Sicherungsleine ein. Hinter ihm krochen die Männer der Wache aus dem Loch und nahmen ihre Positionen ein. Achtern erwachten die Diesel zum Leben.

Mit Donnergetöse schlug das Vorschiff in den nächsten Brecher, und der Rumpf verschwand in der kochenden See. Wasser wirbelte um den Turm, auf dem die Wache plötzlich ein ähnliches Gefühl hatte, wie es vielleicht Seehunde haben mussten, die auf einem Felsen inmitten der stürmischen See saßen. Das Gefühl des massiven Bootskörpers unter den Füßen blieb, aber zu sehen war er nicht mehr.

Das Wasser strömte mit Gewalt um den Turm, schlug über dem Wintergarten zusammen und krachte von achtern wieder in den Turm. Hände griffen nach Halt, während die eiskalte Flut die Männer bis zur Brust überschwemmte.

Von Hassel versuchte, in der Richtung der Peilung etwas anderes zu erkennen als rollende Brecher. Die See war tiefgrau, und genauso war es der Himmel. Verdammt, er konnte nicht einmal genau sagen, wo der Horizont war. Grau in grau!

Er hob den Deckel des Sprachrohres nur kurz an ... und wartete ... und wartete. Es kam darauf an, den richtigen Augenblick zu erwischen. Während sich das lange Vorschiff wieder hob, brüllte er in die Röhre. »Ruder, Steuerbord fünfzehn, Steuerbord AK voraus, Backbord kleine Fahrt zurück.«

Das Boot schob sich bereits den Wellenberg hinauf, als das Ruder endlich Wirkung zeigte. Unterstützt von den entgegengesetzt drehenden Schrauben, drehte das Boot beinahe auf dem Teller. Den Rest erledigte der Brecher, der mit seinem Druck dem Vorschiff den letzten Schwung gab.

Etwas zu viel Schwung. Von Hassels Augen wurden groß, als er das Monster heranrasen sah. Es blieb Schneider überlassen, seine Männer zu warnen. »Deckung, Männer!« Aber der Schrei wurde vom Sturm davongerissen, kaum, dass er heraus war.

Vorn im Bugraum hatte der Friede damit geendet, dass das Boot auftauchte. Die langen Unterwassermärsche waren zwar in gewisser Weise bequem gewesen, soweit das Leben in einem U-Boot überhaupt so etwas wie bequem sein konnte, aber eines hatten sie auf alle Fälle verschärft: die Langeweile.

Seit Wochen lebten sie in ihrer engen Röhre. So gut wie keine Nachrichten, so gut wie keine neuen Eindrücke. Selbst die aktivsten Geister mussten unter diesen Umständen in eine Art Starre verfallen. Jens, der immer noch verzweifelt auf eine Antwort wartete, erledigte seine Aufgaben automatisch. Und Dörfler, der seine eigenen Probleme mit sich herumtrug, von denen aber nur Daniel Berger etwas wusste, hatte in der Zwischenzeit sogar die Lust zum Streiten verloren. Den anderen Männern an Bord ging es nicht besser. Ein jeder hatte irgendjemanden in der Heimat, ein jeder hatte seine Sorgen. Aber in der abgeschlossenen Welt eines U-Bootes gab es nichts, was davon ablenkte. Es gab einfach nichts zu tun.

Und auch ein anderer Effekt machte sich bemerkbar. Eigentlich gab es, vor allem bei Unterwassermarsch, genügend Zeit zum Schlafen. Natürlich hatte nicht jeder eine Koje für sich, aber Seeleute konnten sich ja bekanntlich überall zusammenrollen. Doch was für eine Art von Schlaf war das? Die stickige Luft, der Gestank, der ständige Öldunst und das ständige Kommen und Gehen bei Wachwechsel. Dazu das unterschwellige Wissen, dass in der nächsten Minute buchstäblich alles passieren konnte.

Es war ein Warten ohne jede Entspannung. Es gab keinen ruhigen, erholsamen Nachtschlaf. Und so kam die Müdigkeit hinzu.

Müdigkeit und Langeweile. Jens wusste ganz genau, was ihn gepackt hielt. So, wie es jeder wusste. Aber das half ihm auch nicht weiter. Angewidert hob er den Kopf. »Dörfler, Mensch, kannste jetzt mal Ruhe geben?«

Dörfler, der mal wieder eine seiner tausendmal gehörten Puffgeschichten erzählte, ausgeschmückt mit einigen fantastischen Details, die sogar die Autoren des Kamasutra vor Neid hätten erblassen lassen, blickte auf. »Hob i Senf g'ruf'n?«

Ein paar der Männer grinsten schwach.

Jens schüttelte den Kopf. »Nein, aber mir tut ja schon das Kreuz vom Zuhören weh!«

»Bist jetzt an Expert?«

Der junge Seemann winkte ab. »Nein, bin ich nicht.« Er zwang sich zu einem Grinsen. »Brauch ich nicht zu sein, das ist *unmöglich,* was du da erzählst.«

»Für di vielleicht!« Der stämmige Seemann wirkte plötzlich müde.

Jens wollte etwas erwidern, aber er kam nicht mehr dazu. Von achtern kam ein Seemann und winkte. »Wache klarmachen! Wir tauchen auf!«

Ein paar der Männer erhoben sich oder rutschten von den Oberkojen und machten sich bereit. Jens, der wusste, dass er nicht dran war, sah Dörfler kurz an, der nach einem warmen Pullover angelte. Dann wandte er sich um und warf dem Läufer einen fragenden Blick zu. »Gibt's was Besonderes, oder geht's nur darum, Batterien zu laden?«

»Der Rückert glaubt, er hat einen Geleitzug im Horchgerät!« Der Seemann blinzelte. »Der Alte will mal einen Blick drauf werfen.«

Und damit war das Boot aufgetaucht und der Friede zu Ende. Der Bugraum schwang auf und ab wie eine Schaukel, was kein Wunder war, wenn man bedachte, dass er ja immerhin rund vierzig Meter vom Drehpunkt des Bootes entfernt war. Wenn sich also das Stahldeck in der Zentrale um etwa fünfundvierzig Grad nach unten neigte, dann war das ein beeindruckender Anblick. Im Bugraum bedeutete es jedoch, dass der Raum sich gerade vierzig Meter nach unten bewegt hatte. Und es bedeutete auch, dass sie gerade mit der Nase in einem Wellenberg steckten und im nächsten Moment die Außenöffnungen am Achterschiff wieder zuschlagen würden und der Druck im Boot schlagartig fallen würde, weil die Diesel wieder Luft saugten – eine Erfahrung, die meistens mit stechenden Ohrenschmerzen und Atemnot verbunden war. Im nächsten Augenblick, wenn das Achterschiff erneut freikam, normalisierte sich der Druck wieder. Auch das verursachte Ohrenschmerzen. Und dazu kam das unablässige Rollen des Bootes. Jeder Weg wurde zu einem Abenteuer, das die Männer mit blauen Flecken bezahlten.

Oben auf dem Turm hatten die Männer andere Probleme. Die See kann ein U-Boot nicht ersäufen. U-Boote sind die seetüchtigsten Schiffe, die jemals gebaut wurden. Einfach, weil das Wasser nicht in eine intakte Röhre eindringen kann.

Allerdings waren die Männer der Wache gerade nicht im Boot, sondern standen auf ihm. Die Monsterwelle traf sie von der Backbordseite und drückte das Boot in einem unmöglich erscheinenden Winkel auf die Seite. Von einem Augenblick zum anderen war um die Männer herum nur Wasser, schwarzes Wasser. Hände griffen nach Halt, um nicht einfach aus dem Turm gewaschen zu werden. Einer der Männer schaffte es nicht rechtzeitig und wurde in den Wintergarten gegen die Zwozentimeter geschleudert.

Die Luft wurde knapp, schon begangen sie Sternchen zu sehen, und der unbarmherzige Überlebensinstinkt wollte sie zwingen zu atmen. Aber was? Wohin sie auch sahen, überall nur Wasser.

Endlich, nach einer ewig erscheinenden Weile, richtete sich das Boot so ruckartig, wie es auf die Seite gedrückt worden war, wieder auf. Die Köpfe kamen aus dem Wasser und schnappten nach Luft. Sie lebten.

Im Bugraum wurde Jens aus seiner Koje geschleudert. Matthias Hänisch schlug sich den Schädel am Schott zwischen E-Maschinen-Raum und Dieselraum an, als sich das Boot plötzlich wieder aufrichtete. Rudi Schneider fing sich ein paar blaue Flecken ein, als dieselbe Bootsbewegung ihn gegen den Kartentisch warf, an dem er sich einen Augenblick vorher noch festgehalten hatte, und Bootsmann Volkerts geriet in die wild schwingenden Salamis, die in der Feldwebelmesse von den Rohren baumelten, und bekam von einer Dauerwurst ein blaues Auge verpasst. Es würde Tage dauern, bis die Männer aufhörten, darüber zu lachen. Aber das war später.

In den Augenblicken, als das Boot auf der Seite lag, schien jedem an Bord das Herz stehen zu bleiben. Das Boot konnte sich doch gar nicht mehr aufrichten. Und selbst diejenigen, die genau wussten, dass das Boot sehr wohl dazu imstande war, sobald der Druck des Brechers nachlassen würde, konnten es nicht glauben. Der Anblick einer Seitenwand, die sich tief unter einem befindet, passt nicht gerade zu technisch objektiven Überlegungen. Die Vorhänge der Kojen ragten steif mitten in den Raum, die Hängematten mit dem Rest von Brot schlugen gegen die Decke, eine jede Wahrnehmung wurde durch einzelne Gegenstände regelrecht verhöhnt. Was bedeutete oben oder unten? Das, was der Geist der Männer als »unten« identifizierte, war auf einmal eine Seitenwand. Und oben befand sich auf einmal rechts. Aber kaum, dass der Geist versuchte, sich auf die neue Situation einzustellen, schwang das Boot zurück und über den Nullpunkt hinaus auf die andere Seite. Lampen fielen aus, Sicherungen sprangen heraus, und Munition für die Bordkanone rollte aus einem Schapp, um sich im Boot selbstständig zu machen.

Leutnant Wellenberg fluchte vor sich hin und griff nach dem Ölzeug. »Steuermann, Sie übernehmen die Zentrale!« So schnell er konnte, raste er die Leiter hoch und schlug das Luk auf. Kaltes Wasser durchnässte ihn und rann ihm in den Kragen.

»Luk zu!« Der Kommandant brüllte die Anweisung.

Tatsächlich schien Licht aus dem offenen Luk, denn in der Eile hatte natürlich niemand auf Rotlicht umgestellt. Erschrocken und erleichtert zugleich schlug der IIWO das schwere Luk zu und schäkelte seine Sicherungsleine ein. »Wie sieht's hier oben aus?« Er versuchte, die dunklen Gestalten um ihn herum zu zählen,

223

aber alles, was er sah, waren dicht gedrängte Schatten. Undeutliche Bewegungen – natürlich, er hatte ja keine Zeit gehabt, sich an die Dunkelheit zu gewöhnen.

Der Alte duckte sich, als eine Kreuzsee gegen den Turm schlug und Wasser in hohem Bogen über die Wache spritzte. »Scheiße sieht's aus, Herr Leutnant!«

Wellenberg blickte seinen Kommandanten trotz der Situation etwas indigniert an. »Aber alle noch da?«

Von Hassel sah sich um. Der Mann, den es in den Wintergarten gewaschen hatte, stand auch wieder auf den Beinen. »Ja, wie sieht es unten aus?«

»Blaue Flecken allerorten, Herr Kap'tän.«

Der Alte verzog das Gesicht. »Die Männer sollen vorsichtig sein. Das wird wild. Wir müssen AK laufen, um Anschluss zu bekommen.«

Der IIWO schluckte mühsam. »Na dann mal los, Herr Kap'tän. Ich geh runter und warne die Männer.«

Ein paar Minuten später stieß U-68 mit voller Fahrt in Richtung der immer noch unbekannten Schiffe vor. Aber nichts verriet die Anwesenheit eines Geleitzuges. Finster lag die aufgewühlte See vor ihnen, kein einziges Licht schien. Und immer und immer wieder standen die Männer im Turm unter Wasser. Gläser erwiesen sich als sinnlos. Es war einfach unmöglich, sie länger als für ein paar Sekunden trocken zu halten, bevor wieder ein Wasserschwall Tropfen auf den Linsen hinterließ und jede Sicht unmöglich machte.

So blieb nur, Ausschau zu halten und, durchnässt und zitternd vor Kälte, mit brennenden Augen in die Nacht zu starren. Stunden, die den Männern endlos erschienen. Von Hassel gab Befehl, die Wache zweistündlich wechseln zu lassen. Aber das war auch nur eine Maßnahme, die über eine begrenzte Zeit möglich war. Zwei statt vier Stunden auf dem Turm bedeutete näm-

224

lich auch, dass die längste Schlafenszeit am Stück, die die Männer finden würden, bei vier Stunden lag. Falls man in dem rollenden, stampfenden Boot überhaupt so etwas wie Schlaf fand.

Von Hassel spähte nach vorn. Lange weiße Gischtfahnen wehten vom Netzabweiser, wann immer die Seekuh den Bug aus dem Wasser hob. Brecher donnerten gegen den Turm wie gegen ein altes Ölfass. Er spürte, wie Kälte und Nässe ihm die Kraft aus dem Körper zogen. Die Augen, nach stundenlangem Starren in die Dunkelheit, schienen ihm aus dem Kopf zu quellen. Stielaugen. Aber er brachte nicht mehr die Kraft auf, über den blöden Gedanken zu lächeln.

Drei Stunden lang stieß das Boot in die Dunkelheit vor. Endlose Stunden im Heulen des Sturms. Der Morgen konnte nicht mehr fern sein, aber der Morgen würde auch keine Erleichterung bringen.

»Zentrale: Gehen Sie auf Null-Neun-Null!«

Unten im Boot bestätigte Rudi Schneider, der auf dem Turm von Wellenberg abgelöst worden war: »Ruder liegt Steuerbord zehn. Neuer Kurs wird genau Ost.«

Und weiter kämpfte sich das Boot durch den Sturm. Die Zeiger von Fahrtmessanlage und Tiefenmesser sprangen wie die Irrwische hin und her. Der IWO schüttelte nur den Kopf und sah den Leitenden fragend an. »Wir sind aufgetaucht und laufen sechzehn Knoten?«

Der Methusalem hielt sich an einem der vielen Rohre fest und wandte den Kopf. »Das ist anders als an der Agru, nicht wahr?«

»Nicht der erste Sturm.« Schneider zuckte nur mit den Schultern. »Nicht für mich, nicht für Sie, Herr Wegemann.«

Wegemann grinste etwas zerquetscht. »Wird eine lange Nacht werden!«

»Und ein langer Tag.« Schneider rieb sich die immer noch vom Salzwasser geröteten Augen.

Und ein langer Tag. Ein langer Tag, lange Tage, wer wusste es schon? Für sie würde es wie ein einziger langer Tag erscheinen. Die Seekuh war das erste Boot am Geleit. Sie *durften* nicht angreifen! Sie mussten warten und immer wieder Positionsmeldungen und Peilzeichen geben. U-68 war das erste Boot am Geleit, U-68 war der Fühlungshalter. Vielleicht nur Stunden, vielleicht über Tage hinweg, bis andere Boote aufschließen konnten. Noch hatten sie das Geleit nicht. Noch nicht! Aber sie würden es kriegen, und dann würden sie ihm folgen, es beschatten. Bis das Rudel sich versammelt hatte. Wie lange das auch dauern mochte. Und so bereiteten sich die Männer auf einen endlosen Tag vor, jeder auf seine Weise.

In der engen Kombüse versuchte Becker, der Smut, etwas zusammenzubringen. Kochen bei diesem Seegang war ein Ding der Unmöglichkeit. Er konnte Kaffeewasser zum Kochen bringen, indem er die Kanne nur halb füllte und sie ständig mit einem Topflappen zwischen den Schlingerleisten festhielt. Kaffee war gut, Kaffee würde sie wach halten … oder wenigstens warm. Aber während er sich mit einem Arm an einem Rohr festhielt, die Füße auf beiden Seiten des engen Raumes fest gegen Herd und Schapp stemmte und mit der anderen Hand die Kanne sicherte, dachte er bereits mit Bedauern an feste Nahrung. Mehr als belegte Brote konnte er kaum zustande bringen. Unendliche Mengen an belegten Broten. Falls er so viel Brot aus den nun, nach wochenlanger Fahrt, schimmeligen Laiben überhaupt noch rausbringen konnte.

Dörfler, der ebenfalls gerade erst abgelöst worden war, versuchte, etwas zu dösen. Aber er konnte nicht. Die Spannung hielt ihn wach. Jeden Augenblick konnte es Alarm geben, jeden Augenblick ein Geleiter aus der nächsten Regenböe direkt auf sie zustoßen. Jeden Augenblick konnte alles passieren. Und Dörfler, der trotz seines ständigen Moserns nie wirklich Nerven gezeigt hatte, gestand sich ein, dass er dieses Mal wirklich Angst hatte. Er hatte früher schon Angst gespürt. Wenn Wasserbomben um sie herum krepiert waren, wenn das Boot auf Grund gegangen war, wenn alles schiefzulaufen drohte. Aber dieses Mal war es anders. Er wollte unbedingt zurück in die Heimat. Wenigstens dieses Mal noch. *Die Dinge richtig machen!* Er versuchte sich selbst zu verspotten. Alles wegen einer Frau. Schließlich wusste er genau, wie er andere verspottet hatte. Nun war er selbst an der Reihe. Aber er konnte nur mit den Schultern zucken. Na und?

Hänisch, Berger und Mohr, der Maschinenmaat, kontrollierten jedes Ventil mit Argusaugen. Alle paar Minuten ölte einer von ihnen etwas an den rasenden Dieseln oder legte einfach eine Hand prüfend auf eines der Aggregate, nahm die Vibrationen in sich auf. Die rasenden Wellen waren nur schemenhaft unter dem Stahlrost sichtbar, aber zumindest konnten sie dem Geräusch lauschen. Mochte ein tumber Seemann das hier als eine Hölle aus Lärm und Hitze empfinden, für die Techniker war es wie ein vielstimmiges Konzert. Besonders für Berger, dessen Gehör sich auf Motoren und ihre Geräusche am besten verstand, vergleichbar höchstens noch mit den unbestechlichen Ohren des Methusalem. Berger kannte die Geräusche, die die Motoren und die damit verbundenen Antriebsanlagen machten – und diejenigen, die sie besser nicht machten. Er runzelte die Stirn. Und einer sang da definitiv falsch. Immer noch mit gerunzelter Stirn bewegte er sich durch den Dieselraum. Ein leises Klingeln nur. Nicht der Steuerborddiesel! Er lauschte herum.

Die beiden anderen Stoker sahen sein Gesicht und spähten ebenfalls umher, immer sorgfältig auf Halt bedacht. Trotzdem stieß Hänisch hart gegen den Backborddiesel, als das Boot wieder einmal überholte. Sein Mund formte unhörbare Worte, aber Mohrs Mund formte als Antwort nur: »Pass halt auf!«

Berger quetschte sich an Hänisch vorbei und spähte in die schmale Ritze zwischen Backborddiesel und Bordwand. Seine öligen Finger ertasteten Metall, das mit den Vibrationen mitschwang. Wütend zog er eine Grimasse und fingerte den Schraubenschlüssel aus der Ritze. Ein Dreizehner. Das Klingeln endete abrupt. Er lauschte einen Augenblick. Nun klang alles wieder so, wie es sollte. Mit einer beiläufigen Geste tätschelte er den Steuerborddiesel, sein besonderes Sorgenkind. Wie zwei große geduckte Tiere, aber nun würden sie arbeiten müssen, unter voller Last, womöglich tagelang. Und selbst, wenn sie mit der Fahrt heruntergingen, es konnte schon im nächsten Augenblick der Befehl kommen, wieder AK zu laufen. Dann mussten sie bereit sein.

In der Zentrale beugte sich Obersteuermann Franke über seine Karte und versuchte, mitzukoppeln. Nun kam es auf jede noch so kleine Bewegung an. Missmutig runzelte er die Stirn. »Zeit ist um!«

Der IWO warf ihm einen kurzen Blick zu, sagte aber nichts. Stattdessen gab er die Meldung nur nach oben weiter. »Zeit ist um!«

Oben auf dem Turm spähte der Kommandant über die tobende See. Nichts zu sehen. »Zeit ist um!« Vielleicht waren sie vorbeigestoßen, vielleicht hatte das Geleit gezackt. Es gab immer viele Möglichkeiten. Er stieß den IIWO an. »Lassen Sie einsteigen, wir tauchen zum Rundhorchen!«

»Schiff in Null-Eins-Null, Schiff in Null-Eins-Drei und noch eines in Null-Zwo-Null!«

Von Hassel sah Rückert aus roten Augen an. »Frachter?«

»Der in Null-Zwo-Null nicht. Ist ziemlich weit weg. Aber wenn ich schätzen sollte ... mindestens drei große Schrauben und Turbinenantrieb. Die beiden anderen Frachter, ganz sicher.«

Der Alte seufzte leise. »Irgendwelche Bewacher?«

»Nein, aber ich glaube kaum, dass ich die auf diese Entfernung bei dem Wetter hören würde.« Der Funker zuckte mit den Schultern. »Vielleicht einen Zerstörer mit großer Fahrt, aber keinen von den kleinen Kolchern!«

Von Hassel wusste, was der Mann meinte. Die Korvetten hörten sich eher an wie Fischdampfer, und sie neigten dazu, im Schraubengeräusch ihrer größeren Schützlinge unterzugehen.

In seinem Kopf formte sich ein Bild. »Sieht reichlich zerrissen aus, das Geleit!«

»Wahrscheinlich der Sturm. Hat denen die Schiffe über den ganzen Atlantik verteilt.« Rückert grinste schadenfroh. »Vielleicht haben wir Glück und können ein paar Einzelfahrer unter Deck schieben, Herr Kap'tän!«

»Abwarten!« Er blinzelte müde. »Bleiben Sie dran. Der Smut braucht auch noch ein paar Minuten Tauchfahrt.« Ruhig wandte er sich um und kehrte in die Zentrale zurück.

Der IWO blickte ihn erwartungsvoll an, aber von

Hassel griff nach der Karte und knurrte abwesend: »Vorbeigestoßen, die stehen jetzt an Steuerbord voraus.«

»Dann kriegen wir sie, Herr Kap'tän.«

Der Kommandant studierte die Karte. »Sie können jetzt entweder südlich halten oder weiter bis Island und dann runter zur Insel.«

»Hängt davon ab, wovor sie mehr Schiss haben.« Rudi Schneider schüttelte den Kopf. »Kann man natürlich nicht so genau bestimmen. Aber unsere U-Boote haben denen bisher mehr zugesetzt.«

Der Alte nickte. »Und sie fühlen sich sicher. Haben ja genug dicke Brocken in der Nähe zusammengezogen.« Er zögerte. »Fragt sich nur, wo sie stecken.«

»Sie wollen ein Dickschiff erwischen, Herr Kap'tän?« Von Hassel verzog sein Gesicht, als habe er auf eine Zitrone gebissen. »Rudi, mit den Aalen?«

Der IWO grinste. »Also hinter dem Geleit her. Wenn wir da was treffen, richten wir wenigstens Schaden an.«

»Sie sind ein echter Gemütsmensch, IWO.« Von Hassel lächelte plötzlich. »Nur, dass wir kein Geleit vor uns haben, sondern eine verstreute Ansammlung von Schiffen. Behauptet wenigstens Rückert.« Er blickte nach oben. Immer mehr Rost kam unter dem Anstrich zum Vorschein. Die Brote in den Hängematten schimmelten vor sich hin, die Dauerwürste waren weniger mitgenommen, und diejenigen, die noch zwischen den Rohren klemmten, hatten einen grün-schwarzen Ton angenommen. Halb Schmieröl, halb Schimmel. Aber sie waren hier, um eine Aufgabe zu erfüllen. Und wenn sie die erfüllt hatten, konnten sie zurück nach Hause fahren. So einfach war das. »Also schön, auftauchen und nachstoßen!« Er griff nach seinem Ölzeug. Der Sturm wartete bereits auf sie.

Mitternacht

Wieder hüllte sie das Brüllen des Sturmes ein, wieder rollte das Boot im Seegang. Aber durch die letzte Kursänderung kam der Seegang mehr von Steuerbord achteraus. Immer noch balancierte der Rumpf manchmal eine Ewigkeit auf dem Scheitel eines Brechers, und immer noch war der nach achtern offene Turm regelmäßig überschwemmt.

Aber die Männer wurden nicht ersäuft, das war ja auch schon etwas.

Vor ihnen lag die finstere Nacht, unterbrochen nur durch Schaumkronen auf den Wellen. Alles lag in Dunkelheit. Wie vorher, und trotzdem war es anders. Das Geleit konnte nicht mehr weit weg sein. Wenn man es genau nahm, konnten sie sich bereits zwischen den Resten der sonst so sauberen Kolonnen befinden. Denn so viel war klar, niemand konnte bei diesem Sturm dicht geschlossene Kolonnen einhalten. Und wie schnell geschah es, dass der Vordermann einfach in der Nacht verschwand!

»Von GHG: Frachter rechts voraus! Nahe!« Der IIWO brüllte gegen das Heulen des Sturmes an.

Von Hassel nickte kurz, und ein Schwall Wasser lief von seinem Südwester. »Halten Sie etwas nach Steuerbord!« Er griente. »Nicht, dass wir dem noch ins Heck laufen … und fragen Sie mal, wo der dicke Dampfer mit dem Turbinenantrieb steckt.«

»Sofort, Herr Kap'tän!« Wellenberg beugte sich wieder über das Sprachrohr.

231

Jens Lauer hatte nur einen Augenblick die brennenden Augen gerieben. Als er wieder aufblickte, hob gerade ein Brecher das Achterschiff an und lief unter dem langen Rumpf entlang. Für wenige Momente balancierte das Boot mit zwanzig Grad Seitenlage auf dem Kamm. Jens spürte den harten Druck der Reling gegen seine Brust, aber er ignorierte es. Verblüfft kniff er die Augen zusammen. Der dunkle Schemen erschien von einem Augenblick zum anderen aus einem Wellental. »Dampfer zwei Dez an Steuerbord! Kommt näher!«

Von Hassel fuhr herum und starrte auf die große Silhouette, auf die hoch aufspritzende Gischt am Bug. Von den Aufbauten konnte er nichts erkennen. Völlig abgedunkelt. Er warf sich regelrecht auf das Sprachrohr. »Hart Steuerbord!«

Unten in der Zentrale reagierte Schneider beinahe sofort. Das Boot legte sich hart auf die Seite und drehte die Steuerbordseite in den Sturm. Für bange Momente beobachtete von Hassel den näher stampfenden Frachter. Achthundert Meter, siebenhundert … der Frachter hielt stur seinen Kurs, obwohl das Boot beinahe vor seiner Nase über einen Wellenberg tanzte. »Stützruder!«

Die Seekuh rutschte in ein Wellental und bohrte ihre Nase tief in den nächsten Brecher. Die Männer hielten die Luft an. Aber die hohe Fahrt ließ das eiskalte Tauchbad gnädig kurz werden.

Unten in der Röhre legte sich das Boot wieder einmal energisch auf die Seite. Wasser spritzte aus einer Kanne und verbrühte den Arm des Smuts, aus einem Schapp im Funkraum fielen ein paar Ordner, und in der Zentrale verlor der Leitende den Halt und segelte gegen das Schapp mit der Signalmunition.

Wegemann fluchte wütend vor sich hin. »Was treiben die da oben?«

»Keine Ahnung!« Schneider beobachtete die Zahlen im Kompass. »Wir drehen beinahe wieder auf Westkurs.«

»Stützruder!«

Der IWO blickte auf und gab den Befehl weiter. »Wie ich sagte, beinahe Westkurs.« Er runzelte die Stirn. »Wir müssen beinahe schon in der Malhalla stehen!«

Oben auf dem Turm war man sich nur halb so sicher. Der erste Dampfer verschwand in der nassen Dunkelheit wie ein Gespenst. Aber dafür hatten die Ausgucks bereits einen anderen erspäht, der sich nun auf Gegenkurs durch die See arbeitete. Tatsächlich schien der ganze Geleitzug durch den Sturm auseinandergewirbelt zu sein. Ein Seegebiet voller Einzelfahrer, und keine Möglichkeit, sie zu versenken. Bei diesem Seegang würden die Aale alles Mögliche tun, nur nichts treffen.

»Wir müssen dranbleiben. Wenden Sie, wir hängen uns an den Burschen an.« Von Hassel deutete auf den beinahe unsichtbaren Frachter, während er mit dem IIWO sprach.

Wellenberg nickte. »Jawohl, wieder Ostkurs!«

Von Hassel entspannte sich einen Augenblick, soweit es die Situation zuließ. Er wusste nicht, ob der erste Frachter sie gesehen hatte. Vielleicht nicht, vielleicht hatten sie noch einmal Glück gehabt. Es wurde Zeit, den Geleitzug zu melden, damit der BdU mehr Boote ansetzen konnte. Irgendwann musste das Sauwetter ja mal aufhören.

Frazier tauchte aus seinem durchnässten Dufflecoat auf. »Was? Wiederholen Sie!«

233

»SSSS Tacoma SSSS, submarine sighted on …« Der Funkgast klammerte sich an die Reling und zitterte vor Kälte. Aus der warmen Funkbude auf die offene Brücke war ein deutlicher Unterschied. Der Lieutenant Commander schüttelte den Kopf. »Was stellt der sich vor? Tacoma gehört zu unserem Konvoi.« Er musste nicht extra auf die Karte sehen, um zu wissen, dass die Positionen übereinstimmten. »Wenigstens wissen wir, dass der Vogel hier unterwegs ist.« Er winkte dem Funker kurz zu. »Gehen Sie wieder ans Gerät, und versuchen Sie, mehr herauszufinden, Sparks!«

Maxwell blickte seinen Kommandanten unschlüssig an. »Ein U-Boot? Selbst wenn wir es finden …«

Frazier musste sich festhalten, als eine Welle die Goosefoot anhob und krachend über ihrem Vorkastell zusammenschlug. »Ich weiß! Keine Chance, ihm zuzusetzen. Aber es kann bei diesem Wetter auch nichts tun.« Der Skipper grinste plötzlich. »Immerhin wissen wir von der Tacoma, wo sie ist.«

Die Schiffe des zerstreuten Geleits zusammenzusuchen war eine nie endende Arbeit. Immer wieder versuchten sie, mit den Schiffen, die sie in der Nacht fanden, einen Minikonvoi zu bilden, stets in der Hoffnung, sich wieder dem großen Konvoi anschließen zu können. Die Tacoma mochte ein Schiff mehr sein. Eines mehr, das überlebte, eines weniger, das bei Nachlassen des Sturms allein durch die von den Wölfen beherrschte See pflügte.

Aus dem Sprachrohr kam eine weitere Meldung. Aber Frazier musste abwarten, bis der Posten sie wiederholte. »Von Henbane: Mit drei Frachtern auf Position …«

Frazier griente. Schon wieder die gleiche Position. Wenn sie wirklich alle da wären, wo sie zu sein glaubten, wären sie schon längst miteinander kollidiert. Aber sie waren nicht dort, wo ihre Navigatoren ihre Positionen eintrugen. Keiner von ihnen. In Wirklichkeit standen sie Meilen voneinander entfernt, und selbst das legte bereits Zeugnis von der guten Navigation auf den Schiffen ab. Denn es waren nicht Dutzende von Meilen.

In den Posten an den Sprachrohren kam wieder Bewegung. »Vom Funkraum: Frachter Botune* sendet SOS, hat sein Ruder im Sturm verloren.« Der Posten lauschte ins Sprachrohr. »Ich soll sagen, der funkt auf der 900-Meter-Welle!«

Der Kommandant runzelte die Stirn. Bei diesem Wetter, und kein Ruder! Botune war in ernsten Schwierigkeiten. Aber wie wollten sie den havarierten Frachter finden?** Er seufzte. Es gab eine Möglichkeit. Nur hatte gerade erst die Tacoma gemeldet, dass sich hier ein U-Boot herumtrieb. »Geben Sie an Botune: Sie soll Lichter setzen. Wir versuchen, sie zu finden.«

»Und dann?« Maxwell blinzelte verdutzt. »Und dann?«

»Und dann werden wir sie in Schlepp nehmen.« Frazier zuckte mit den Schultern, als sei es das Natürlichste auf der Welt.

---

* Bei Kriegsausbruch kaufte das englische Kriegsministerium eine Anzahl meist recht alter Schiffe auf und setzte sie auf den Konvoirouten ein. Die neuen Namen dieser Schiffe begannen alle mit BOT (»Board of Trade«), was in einigen Fällen zu sehr seltsamen Namen führte wie Botusk, Botanist, Botwey … Da es sich zwar um zivile Seeleute, aber um Schiffe unter Regierungsflagge handelte, galt, genau genommen, schon ihre Anwesenheit vor dem Seerecht als Grund, das gesamte Geleit ohne Warnung anzugreifen.

** 1940 waren die Schiffe noch nicht mit Funkpeilern ausgerüstet. Das kam erst später, als man versuchte, die deutschen U-Boote auf diesem Weg einzupeilen.

Der Lieutenant starrte auf die See, auf die mächtigen Brecher, die das Schiff rollen und stampfen ließen, die es jeden Augenblick in allen seinen Verbänden knacken und knirschen ließen. Dann nickte er. »In Schlepp nehmen, aye, Sir!«

Frazier verkeilte sich etwas fester auf seinem Stammplatz in der Brückennock und lächelte zufrieden. Vielleicht würde es nicht klappen, aber sie würden es wenigstens versucht haben. Er lächelte kurz. Gute Idee von seinen Funkern, die internationalen Seenotfrequenzen auch abzuhören.

»Licht an Backbord querab!« Einer der Ausgucks auf dem Signaldeck deutete zur Backbordseite. Und dann sah es auch Frazier. *Also gibt es doch noch einen Gott!*

»Frachter Botune funkt offen auf Seenotwelle, Herr Kap'tän!« Funker Olm sah seinen Kommandanten an. »Er hat sein Ruder verloren!«

Von Hassel sah sich kurz in der Zentrale um. Alles war wach und alert. Er wandte sich wieder an den Funker. »Nichts, was wir im Moment dagegen tun könnten. Also an Leitstelle: Geleitzug in AJ9531, Generalkurs West. Zerstreut durch Sturm, Waffeneinsatz unmöglich, halte Kontakt. U-68, von Hassel.«

Olm salutierte. »Geht sofort raus, Herr Kap'tän!«

»Gut!« Der Alte nahm noch einen Schluck Kaffee. Schneider hatte Wellenberg und ihn abgelöst. Aber er musste wieder rauf. Nur einen Augenblick noch. Die Hände schmerzten, aber zugleich spürte er die Wärme des Getränks wohltuend durch den Blechbecher. Es kostete ihn regelrecht Überwindung, wieder hinauf in dieses Chaos aus eiskaltem Wasser zu klettern. Aber er musste.

Seine Gedanken verharrten einen Augenblick bei

dem havarierten Dampfer Botune. Ohne Ruder in einem Atlantiksturm. Wenn denen keiner half, waren sie so gut wie geliefert. In anderen Zeiten, Friedenszeiten, hätte er Befehl gegeben, auf den unbekannten Frachter zuzuhalten, um Hilfe zu leisten. Aber nun würde er das höchstens tun, um dem Dampfer schneller unter Wasser zu helfen. Aber dann zuckte er mit den Schultern. Im Augenblick konnte er da so oder so nichts tun.

Die Meldung flitzte aus der Antenne und wurde in der fernen Heimat aufgenommen. Nur eine einfache, kurze Meldung, und es gab für die britischen Kriegsschiffe keine Möglichkeit, den Funkspruch überhaupt mitzubekommen.

Bereits eine halbe Stunde später sandte die Leitstelle in Wilhelmshaven die Befehle heraus. Auf mehreren Booten wurden die Kommandanten von ihren Kojen geholt und der Kurs geändert. »1.) Operieren Sie auf Geleit U-68 in AJ9531. U-68 gibt ab Mittag Peilzeichen. 2.) Ölbestand melden.«

Die drei Funker auf U-68 hatten alle Hände voll zu tun. Während Henke die Sprüche auf der Wiederholungsfrequenz aufnahm, versuchte Olm, die Sprüche der anderen Boote mitzuhören. Rückert, der Funkmaat, lauschte indes in das GHG und versuchte aus dem Durcheinander von Sturm und eigenem Maschinenlärm etwas herauszuhören. Schweigend und in drängender Enge arbeiteten die drei Männer, während ihre kleine Welt wild hin und her geworfen wurde.

Was Rückert hörte, war nicht viel. Mal hier und dort das Schlagen einer Schraube, wenn der Bug gerade tief unter Wasser war. Ein Kontakt, der sofort wieder abbrach, wenn das Boot wieder freikam und über einen Brecher balancierte. Alles, was er tun konnte, war, die Peilungen notieren und hoffen, dass er die Schiffe wiedererkannte, wenn sie erneut in seinen Kopfhörern erschienen. Und ein paar verlor er ganz, weil sie zu weit achteraus fielen, dorthin, wo aus seiner Sicht die schweren Diesel donnerten und jedes andere Geräusch verschluckten.

Olm hob den Kopf. »Spruch für uns!« In Windeseile schrieb er mit. Sinnloser Buchstabensalat, wie nicht anders zu erwarten. Unschlüssig sah er sich um, aber das hier hatte Priorität. Mit einem Seufzen angelte er sich den Koffer mit der Enigma, stellte die für diesen Tag gültigen Einstellungen her und begann, den Text zu dechiffrieren. Immer noch quollen die Morsezeichen aus seinem Kopfhörer. Aber es war eben unmöglich, gleichzeitig Sprüche aufzunehmen und andere zu entschlüsseln.

Eine Stimme drang aus dem Sprachrohr, und Leutnant Wellenberg musste sich tief hinunterbeugen, um überhaupt etwas zu verstehen. Endlich nickte er. Als er sich wieder aufrichtete, musste er einmal mehr einen Anfall von Übelkeit unterdrücken. Seekrankheit war das Letzte, was er gebrauchen konnte. Er wandte sich an den Kommandanten. »Funkspruch von Leitstelle!«

Trotz der Dunkelheit sah von Hassel das Grinsen auf dem Gesicht seines IIWO. »Was gibt's?«

»1.) Geleitzug beschatten. 2.) Ab morgen Mittag Peilzeichen geben. 3.) Ölbestand melden. 4.) Von U. an J.: Ja.« Der Leutnant grinste noch eine Spur breiter. »Hat ja auch lange genug gedauert.«

»Wunderschön!« Von Hassel nickte. »Jetzt müssen wir nur dranbleiben.« Er wandte sich um. »Lauer?«

In eine der vermummten schwarzen Gestalten kam Bewegung. »Herr Kap'tän!«

Von Hassel beugte sich dicht bis an den Kopf des jungen Mannes. »Unten ist ein Funkspruch von der Leitstelle. Ihre U-Punkt hat Ja gesagt.« Er zögerte kurz. »Herzlichen Glückwunsch!«

Natürlich hatte er trotzdem wegen des Sturmes brüllen müssen, und ebenso natürlich hatten es die anderen auch mitbekommen. Für Augenblicke war Jens von Männern im Ölzeug umringt, die ihm auf die Schulter klopften und Glück wünschten. Leutnant Wellenberg betrachtete die Szene mit einem Lächeln. Und der Alte befreite sich aus dem Gedränge und wandte sich um.

Für einen Augenblick stockte ihm der Atem. Eine hellere Silhouette tanzte auf dem nächsten Brecher, und ein langer Streifen schaumigen Kielwassers zog sich durch die Dunkelheit. Mehr eine Ahnung als wirklich etwas Sichtbares. »Bewacher! Alaaaarm!«

Die Männer verschwanden wie die Kaninchen im Loch. Von Hassel als Letzter. Unten knallten bereits die Entlüfter auf, und das Boot senkte sich. Er drehte das Handrad fest. »Turmluk ist zu!«

Mit lang geübter Routine rutschte er die Leiterholme entlang nach unten. Seeleute rannten nach vorn und verschwanden einer nach dem anderen durch das dortige Mannloch. Eine zirkusreife Nummer, geboren aus der Not, Gewicht nach vorn zu bringen.

Der LI beugte sich über die Rudergänger und kontrollierte den Tiefenmesser. »Zwanzig Meter gehen durch!«

»Tiefer, LI. Sechzig Meter!« Von Hassel sah sich kurz um. Leutnant Wellenberg hinkte zur Apfelkiste, Rudi Schneider wartete auf Befehle, und der Zentralemaat starrte auf den Papenberg, als könne er das Boot durch bloße Beschwörung dazu bringen, schneller zu tauchen. Er lächelte knapp. »Steuerbord zehn! Halbe Fahrt!«

Hinter sich hörte er den LI hart die Luft einsaugen. Halbe Fahrt bedeutete weniger Vortrieb und damit gleichzeitig ein langsameres Tauchmanöver. Aber der Methusalem sagte nichts, sondern kontrollierte nur die Bootslage noch genauer.

Der Alte streifte sich den Südwester vom Kopf. »Ich glaube nicht, dass er uns gesehen hat. Also machen wir uns klein und schleichen davon.« Er warf einen Blick auf den Kompass. »Recht so, Eins-Drei-Null steuern!«

»Funkspruch, Herr Kaleun!«

Dieter Hentrich erhob sich schlaftrunken von der schmalen Koje. »Was gibt's?«

»U-68 hat ein Geleit aufgespürt, wir sollen darauf operieren, Herr Kaleun!«

Der Alte verzog das Gesicht. »Sagen Sie mir auch, wo?« Er angelte nach Halt, als das Boot sich wieder überlegte.

»AJ9531, aber das war bereits vor zwei Stunden.« Der Funker reichte ihm den Zettel. »Wir haben's auf der Wiederholungsfrequenz aufgefangen.«

Hentrich runzelte die Stirn. Vor zwei Stunden waren sie getaucht, um rundzuhorchen. Natürlich wieder erfolglos. Der Kommandant von U-122 erhob sich. »Dann schau'n wir doch mal.« Aber er wusste auch ohne Karte, dass AJ95 nicht weit war. Jedenfalls nicht nach den Maßstäben des Atlantiks.

Der Steuermann erwartete ihn bereits. »Ich hab's mir mal angesehen.«

»Und?« Hentrich beugte sich über die Karte. Er spürte die Unsicherheit. *Der neue Alte muss erst mal zeigen, was er kann!* Er konnte ihre Gedanken fast hören.

Der Steuermann, ein hagerer Seemann mit wetterge-
gerbtem Gesicht, der so gar keine Ähnlichkeit mit
Franke auf U-68 hatte, deutete auf seine Eintragungen.
»Etwa sechs Stunden AK-Fahrt.«

Im Hintergrund seufzte jemand laut, und Hentrich
wandte sich um. »LI, beruhigen Sie sich. Wir haben genug Sprit!«

Der Leitende sah ihn säuerlich an. »Ja, im Augenblick noch.«

»Gut, solange wir heimkommen, bin ich zufrieden.«
Er wandte sich ab und studierte wieder die Karte. Im
Grunde war die Sorge des LI nicht unberechtigt. Sechs
Stunden AK schaffte was weg. Dazu möglicherweise
eine tagelange Jagd mit Vorsetzmanövern, und der
Sprit wurde knapp. »Welche Boote haben sich sonst
noch gemeldet?«

»U-29, Kapitänleutnant Schuhart, aber die stehen zu
weit ab im Osten. U-47, Priens Boot, aber auch ziemlich
weit ab. U-104, Kapitänleutnant Jürst, und U-112, Kapitänleutnant Tredow.« Der Steuermann hatte die Frage
wohl schon erwartet.

Hentrich grinste. »Das wird den Stier aber freuen.« Er
studierte die kleinen Kreuze, mit denen der Steuermann die Positionen der anderen Boote markiert hatte.
»112 kann nicht vor morgen Abend dran sein. 104
braucht sogar noch länger.«

»Wir sind das einzige Boot, das innerhalb kurzer Zeit
am Geleit sein kann.«

Der Alte betrachtete die Karte. Sechs Stunden mit AK
gegen den Sturm ackern, immer Richtung Nordwest.
Aber er hatte keine andere Wahl. »Funkspruch an U-68
und Leitstelle: Kann 68 bereits in sechs Stunden mit
Peilzeichen beginnen?« Er wandte sich um. »LI. Setzen
Sie die Ölmenge ein.«

Für U-68 wurde die Jagd auf den Geleitzug zu einem ständigen Tauchen und Ausweichen. Es war ihre Aufgabe, unsichtbar zu bleiben oder, wenn das nicht ging, dranzubleiben und die anderen Boote heranzulotsen. Erst dann konnten sie angreifen – und auch das erst, wenn der Seegang so weit abgeflaut war, dass sie ihre Torpedos einsetzen konnten.

Für die Männer auf dem Turm, die in regelmäßigen Abständen abgelöst wurden, war es eine Qual. Die ganze Nacht hielten sie Ausschau nach den aus der Dunkelheit plötzlich auftauchenden Schiffen. Zweimal tauchten sie vor Bewachern weg und hatten Glück. Oder vielleicht war es auch kein Glück, sondern einfach das Wetter. Genau wie die Deutschen ihre Torpedos bei diesem Seegang nicht einsetzen konnten, war es unmöglich, auf den ständig überfluteten Achterdecks der Bewacher zu stehen und Wasserbomben zu werfen. Für eine gewisse Zeit hatte der Atlantik den Krieg einfach unmöglich gemacht.

Seetag 33 – der Morgen

Als der Morgen endlich graute, hatte der Sturm noch immer nichts von seiner Wut verloren. Ein fahles Licht von Osten her war das Einzige, das anzeigte, dass ein neuer Tag angebrochen war.

Keith Frazier fuhr sich mit der Hand über das Kinn. Die Stoppeln machten ein kratzendes Geräusch. Unrasiert, mit roten Augen, starrte er wieder hinaus auf die See. Aber so sahen sie alle aus. Es gab kaum jemanden an Bord, der in der letzten Nacht wirklich Schlaf bekommen hatte. Und dabei war die Besatzung schon vorher nicht gut beieinander gewesen.

Er warf einen Blick nach Backbord. Die Dorchester Pride, auch in diesem Geleitzug wieder das Schiff des Commodore, hatte die Tacoma im Schlepp. Eine seemännische Meisterleistung, nachdem sich gezeigt hatte, dass die kleine Korvette einfach nicht in der Lage war, den großen Frachter zu schleppen, der so tief im Wasser lag, wie es seine Lademarken gerade noch zuließen.

Hinter der Dorchester Pride folgten weitere Schiffe. Die City of Almeira, die Bokatia, ein griechischer Trampdampfer namens Arkadios, der eigentlich gar nicht zu ihrem Geleit gehörte, sondern von einem anderen Geleitzug weiter südlich zurückgefallen war. Zwei Kolonnen, achtzehn Schiffe und gerade einmal zwei Bewacher, nämlich die unermüdliche Farlane und sie selbst. Der Rest? »Der Rest schippert irgendwo hier herum.«

»Sir?«

Frazier war sich nicht bewusst gewesen, dass er laut gesprochen hatte. Er lächelte müde. »Vergessen Sie es, Mr Maxwell, war nicht wichtig.«

»Funkspruch von Warlock an Farlane: Habe vierzehn Dampfer eingesammelt. Wo sind Sie, und was haben Sie?«

Frazier dankte dem Posten mit einem kurzen Kopfnicken. »Das kann spannend werden, bis wir uns alle wiedergefunden haben.« Wasser spritzte über den Bug bis hoch zur Brücke, und Frazier unterdrückte einen Fluch. Stattdessen schüttelte er sich nur.

Maxwell starrte angewidert hinter dem davonrollenden Brecher her. »Das kann noch eine Ewigkeit so weitergehen.«

»Glaube ich nicht.« Frazier blickte zum Himmel. »Das Barometer ist tief im Keller. Je tiefer, desto wilder, je wilder, desto kürzer.« Nachdenklich blickte er über die See. »Ein oder zwei Tage, dann ist die See wieder ruhiger. Hoffen wir, dass wir uns den Sturm nicht zurückwünschen müssen.«

Auch von Hassel hatte die Anzeichen bemerkt. Das leichte Nachlassen des Windes, die veränderte Windrichtung. Und die Brecher waren trotz gleicher Höhe wie bisher doch gleichmäßiger erschienen. Das Sturmzentrum schien seine Kraft verbraucht zu haben. Vielleicht war der verdammte Wirbel auch einfach irgendwo in Grönland aufs Festland gelaufen. Es war nicht mehr allein der Wind, das war schon mehr Dünung.

Er sah sich um. Die Gesichter der Wache waren gerötet vom eisigen Sturm und vom Salzwasser. Die Augen der Männer blickten brennend und entzündet auf die See hinaus. Selbst die jüngsten der Gesichter sahen erschöpft aus … und alt. Aber vielleicht waren das nur die Strubbelbärte.

»Scheint, wir hängen am Hauptgeleit.« Oberleutnant Schneider hob das frisch geputzte Glas und warf einen schnellen Blick auf das Schiff Meilen voraus an Steuerbord. »Komischer Dampfer.« Dann presste er das Glas gegen seine Brust und wandte sich ab, um es vor dem nächsten Gischtschleier zu schützen, der am Turm emporstieg.

»Wieso komisch?« Von Hassel hob sein eigenes Glas, aber durch das Salz auf den Objektiven konnte er kaum mehr sehen als einen Schemen. »Weil er grau gepönt ist?«

»Weil er grau gepönt ist? Weil er hinter den Bewachern herumhängt!« Schneider verzog das Gesicht. »Der zackt ja nicht mal wie der Rest von den Burschen, der macht, was er will, und dackelt hinterher.«

»Das wird den Chef der Bewacher oder den Geleitzugkommodore ganz schön ärgern, meinen Sie?«

Der IWO zuckte mit den Schultern. »Sein Bier. Ich will nur nicht, dass ein Bewacher herangebraust kommt, um ihm die Leviten zu lesen, und uns dabei zufällig entdeckt.«

»Keine Sorge, der bekommt nicht die Leviten gelesen.« Von Hassel deutete auf den Dampfer. »Könnte wetten, der ist ein Lazarettschiff.«

Rudi Schneider dachte über diese Möglichkeit nach. »Sollte er dann nicht gekennzeichnet sein und Lichter führen? So was wie ein rotes Kreuz?« Er spähte zu dem Dampfer vor ihnen. »Jemand könnte ihn in der Nacht ja versehentlich umlegen, wenn er so hinter dem Geleit herdackelt.«

»Sollte.« Der Alte verzog das Gesicht. »Aber vielleicht traut sich Mr Churchill nicht mehr, seit seine Flieger die Flugzeuge des Rettungsdienstes abschießen und die Rettungsbojen im Kanal mit ihren Bordwaffen durchlöchern.* Der denkt sich, wenn er auf rote Kreuze schießen lässt, dann tun wir das auch.«

»Und? Tun wir?«

Von Hassel grinste. »Merken Sie sich diesen Dampfer, Rudi.« Er zog eine Grimasse. »Nicht, dass wir den versehentlich abtakeln.«

Unten im Funkschapp hatte es noch keinen Moment der Ruhe gegeben. Peilzeichen wurden ausgesandt, das GHG war ständig besetzt, Meldungen an die Leitstelle wurden chiffriert und abgeschickt. Nebenher hörten die Funker noch die Seenotwelle auf dem 900-Meter-Band und die Dampferwelle auf dem 600-Meter-Band ab. Und wenn zwischendurch etwas Zeit war, nahm man schnell mal den Funkspruch eines anderen Bootes auf, nur um zu wissen, was so los war. Leutnant Wellenberg, als Wachoffizier mit der Enigma ebenfalls vertraut, half zeitweilig aus, aber das machte nur einen Funker frei, um noch mehr Funksprüche aus dem Äther fischen zu können.

Olm runzelte die Stirn. »Was zum ...« Er schrieb mit. Henke blickte von der Chiffriermaschine auf und las die Botschaft mit. Dann pfiff er schrill durch die Zähne. »Der Alte wird den Burschen lieben!«

---

* Bereits seit Dünkirchen und dem Beginn der Luftschlacht um England wurden sowohl die Rettungsbojen als auch die Rettungsflieger regelmäßig Opfer der Royal Air Force. Hintergrund war, dass man verhindern wollte, dass abgeschossene deutsche Piloten nach Deutschland zurückkehrten und einfach wieder in Ersatzmaschinen stiegen. Die Rettungsbojen waren große verankerte Bojen, die überall im Kanal ausgelegt worden waren. Abgeschossene Flieger konnten in diese Bojen klettern und abwarten. Die Rettungsflieger hatten Schwimmflugzeuge und kontrollierten u. a. diese Bojen regelmäßig. Sowohl Bojen als auch Rettungsflieger waren mit dem Roten Kreuz gekennzeichnet und unbewaffnet.

Der Funkmaat sah die beiden Funkgasten böse an. »Macht mal nicht so einen Lärm, ich versuch hier zu lauschen.«

»Trotzdem, lies mal!« Olm schob ihm den Zettel zu.

Rückert überflog die Meldung und schüttelte den Kopf. »Das gibt's nicht! Bring das mal dem Alten.«

Als Olm aus dem Luk kletterte, erwischte ihn erst mal ein kalter Wasserschwall. Fluchend richtete er sich auf und reichte dem Kommandanten den durchweichten Zettel. »Hier, Herr Kap'tän, der kam offen auf der Dampferwelle durch!« Er duckte sich wieder, als ein Brecher gegen den Turm schlug und die Gischt hoch aufspritzte.

Von Hassel las die Meldung und runzelte die Stirn. »Das gibt's nicht!«

»Hat Rückert auch gesagt.«

»Was gibt's nicht?« Rudi Schneider machte einen langen Hals. Von Hassel griente. »Da funkt ein Frachter namens Marquesa offen, dass er mit drei anderen zusammen auf Kurs Eins-Null-Null fährt und fragt, wo der Geleitzug ist.«

»Marquesa hört sich für mich spanisch an.«

Der Alte schüttelte den Kopf. »Kühlschiffe. Houlder Brothers, wenn ich mich nicht täusche.«

»Also ein Tommy?« Schneider blickte über die See, aber der Seegang war einfach zu hoch. »Und wir können die Trottel nicht mal umlegen.«

»Kann der verdammte Kerl nicht verschlüsselt funken?« Lieutenant Maxwell betrachtete angewidert den Funkspruch, den Sparks gerade auf die Brücke gebracht hatte.

Frazier zuckte mit den Schultern. »Wahrscheinlich nicht.« Er sah seinen Zweiten amüsiert an. »Was erwarten Sie? Die Kapitäne kriegen bei den Konvoibesprechungen einen Stapel Unterlagen in die Hand gedrückt, in dem irgendwo auch die Codetabellen versteckt sind. Keiner hat denen jemals erklärt, wie man etwas verschlüsselt oder entschlüsselt.«

Maxwell machte kein sehr intelligentes Gesicht. »Aber … aber …«

»Das ist nicht die Royal Navy, das ist die Handelsmarine. Die haben ganz andere Sorgen.« Frazier grinste. War er nicht selbst ein Produkt der Handelsmarine? »Die sind nicht unwillig oder blöde, Mr Maxwell. Denen hat man nur den ganzen Funkkram nicht beigebracht.« Er grinste. »Als ich zur See ging, hatten nur sehr große Dampfer überhaupt Funk.«

»Nett!« Maxwell grinste reumütig. »Aber was machen wir nun?«

Frazier deutete auf die ferne Farlane. »Nachdem freundlicherweise die Henbane mal wieder vorbeigeschaut hat, wird der Chef entweder uns oder die Henbane losschicken, um die Marquesa und ihre Kameraden einzusammeln. Wir haben inzwischen zwanzig, Warlock hat sechzehn nach der letzten Meldung, und vier laufen allein und verlassen in der Nähe mit. Macht vierzig, fehlen also vier. Es wäre nett, wenn wir wenigstens unseren Tanker wiederfänden.«

Der Lieutenant nickte. Die Bunker waren noch nicht lenz, aber so viel fehlte auch nicht. »Sonst muss uns der Flottentanker versorgen.«

»Signal von Farlane: Entlassen, um Konvoi Marquesa zu suchen.«

»Bestätigen!« Frazier rappelte sich aus der Brückennock hoch und ging zum Kompass. »Backbord fünfzehn!« Langsam schor der Bug von den großen Schiffen weg. Frazier blickte zurück. »Eine Menge Schiffe.«

»Eine Menge Leute auf den Schiffen.«

Frazier nickte und betrachtete die vier großen Schiffe in der Mitte des Konvois. Vier große Truppentransporter. Passagierschiffe, deren flüchtige graue Bemalung nicht ihre eleganten Linien verdecken konnte.

Groß und modern, sie konnten viel schneller laufen als der Rest der Frachter.

Schneller auch als seine Goosefoot. Aber wenn sie einem Wolfpack vor die Rohre liefen, waren sie nichts anderes als Schafe. Er grinste, um seine Sorgen zu verbergen. Rennschafe eben. »Wir sollten zusehen, dass wir zurück sind, bevor der Seegang nachlässt!«

Nach und nach gelang es, das Geleit wieder zusammenzusuchen. Jedenfalls beinahe. Ein Schiff fehlte, der französische Dampfer Audite.

Keines der anderen Schiffe hatte eine Spur von ihm gesehen oder einen Funkspruch von ihm aufgefangen. So konnte man nur annehmen, dass die Audite versuchte, sich auf eigene Faust durchzuschlagen.

Als die Nacht hereinbrach, pflügten dreiundvierzig Schiffe wieder in sauber geordneten Kolonnen durch die See, und die Bewacher hatten erneut so etwas wie einen Sicherungsschirm gebildet. Einen Schirm mit Lücken, aber nichtsdestotrotz eine bessere Sicherung, als viele andere Konvois dieser Zeit aufzuweisen hatten. Und es wurde höchste Zeit, denn schon ließ der Seegang nach. Noch nicht so weit, dass man befürchten musste, die U-Boote könnten angreifen, dazu waren die Wellen immer noch zu hoch.

Aber es konnte nicht mehr lange dauern. Sie hatten bereits fast einen ganzen Tag verloren, da sie die Schiffe wieder einsammeln mussten.

* * *

Als es Nacht wurde, waren die Männer auf U-68 bereits seit über zwanzig Stunden auf den Beinen. Sicher, manchmal kam der eine oder andere dazu, eine Mütze voll Schlaf zu nehmen, aber weder der Steuermann, der jede Bewegung des Bootes mitkoppelte, noch die Funker, die gleichzeitig versuchten, jede erreichbare Information aufzuschnappen und das Rudel herbeizulotsen, noch die Offiziere gehörten zu jenen Glücklichen. Genauso wenig wie die Maschinisten, die ständig auf ein sich anbahnendes Problem lauerten oder die Torpedos noch einmal überprüften, und genauso wenig wie der Smut, der versuchte, wenigstes so viel wie möglich an Verpflegung anzubieten, damit den erschöpften Männern nicht die Kräfte ausgingen. Denn dass sie angreifen würden, war klar.

Für Jens war selbst die ersehnte Antwort von Ulrike plötzlich in weite Ferne gerückt. Im Augenblick gab es Wichtigeres. Es galt, in den endlosen Stunden der Wache jedes sich nähernde Schiff rechtzeitig zu erkennen, in den Stunden der Freiwache mal beim Steuermann mit dem Koppeln auszuhelfen oder einfach auch mal einen der vielen Funksprüche nach oben zu bringen, wenn die Funker gerade keine Zeit hatten. Nichts davon war weltbewegend oder kriegsentscheidend. Aber es war das, was er tat, er war wie ein kleines Zahnrad im Getriebe.

U-122 lag beinahe perfekt im Weg. Hentrich versuchte, das tiefe Dröhnen der großen Schrauben aus seinem Kopf auszublenden, aber es gelang ihm nicht. *Wie viel Tiefgang hat ein verdammtes Schlachtschiff?* Er wusste es nicht. Er wusste nicht einmal genau, was für einen Typ er da vor sich hatte. Aber irgendetwas musste er seinem IWO ja sagen. »Ich sehe zwei Doppeltürme und dahinter eine kantige Brücke. Vielleicht Typ Warspite?«

250

Der Oberleutnant blätterte im Erkennungshandbuch. »Hier! Ungefähr zehn Meter Tiefgang. Fünfundzwanzig Knoten, vierzigtausend Tonnen.«

»Der läuft keine fünfundzwanzig!« Der Kapitänleutnant studierte das große Schiff. Fast kein Licht mehr, alle Details undeutlich. Aber der Winkel würde in ein paar Minuten optimal sein. »Wo stehen die Zerstörer?«

Er hörte, wie die Frage geflüstert weitergegeben wurde. Einen kurzen Augenblick später kam die Antwort. »Drei-Vier-Acht und Drei-Fünf-Eins.«

Er biss sich auf die Unterlippe. Es war seine Entscheidung. Der Winkel war optimal. Aber selbst auf Sehrohrtiefe schwankte das Boot im Seegang.

Aber ein Schlachtschiff! Das ist so ziemlich die dickste Beute, die es gibt!

»Mündungsklappen öffnen. Schleichfahrt und Ruhe im Boot!« Er nahm noch einmal eine Peilung. Beinahe optimal. Die Tommies liefen ihnen direkt vor die Rohre. »Gegner Bug rechts, Fahrt fünfzehn, Tiefe …« Er stutzte. »Was nehmen wir?«

»Mit den Magnetzündern? Schlage vor, zwölf Meter, Herr Kaleun.«

Das machte Sinn. Schließlich sollten die Aale unter dem Schiff explodieren. »Also gut, Tiefe zwölf. Abstand sechzehnhundert.«

Hinter ihm klickten die Schalter, als der IIWO die Werte am Vorhaltrechner einstellte. Er hielt inne, als der Kommandant weitersprach. »Fächer Rohr eins bis vier, Streuung ein halbes Grad.«

»Eingestellt.«

Hentrich lächelte. Der IIWO hätte gern eine größere Streuung eingestellt, aber mit den Problemen, die die Magnetpistolen hatten, wäre das hier schon unter guten Bedingungen ein Glücksspiel gewesen. Für einen

Augenblick drehte er das Periskop hin und her. Ein zweites Schiff folgte dem dicken Brocken. Kleiner, aber immer noch gewaltig. Er konnte es immer nur für Augenblicke sehen, bevor die Wellen wieder über den Sehrohrkopf schlugen. Er runzelte die Stirn. »Da läuft noch einer! Schlachtschiff oder Kreuzer, das ist 'ne zweite Kolonne!« Verdutzt nahm er die Stirn vom Gummiwulst und schüttelte den Kopf. Das musste der gleiche Verband sein, den sie schon einmal getroffen hatten. Er presste das Gesicht wieder gegen das Sehrohr. Unter anderen Bedingungen wäre es Selbstmord gewesen, den Spargel so lange draußen zu lassen. Hier konnte er es riskieren, weil die See sowieso aufgewühlt war.

Er kontrollierte noch einmal die Peilung zum Schlachtschiff. Die Silhouette erschien in der Zwischenzeit länger. Er runzelte die Stirn. Irgendetwas stimmte nicht mit der Silhouette. Aber es wurde Zeit, sich zu entscheiden. *Feuern oder abhauen.* Er verzog das Gesicht.

Feuern und abhauen! »Rohr eins bis vier looooos!« Zischend drückte die Pressluft die Aale aus den Bugrohren, und die Aale machten sich auf die Reise. Als der letzte Torpedo unterwegs war, klappte Hentrich die Handgriffe hoch und fuhr das Sehrohr ein. »Backbord zehn! LI, runter auf hundert Meter.«

Das Boot drehte weg von dem großen Kriegsschiff und ging auf Tiefe. Der IIWO hielt unablässig die Stoppuhr in der Hand. Hentrich versuchte ihn zu ignorieren. Stattdessen konzentrierte er sich auf die Ausweichmanöver. Wenn die Torpedos einschlugen, wollte er mit Sicherheit nicht mehr da stehen, wo die Zerstörer nach ihnen suchen würden. »Neuer Kurs wird Zwo-Null-Null!

»Fünfzig Meter gehen durch!«

Hentrich ging zum Schott. Einen Augenblick lang sah er auf den Rahmen hinunter, dann setzte er sich mit einem kurzen Lächeln in den Schottrahmen. »Was machen die Tommies?«

Der Funkmaat blickte kurz auf. »Laufen stur weiter ihren Kurs.«

»Zeit ist um!«

Der Kapitänleutnant nahm sich die Mütze ab. Kein Einschlag eines Aals, ein Geräusch, das unter Wasser mehr wie zerreißender Stoff klang. Keine brechenden Schotten. Keine donnernden Explosionen.

»Nun ja. Es war ein schwieriger Schuss, und bei dem Sturm ...« Der IWO hielt inne.

Vielleicht, weil er nicht weiß, was er sagen soll! Vier Aale für nichts und wieder nichts. Er fuhr sich durchs Haar und setzte die Mütze wieder auf. »Sehen wir zu, dass wir ...«

Ein Geräusch unterbrach ihn, ein Zwischending aus Knacks und Krachen. Er hielt den Atem an. Und wieder! Die Männer sahen einander an. Aber es war der IIWO, der das Schweigen zuerst brach. »Zwei Treffer, verdammt noch mal, zwei Treffer!« Er führte eine Art Regentanz vor dem Vorhaltrechner auf. Oder wenigstens sah es für Hentrich so aus.

Männer schlugen einander auf die Schulter. Der IWO nickte ihm zu. »Gratuliere, Herr ...«

Aber auch der IWO sollte nicht dazu kommen, zu Ende zu sprechen. »Zerstörer läuft an!« Der Warnruf des Funkmaates übertönte den allgemeinen Jubel.

Hentrich sprang auf. »Schleichfahrt, Ruhe im Boot!« Er sah sich um, als die Männer verstummten. »Zeit, um uns dünnezumachen!« Demonstrativ ließ er sich wieder im Schott nieder.

Der Zerstörer konnte von ihm aus tausendmal anlaufen. Bei dem Wetter konnte er ja keinen Wabo-Angriff fahren. *Und wir keinen Torpedoangriff!* Er grinste mutwillig.

Das vertraute Geräusch reißender Schotten breitete sich im Wasser aus. Alle lauschten. Da ging ein Schiff auf Tiefe. Dann, ganz plötzlich, ertönte ein neues Geräusch. Ein dumpfes Grollen wie von einer Explosion. Von einer langsamen Explosion, falls es so etwas gab. Hentrich machte kein sehr geistreiches Gesicht. »Was ist das?«

Die Männer schüttelten den Kopf. Selbst der Horcher konnte nur ratlos mit den Schultern zucken. »Das Schlachtschiff dreht auf uns zu!«

»Das Schlachtschiff tut *was?*«

»Es dreht auf uns zu!«

Für einen Augenblick versuchte der Kapitänleutnant sich vorzustellen, dass ein Schlachtschiff auf U-Boot-Jagd ging. Aber der Gedanke war einfach zu abwegig. Bis der dicke Brocken einmal einen Kreis gezogen hätte, konnten sie ja sonst wo sein. »Was machen die anderen?«

»Ein Zerstörer läuft ab, der andere scheint zu drehen, ungefähr eins-sechs-null Grad, Herr Kaleun!« Der Funkmaat bewegte das Handrad des GHG zwischen den Kontakten hin und her. »Die beiden anderen Dickschiffe drehen auch auf uns zu.« Er sah seinen Kommandanten mit aufgerissenen Augen an. »Die überlaufen uns!«

Das Krachen des sinkenden Rumpfes wurde stärker, und ein unheimliches Rauschen und Gluckern gesellte sich zur Geräuschkulisse. Hentrich sah auf die Uhr. Vielleicht vier oder fünf Minuten seit dem ersten Einschlag. Was auch immer sie getroffen hatten, es soff schnell ab. Und es war kein Schlachtschiff. Nur konnte er nicht hoch, um nachzusehen. Ein dumpfes Mahlen schien sich im ganzen Boot auszubreiten, wurde lauter und lauter. Hentrich riss die Augen auf, aber er war nicht der Einzige. Alles schien zu vibrieren, als der Koloss, getrieben von seinen vier riesigen Schrauben und mehr als hunderttausend Pferdestärken, über das Boot lief. Für die Männer fühlte es sich an, als würde ihre ganze kleine Welt plötzlich im Rhythmus dieser riesenhaften Schrauben schwingen.

An der Oberfläche ragte eine Flammensäule diagonal in den Himmel. So stark waren die Brände, dass selbst der Sturm sie nicht ausblasen konnte, sondern höchstens noch anfachte. Der Flottentanker Eldergate äscherte sich selbst ein, ein Scheiterhaufen für sich und seine unglückliche Besatzung. Hilflos kreiste einer der beiden Tribals, in der Hoffnung, Überlebende aufnehmen zu können. Eine vergebliche Hoffnung, genauso vergeblich wie die Hoffnung seines Kameraden, eine Spur des unsichtbaren Killers ausmachen zu können. Weil er auf der falschen Seite suchte. Wie konnte er auch ahnen, dass die Torpedos unter dem Schlachtkreuzer Reliant durchgelaufen waren?

Und diejenigen, die gewusst hätten, auf welcher Seite die Aale eingeschlagen waren, waren zu diesem Zeitpunkt bereits alle tot.

Eine Dreiviertelstunde nach dem ersten Einschlag verließen auch die beiden Flottenzerstörer den Schauplatz und eilten den flüchtenden Dickschiffen hinterher. Zu diesem Zeitpunkt war der unglückliche Flottentanker längst in der Tiefe verschwunden, und es herrschte wieder Dunkelheit.

Hentrich ließ auftauchen, als sicher war, dass die beiden Zerstörer nicht wiederkommen würden. Die Männer auf dem Turm sahen sich suchend um, aber eine Spur ihres Opfers war nirgendwo mehr zu erkennen. Der IWO schüttelte den Kopf. »Muss den Kerl völlig zerrissen haben.«

»Wir drehen mal ein paar Kreise, vielleicht finden wir etwas.« Dieter Hentrich blickte über die Wogen. Allzu lange konnten sie sich nicht aufhalten. Sie mussten nachladen und weiter. U-68, sein altes Boot, wartete. Gerade einmal vierzig Meilen entfernt, wenn ihre Navigation stimmte.

Alles, was sie fanden, war ein halb verbrannter Rettungsring mit den noch lesbaren Buchstaben »...derg...« Nicht viel und sicher nicht genug, ihnen den Namen ihres Opfers zu verraten. Etwas frustriert nahm das Boot wieder Kurs auf das Peilzeichen von U-68. Das Schlachtschiff, das wäre was gewesen, aber die Aale machten, was sie wollten.

Kurz, nur ganz kurz blinkte eine Vartalampe durch die Dunkelheit. Aber das war bereits genug, um von Hassel einen Schauer über den Rücken zu jagen. Denn wer immer da blinkte, hatte sein Boot gesichtet, ohne dass sie ihn selbst gesehen hätten. Genau von achtern, dem Sektor, in dem der Lärm der eigenen Diesel auch das GHG taub machte. Aber dann fiel ihm doch ein Stein vom Herzen, als er die gemorste Bootsnummer erkannte.

»Vartalampe auf die Brücke!« Von Hassel klemmte sich zwischen UZO-Säule und Sehrohr, während die Männer ihn festhielten. Jemand drückte ihm die Lampe in die Hand. Er morste langsam die Bootsnummer. »Das ist Hentrich!«

Ein paar der Männer winkten, angelten aber sofort wieder nach Halt, denn der Turm schwankte wie betrunken hin und her.

Wieder kamen Lichtsignale aus der Dunkelheit, dann holte das andere Boot auf und lief querab. »Er hat ein Schiff versenkt, weiß aber nicht, welches.« Von Hassel grinste. »Immerhin, mehr als wir bisher!«

Für ein paar Minuten gingen kurze Signale zwischen den Booten hin und her. Es war ein Risiko. Niemand wusste besser als sie selbst, wie weit man ein Morsesignal bei Nacht sehen konnte. Aber die Gelegenheit, sich vor einem Angriff abzusprechen, kam zu selten, um sie ungenutzt verstreichen zu lassen.

»K an K, schlage vor, kurz vor Mitternacht von beiden Seiten anzugreifen.«

Von Hassel griente. Bei einem Geleitzug dieser Größe mochte das möglich sein. Es gab Kommandanten, die im Schutz der Dunkelheit lieber mitten ins Geleit gestürmt wären, aber das waren andere Kommandanten.* Sie hatten auch von außen genügend Ziele. Er hob die Lampe. »Einverstanden, ich greife Backbord an. Mitternacht!«

Die beiden Boote trennten sich. Ein langer Tag lag vor ihnen, aber in der nächsten Nacht würde der Seegang so weit nachgelassen haben, dass sie angreifen konnten. Eine mondlose Nacht, und die See immer noch unruhig genug, um Blasenbahnen zu verbergen … eine Nacht, wie geschaffen für die grauen Wölfe.

---

* Wie zum Beispiel Prien, Schepke, Kretschmer und Bleichrodt. Eine Taktik, die zweifellos eine Zeit lang funktionierte, die aber am Ende die Asse das Leben kostete.

Angriff

Es war die dunkelste Stunde der Nacht, die Stunde, in der sie immer kamen. Die Männer hatten unterschiedliche Wege, damit umzugehen. Viele zeigten einen gewissen Fatalismus. Sie gingen ihre Wachen, sie nahmen ihre Mahlzeiten in der Messe ein und schliefen in ihren Unterkünften und Kammern unter Deck oder in den Aufbauten der schwer beladenen Dampfer. Wenn es sie erwischte, wer wollte beurteilen, was besser war? Mit dem sinkenden Schiff auf Tiefe zu gehen, oder Stunden zu schwimmen und dann zu ertrinken? Oder vielleicht sogar in einem Rettungsboot auf dem Meer treiben, bereits vergessen von der Welt der Lebenden, während man auf einem Ozean aus Wasser verdurstete? Alle Alternativen erschienen nicht sehr verlockend, und mit dem Schiff auf Tiefe zu gehen mochte noch die beste Möglichkeit sein.

Für andere war allein die Vorstellung, unter Deck eingeschlossen zu sein, ein Albtraum. Ein Albtraum, der vielleicht einst in den Stunden unruhigen Schlafes begonnen hatte, die zwischen den Wachen lagen, aber ein Albtraum, der sich inzwischen auf jede Minute des Tages ausgedehnt hatte. Ein Albtraum, der immer da war, der immer lauerte. Auf den Moment, wenn es wieder unumgänglich war, unter Deck zu gehen, sei es, weil der Dienst es erforderte, sei es auch nur, um etwas zu essen.

Doch sie waren mit ihren Ängsten allein. Es war nichts, worüber man sprach. Nicht, weil nicht jeder diese Ängste gekannt hätte. Sondern weil jeder auf eine unbestimmte Art und Weise fürchtete, dass »Durchdrehen« eine ansteckende Krankheit sein könnte.

. Aber ob sie in ihren Kojen lagen oder sich in irgendwelchen dunklen Ecken an Deck herumdrückten, nur wenige der Freiwächter fanden wirklich Schlaf. Nicht hier, nur noch ein paar Tage von der Irischen See entfernt. Nicht hier, wo die Wölfe lauerten.

Dieter Hentrich spähte durch die UZO, aber es war so dunkel, dass er Mühe hatte, die Frachter zu erkennen. »Verdammte Sauerei!«

»Geleiter, drei Dez an Backbord!«

Der Kommandant hob nicht einmal den Kopf. »Was macht er?«

»Läuft ab!«

»Danke, kann ich ja nicht riechen!« Der Kaleun schwenkte die UZO etwas. »Rohr eins und zwei, Gegner Bug links, vier Knoten, Tiefe vier, Entfernung zwölfhundert!« Er sah nicht mehr als einen Schatten, etwas Massives, Dunkles in der Schwärze. Vorsichtig drehte er die Zieloptik weiter. »Rohr drei und vier, Gegner Bug links, vier Knoten, Abstand vierzehnhundert, Tiefe vier!« Er hob den Kopf und blickte kurz herum. Noch immer ging eine hohe Dünung. Er wollte, er könnte die Aale flacher schießen, aber bei diesem Seegang würden die Dinger einfach aus dem Wasser springen. Er unterdrückte ein Seufzen.

Wie oft hatte er von Hassel bei Angriffen beobachtet. Aber nun war er an der Reihe.

Ein letztes Mal kontrollierte er die Ziele. »Beide AK! Rohr eins los, weiterfeuern nach Stoppuhr!«

Unter seinen Füßen ruckte das Boot, als der erste Aal die Rohre verließ.

Keith Frazier versuchte, die Dunkelheit zu durchdringen. Irgendwo an Backbord musste das Geleit stehen, aber auch wenn er das monotone Stampfen der Maschinen hörte, er konnte beim besten Willen nicht sagen, wie weit entfernt die Frachter liefen. Irgendwo zwischen einer halben und einer ganzen Meile.

»Ruder Steuerbord zehn!«

Frazier beobachtete die dunkle Gestalt von Maxwell, der den nächsten Schlag ihres Zickzackkurses einleitete. Eine halbe Minute nach außen, eine halbe Minute nach innen. Mit steifen Knochen raffte er sich aus der Brückennock auf und stelzte zu dem Posten an den Sprachrohren. »Haben wir noch Kye?«

Der junge Seemann verzog das Gesicht. »Ich glaube, der Smut schläft schon. Soll ich ihn wecken?«

»Lassen Sie mal, Seemann.« Resigniert zuckte Frazier mit den Schultern. Wie alle an Bord bekam auch der Smut wenig Schlaf.

Ihn wegen einer Mug voll Kye zu wecken erschien ihm in diesem Moment unfair. Fröstelnd versuchte er, sich etwas fester in den Dufflecoat zu wickeln, aber es blieb einfach kalt. Scheißkalt. *Was erwarte ich? Wir sind beinahe auf der Breite von Grönland.*

Von Hassel hatte ähnliche Probleme wie Hentrich. Alles war schwarz in schwarz. Wütend blickte er durch die starke Optik, aber wo kein Licht war, half auch Vergrößerung nichts. Er hob den Kopf. »Ich sehe gar nichts!«

Rudi Schneider lachte etwas gequält. »Verdammt, Herr Kap'tän, wir hören die Burschen, aber wir sehen nicht die Bohne.« Das Lachen verstummte. »So wie sich das anhört, müssen wir beinahe schon zwischen denen sein.«

»Danke!« Von Hassels Stimme glich mehr einem

260

Knurren. »Wirklich hilfreich, Rudi!« Er beugte sich wieder hinter die UZO. Da war etwas! Aber noch bevor er Befehle geben konnte, donnerte es in der Ferne. Ein schmutziges Orange zerriss die Dunkelheit für einen winzigen Augenblick. Geblendet zuckte der Alte von der Optik zurück, aber sofort presste er wieder den Kopf gegen den Gummiwulst. »Gegner Bug rechts, Tiefe vier, Fahrt vier, Abstand achthundert. Rohr eins und zwo, looos!« Er schwenkte die UZO nach rechts, aber der Lichtschein erlosch schon wieder. Alles versank erneut in Schwärze. Er hielt ungefähr dahin, wo er den Schatten gesehen hatte. »Rohr drei und vier! Gegner, Bug rechts, Tiefe vier, Fahrt vier, Abstand sechshundert! Und looos!«

Mit einem Fauchen verließen die Aale die Rohre, und unter von Hassels Füßen bockte das ganze Boot. Eins … zwo … »Bewacher an Backbord!« … drei … »Kommt näher!« … vier!

Von Hassel richtete sich auf und schwenkte das Glas nach Backbord. Aber er konnte nichts sehen. »Umschalten auf E-Maschine! Große Fahrt voraus, Backbord fünfzehn!«

Das Blubbern der Diesel verstummte. Was blieb, war das Heulen des Windes und das Plätschern der Wellen. Aber die E-Maschinen liefen. Wie eine Sense schwang der Bug nach links.

Von Hassel warf einen kurzen Blick auf den Kompass. »IWO, steuern Sie Drei-Drei-Null!« Er hob wieder das Glas. Aber keine Spur von dem Bewacher. Der junge Lauer hatte ihn gemeldet. *Muss Augen haben wie ein Luchs!* »Lauer, können Sie den Bewacher noch sehen?«

»Er zackt weg, Herr Kap'tän. Korvette!«

Der Alte richtete sein Glas in genau die gleiche Richtung. Ein heller Schimmer, vielleicht eine Ahnung von

Kielwasser. Das war aber auch schon alles, was er sah. *Nicht tauchen! Er sucht nach einem getauchten Boot!* »IWO, fragen Sie mal nach, ob Rückert sein Ortungsgerät hört.«

Captain Foster schreckte auf, als die ersten dumpfen Explosionen die Stille zerrissen. Über Stunden hatte ihn das dumpfe, gleichmäßige Stampfen der Maschinen eingelullt. Wie ein großes gutmütiges Tier hatte seine City of Almeira seit Tagen ihren Kurs durch das Wasser des Atlantiks gezogen, immer den Kursanweisungen des Convoy Commodore folgend. Und sie hatten Glück gehabt, bisher hatten die Wolfpacks sie verfehlt, vielleicht wegen des Sturms. Bisher ... aber ihr Glück war offensichtlich vorbei.

Er schwang die Beine aus der Koje und eilte auf die Brücke. Nur ein Idiot würde hier anders als in Kleidung schlafen, einen warmen Wachmantel immer neben sich zur Hand. Ein Schwall kalter Luft begrüßte ihn, aber er spürte es nicht einmal. »Was ist passiert?«

Der Dritte Offizier, der die Wache hatte, hob unsicher die Hände. »Es hat irgendwo eingeschlagen, aber wir können nichts sehen.«

»Kann der Funker was rauskriegen?«

»Ich ...« Aber noch bevor der junge Offizier eine Meinung äußern konnte, donnerten wieder Explosionen. Geisterhaft stiegen am Schiff vor ihnen weiße Wassersäulen in die Höhe.

»Verdammt!« Der Captain stürzte in die Brückennock. *Vier Kabel zwischen den Kolonnen, fünf von Schiff zu Schiff!* Er sah, wie der Dampfer vor ihnen an Fahrt verlor, und wurde sich des plötzlichen Lichts bewusst. Er blinzelte. »Es ist die Bokatia! Sie brennt!« Gedanken rasten durch seinen Kopf, während es wieder dumpf rumste. Dieses Mal auf der anderen Seite des Geleits.

»Backbord fünfzehn!« Das Schiff vor ihnen begann bereits, sich auf die Seite zu legen. Wie lange befand es sich schon in dieser Lage, seit es getroffen war? Eine Minute, vielleicht zwei? Er spielte mit dem Gedanken, zu stoppen. Doch er kam nicht dazu, den Gedanken zu Ende zu bringen oder gar entsprechende Befehle zu erteilen.

Fünf Kabel, eine halbe Meile, von Schiff zu Schiff! Eine donnernde Explosion erschütterte die City of Almeira. Foster verlor den Halt und stürzte auf das Deck. Eine zweite Explosion folgte, und dieses Mal weiter achtern. Beinahe sofort spürte er, wie sich sein Schiff überlegte. Das Deck unter ihm schien in die Höhe zu springen, und seine Kiefer schlugen hart aufeinander.

Erwischt! Es war ein seltsam klarer Gedanke, bar jeden Gefühls in diesem kurzen Augenblick. Einzig die Feststellung einer Tatsache. Und doch – es war der Moment, der über das Schicksal von Foster und seinen Männern entschied. Fluchen statt Panik. Er rappelte sich auf und stürmte am verdatterten Dritten vorbei zum Sprachrohr. »Maschinenraum, Gallory, hört ihr mich?«

Es dauerte einen Augenblick, bis sich eine grimmige Stimme meldete. »Hier Gallory, Skipper. Wir hatten Glück, es war weiter vorn.«

Glück? Vielleicht! Der Captain zögerte kurz. »Wie sieht es aus?«

Frazier fuhr herum, als das plötzliche Donnern der Explosionen das gleichmäßige Stampfen der Maschinen übertönte. »Wen hat's erwischt?« Er blinzelte, als ein weiteres Schiff getroffen wurde. Flammen schlugen aus einem Laderaum, und der Alte erkannte die Bokatia an ihren altmodischen Aufbauten. »Backbord fünfzehn!«

Sein Schiff drehte auf den brennenden Griechen zu. Aber er würde den Teufel tun und näher rangehen. Irgendwo musste das U-Boot doch sein. *Irgendwo zwischen uns und den Frachtern!*

»Hat jemand den Einschlag gesehen?«

Die Männer auf der Brücke schüttelten nur den Kopf. Verblüfft begriff er, dass er die Geste sehen konnte. Sie waren bereits zu nahe an dem brennenden Griechen! »Stützruder! Der Rudergänger soll uns auf Parallelkurs bringen.« Er runzelte die Stirn. »Ist ASDIC ein*?«

»ASDIC ist ein und läuft warm!«

Zwei weitere Explosionen hallten durch die Nacht, und dieses Mal sah er die hohen Treffersäulen an der Bordwand der City of Almeira emporsteigen. Also doch auf unserer Seite!

»Warlock signalisiert!« Der Signalgast sprang vor Aufregung von einem Bein auf das andere. »Kontakt in Rot Eins-Fünnef, Sir! Frei halten!«

Frazier sah zu dem alten Zerstörer, der die Außenkolonne entlangflitzte. Die schmale Silhouette drehte etwas, und die vier Schornsteine wurden sichtbar. Amerika hatte England als Erste Hilfe seinen Schrott überlassen, aber im Augenblick musste England dafür dankbar sein. Denn die alten Zerstörer, die andernfalls reif für die Verschrottung gewesen wären, füllten hier nach eiliger Ausrüstung mit etwas U-Jagd-Bewaffnung eine wichtige Lücke.

---

* Das ASDIC war in den frühen Kriegsphasen vor allem während einer Geleitfahrt häufig nicht eingeschaltet. Man hätte vielleicht mit viel Glück zufällig ein Boot erfassen können, aber mit Sicherheit hätte das schrille Ping auch die Anwesenheit von Geleitern und damit einen Geleitzug auf etliche Meilen Entfernung verraten. Wenn man aber tatsächlich jagen wollte, dauerte es auch immer ein paar Augenblicke, bevor das Gerät betriebsbereit war.

HMS Warlock jedenfalls zeigte zwar altmodische Linien, aber ansonsten auch die Aggressivität, die allen Zerstörern zu eigen sein schien. Schon fielen die ersten Wabos, und dumpfe Schläge trafen die Unterwasserschiffe der in der Nähe stehenden Dampfer.

Wie mochte es erst in einem U-Boot sein, inmitten dieses Bombardements?

Der Skipper der Goosefoot verdrängte solche Überlegungen. Der Kontakt, den Warlock hatte, stand zu weit voraus. Es konnte unmöglich dasselbe Boot sein, das die beiden Dampfer an Steuerbord torpediert hatte. *Es muss ein ganzes Rudel sein!*

»ASDIC hat keinen Kontakt!«

Frazier nickte. Also hatte der deutsche Kommandant nicht versucht, mit dem Geleit mitzulaufen. »Steuerbord fünfzehn!« Er sah sich nach dem Wachoffizier um. »Maxwell, wir laufen am Geleit zurück und sehen, ob wir den Jerry zu fassen kriegen!«

»Aye, Sir!«

Das Kreischen reißenden Stahls ließ ihn herumsehen. Die Brände auf der Bokatia wurden schwächer. Nicht weil die Crew sie unter Kontrolle bekommen hätte, sondern einfach, weil das Schiff sank. Schon ragten Bug und Heck in aberwitzigen Winkeln aus dem Wasser. Wahrscheinlich hatte es dem Schiff einfach den Kiel gebrochen, jetzt konnte es nur noch Minuten dauern.

Er sah zum anderen torpedierten Schiff. Schon lag der Zossen mit Schlagseite regungslos im Wasser.

Die nachfolgenden Schiffe wichen mit hektischen Rudermanövern aus.

Foster lauschte den Worten seines Leitenden aus dem Maschinenraum. »Beschissen wäre geprahlt. Der Bock steht! Haufenweise Dampfleitungen gerissen.« Gallory im Maschinenraum seufzte. »Sieht so aus, als hätten die Jerries uns erwischt!«

»Sir, Feuer in Laderaum vier!« Der Dritte tippte ihm von der Seite auf die Schulter.

Foster runzelte die Stirn. »Vier? Wie stark?«

»Ziemlich!«

Gedanken rasten durch das Hirn des Skippers. In Laderaum vier hatten sie Eisenschrott geladen. In Amerika mochte das Zeug nicht viel wert sein, aber in England würde es eingeschmolzen werden, um in nur ein paar Wochen in Form eines Panzers an der Front zu erscheinen. Wenigstens konnte das Zeug nicht explodieren. Eigentlich konnte es auch nicht brennen. Er runzelte die Stirn. »Das kann nicht aus vier kommen, es sei denn, Öl aus einem Treibölbunker ist bereits so weit nach vorn gelaufen.«

Gallory, der Leitende, hatte die Unterhaltung über das Sprachrohr mitverfolgt. »Captain, das wäre großer Mist. Ganz großer! Laderaum fünf …«

»Ich weiß!« Foster schnitt dem Leitenden das Wort ab. Abwägen! Er musste die Risiken abwägen. Auf dem Schiff zu bleiben konnte sich als sicherer erweisen, sollte einer der Geleiter kommen und sie aufnehmen. Aber als er durch die Brückenscheiben starrte, gab er den Gedanken wieder auf. Schiffe zogen an seiner City of Almeira vorbei, der Grieche vor ihnen war schon beinahe unter Wasser. Tausende von Tonnen Schrott ließen ihn absaufen wie einen Stein.

Beinahe zwanzigtausend Schuss Artilleriemunition lagen in Laderaum fünf. Er konnte nicht einmal abschätzen, wie viel Sprengstoff das war. Wenn die Jerries sie da getroffen hätten, wäre auf jeden Fall schon Feierabend gewesen. Aber die Torpedos waren weiter vorn eingeschlagen. Schon spürte er, wie das Schiff sich zögerlicher bewegte und sich mehr und mehr auf die Nase legte. Beißender Rauch kam von achtern in die Brücke gewallt, als das manövrierunfähige Schiff sich träge in den Wind legte. Ölbrand! Kein Zweifel mehr. Und zwischen Raum vier und fünf gab es nur ein Schott. Die Laderäume waren groß wie verdammte Kathedralen.

Wenn zwei absoffen, dann ging das Schiff sowieso auf Tiefe, falls das Feuer nicht schon vorher den Sprengstoff zur Explosion brachte. Er räusperte sich.

»Gallory, bringen Sie Ihre Männer nach oben.« Er wandte sich an den Dritten. »Und Sie sehen zu, dass alle aus den Decks kommen.« Er sah den Ersten auf die Brücke eilen. »Gut, dass Sie kommen! Klarmachen, Boote auszubringen. Wir geben das Schiff auf!« Er sah das Entsetzen im Gesicht des Mannes. »Die Geleiter sollen uns fischen, wenn sie die verdammten Wolfpacks vertrieben haben.«

Eine Viertelstunde später ruderten die Boote von der bewegungslos liegenden City of Almeira weg. Der Brand wurde immer schlimmer. Auch für den letzten Zweifler war es nun sichtbar, dass es nur eine Frage der Zeit war. Schon lag das Vorschiff tief im Wasser, und das Heck hob sich immer mehr.

Foster sah sich um, aber die anderen Schiffe waren verschwunden. In der Dunkelheit davongefahren oder wie die brennende Bokatia gesunken. *Nicht zurückblicken!* Er seufzte. Die Geleiter würden kommen, falls sie konnten, falls es nicht weitere Angriffe gab, falls sie nicht selbst versenkt wurden, falls ..., falls ... *Well, sie würden nicht kommen. Sie würden allein klarkommen müssen.*

Kapitänleutnant Hentrich richtete die UZO nach achtern. Die letzten beiden Schüsse würden aus den Heckrohren fallen, dann wären alle Rohre leer und sie selbst wehrlos, bis sie Gelegenheit fanden, nachzuladen. Er verdrängte den unangenehmen Gedanken. »Gegner Bug links, Fahrt vier, Tiefe vier, Abstand eintausendvierhundert.«

Er wartete, bis von unten »Eingestellt!« gemeldet wurde. Seine Stimme wurde lauter. »Fünf looos …«

»Bewacher an Backbord! Läuft auf uns zu!«

Hentrich nahm den Kopf vom Gummiwulst und blickte kurz nach Backbord. Eine undeutliche Silhouette, eine Winzigkeit heller als die Frachter.

Eigentlich verriet nur die aufschäumende Bugwelle das Kriegsschiff.

Gedanken formten Ketten in seinem Kopf. Der Bewacher war noch nicht nahe genug, um das dunkelgrau gepönte Boot zu erkennen. Aber wenn der Aal einschlug, war die Situation klar. Er nickte seinem IWO zu. »Einsteigen!« Aber er selbst beugte sich wieder hinter die UZO und korrigierte die Peilung. »Sechs loooos!« Mit einem Zischen verließ der Aal das Rohr.

Kaum spürte er den vertrauten Ruck unter seinen Füßen, als er auch schon im Luk verschwand und den Deckel zuklappte. Die UZO war druckfest, auf die brauchte er keine Zeit zu verschwenden. »Fluten!« Schon senkte sich der Bug nach unten, während er noch am Handrad drehte.

»Wir müssen die Boote zusammenbinden!«

Er nickte. »Der Erste hat recht, los Männer!« Er blinzelte. »Und dann abzählen!« Er zwang sich zu einem Grinsen. Immerhin, auf den ersten Blick konnte die Zahl stimmen. Einundvierzig Mann – ihn eingeschlossen – waren an Bord gewesen. Heizer, Seeleute, Offiziere und Ingenieure.

Es war eine mühevolle Arbeit, denn hier, in den offenen Booten, erschien der Seegang mit einem Mal viel höher als vom sicheren Deck ihres 6000-Tonnen-Schiffes. Foster stellte sich auf und begann zu zählen. Er kam bis vierzig. *Einer fehlt!* Er zählte noch einmal nach, aber es blieb bei vierzig.

Plötzlich schien von allen Seiten die Hölle loszubrechen. In der Mitte des Geleits explodierte ein Vulkan. Wie Feuerwerk stieg Leuchtspurmunition in den Nachthimmel, und Trümmer flogen in alle Richtungen und beschädigten andere Schiffe. Glutrotes Licht riss alle Details aus der schützenden Dunkelheit, und eine Druckwelle raste über die See, ließ Schiffe schwanken und riss Männer auf den Decks von den Füßen.

Frazier rappelte sich von der Gräting wieder hoch und wollte unwillkürlich nach seinem Kinn greifen, das er sich irgendwo angehauen hatte. Aber er erstarrte in der Bewegung. Die dunkelgraue Silhouette wirkte erstaunlich flach und zierlich, aber der tonnenförmige Turm und die Kanone davor sprachen eine andere Sprache. Da war er – der Killer! Er fuhr herum. »Geschütz Feuer frei, Steuerbord voraus! Volle Fahrt!«

Für einen Augenblick herrschte überall verdutztes Schweigen, dann donnerte der einsame Vierzöller los. Weit vor dem Boot stieg eine einsame Wassersäule in die Höhe. Schon verkürzte sich die Silhouette des Bootes, und ein Wasserschwall zeigte an, dass die Schrauben auf volle Umdrehungen gingen. Die Köpfe auf dem Turm verschwanden, und das Boot schien in dem unheimlichen roten Licht plötzlich kürzer zu werden. »Er dreht!«

Sechzehn Knoten, sechzehn Knoten und keinen mehr, das war es, was die einfache Antriebsanlage der

Korvette hergab. Frazier peilte voraus. »Backbord fünf!«
Wütend schlug er auf die Reling. *Schneller, schneller!*

Die Goosefoot tat, was sie konnte – es reichte nicht.
Sechzehn Knoten, keinen einzigen verdammten Knoten mehr.

Achtzehn Knoten und vielleicht eine Daumennageldicke mehr. Korvettenkapitän von Hassel wusste ganz genau, dass die Seekuh, war sie einmal auf voller Fahrt, die Tommies auslaufen konnte.

Aber sie liefen noch nicht volle Fahrt. Und das Geschütz, dessen Einschlagsäule so kümmerlich gewirkt hatte, konnte er erst recht nicht ausfahren.

Er schlug den Deckel zu, drehte das Handrad bis zum Anschlag und rutschte die Leiter hinunter. Der Leitende stand bereits hinter seinen Rudergängern, einer der Heizer hielt die Ventile gepackt. Draußen rumpelte es wieder. Das lag näher! Von Hassel blickte kurz auf die Fahrtmess. Siebzehn Knoten, das musste reichen. »Runter mit uns, sechzig Meter!«

Er blickte sich überrascht um, als das Reißen von Stahl erklang. Der IIWO runzelte verständnislos die Stirn, aber Rudi Schneider schlug ihm auf den Rücken. »Der säuft ab! Die Schotten brechen!« Er ballte die Fäuste, als habe er Mühe, seine Aufregung unter Kontrolle zu halten.

Nur der LI hatte sich nicht ablenken lassen. Seiner Stimme nach hätte er auch irgendwo mitten in Hamburg in Sicherheit stehen können. »Vorn oben fünfzehn, Zellen eins bis vier fluten!« Schnellentlüfter knallten auf und entließen Luft, die aus den Zellen gedrückt wurde, ins Boot. Er wartete, bis sich der Bug nach unten senkte. »Umschalten auf E-Maschinen, AK voraus.«

Wieder rumste es, ein deutlicher dumpfer Knall über dem Kreischen der brechenden Schotten. Aber der Methusalem nahm davon keine Notiz. »Achtern oben zehn! Fünf bis acht fluten!« Der Bug schien sich wieder etwas zu heben. Weitere Schnellentlüftungen zischten vor sich hin, und das Boot kehrte noch etwas mehr in die Horizontale zurück. Nur noch eine winzige Neigung nach vorn zeigte an, dass sie tauchten.

Von Hassel warf einen Blick auf den Papenberg. Die Wassersäule passierte bereits zwanzig Meter und stieg in der Glasröhre atemberaubend schnell. Die dritte Granate des kleinen Kriegsschiffes klang schon gedämpfter. Dafür traf ein neuer Ton die Hülle. Laut hallte das schrille Ping durch das Boot. Die Männer wechselten ernste Blicke.

»Dreißig Meter gehen durch!« Die Stimme des Zentralemaats klang, als lese er ein Todesurteil vor.

Von Hassel hob den Kopf. Zwischen den hohen Impulsen des Ortungsgerätes hörte er bereits die Schraube der Korvette. Dreißig Meter Tiefe waren nicht viel, und der Tommy schien rasend schnell näher zu kommen. *Er hat Kontakt, da hilft auch die schmale Silhouette nicht viel.*

Der Kommandant schob sich die Mütze tiefer ins Genick. »Beide AK, hart Backbord!«

Das Boot legte sich auf die Seite, und die Zahlen im Kompass begannen durchzulaufen. In der Ferne donnerte und grollte es.

Das waren schon keine einzelnen Würfe mehr, sondern ganze Teppiche.

Die Tommies mussten eines der anderen Boote am Kanthaken haben.

Wieder traf ein Ping das Boot und schnitt direkt in die Schädel wie ein Skalpell. Das Wummern der Wabos übertönte die Schraubengeräusche. Der Kommandant blickte durch das Schott zum Horcher. »Haben Sie ihn?«

»Schwach, verdammter Lärm!«

Von Hassel nickte. »Wie weit?«

»Nicht klar, Herr Kap'tän. Nahe!«

Von Hassel zwang sich zu einem Lächeln. »Dranbleiben, Rückert!« Dass der Tommy nahe war, hatte er selber schon gewusst. Aber es war ja schließlich nicht Rückerts Schuld, dass die Tommies so viele Bomben warfen.

Die letzten Explosionen verstummten. Köpfe richteten sich nach oben, als das Maschinengeräusch der Korvette wieder hörbar wurde.

Von Hassel hob langsam die Hand. »Ein paar Sekunden noch ... ein paar Sekunden ...« Die Hand flog herunter. »Hart Steuerbord!«

»Er wirft!« Rückerts Warnruf hallte aus dem Funkschapp.

Von Hassel versuchte, gleichzeitig den Kompass und den Tiefenmesser im Auge zu behalten. Fünfzig Meter.

Als die Wabos krepierten, machte das Boot einen Sprung. Von Hassel stürzte auf das Stahldeck. Über ihm flackerte das Licht, und er hörte plötzlich Wasser in den Raum spritzen.

Weitere Ladungen krepierten rund um das immer noch absinkende Boot. Schwer wälzte sich der Druckkörper herum und kam wieder in die normale Lage. Dafür summte jetzt die Lenzpumpe los.

Von Hassel kam wieder auf die Füße. »Schäden melden!« Er plierte auf den Kompass. Beinahe wieder Nordwest. »Stützruder!« Er sah sich um. »Wo bleiben die Meldungen?«

Einer der Heizer kam von achtern. »Leitung zur Trimmzelle sechs gerissen.« Er schüttelte sich, und von

Hassel sah, dass der Mann völlig durchnässt war. »Ist abgeklemmt.«

Der Alte nickte. »Was sonst?«

»Die Steuerbordabgasklappe macht Wasser, aber nur wenig. Ein paar Lampen sind draufgegangen, Herr Kap'tän.« Der Heizer zuckte mit den Schultern, als könne er es selbst nicht begreifen.

»Und warum läuft die Lenzpumpe?«

Der Methusalem beugte sich über die Pumpe und kratzte sich im Bart. »Komisch.« Mit einem Schalterdruck erstarb das Geräusch. »Hat sich selbst eingeschaltet.«

Von Hassel wusste nicht genau, was er von dieser Meldung halten sollte. »Behalten Sie das im Auge, LI. Nicht dass das Ding Lärm macht, wenn wir es gerade nicht gebrauchen können.«

Stahl knirschte protestierend, und von Hassel blickte wieder auf den Tiefenmesser. »Hundert Meter schon. Abfangen, LI!«

Während der Leitende sich wieder um das Tauchmanöver kümmerte, streckte von Hassel den Kopf durch das Mannloch. »Rückert, was macht er?«

»Er dreht! Sehr weiter Kreis, wandert immer mehr nach Steuerbord voraus.«

Dann muss er uns beim nächsten Mal von vorn nehmen! »Ist der Bursche schlau oder dumm?« Von Hassel setzte sich seine Mütze wieder korrekt auf und wandte sich zur Zentrale um.

Rudi Schneider zuckte mit den Schultern. »Er war dicht dran, so dumm kann er also nicht sein.«

Hentrich und seine Männer warteten vergeblich auf das Geräusch drehender Schrauben, auf das Grollen von Wasserbomben.

Und genauso vergeblich warteten sie auf neue Torpedoexplosionen.

Mindestens ein Torpedo von den ersten vier hatte getroffen. Und keiner von den beiden anderen.

Hentrich nahm die Mütze ab und fuhr sich durchs Haar. »Verruchte Tat! Die Aale wieder!« Er grinste plötzlich. »Oder ich habe ein paar Fahrkarten geschossen.« Er wusste, dass einige das sowieso behaupten würden. Aber andererseits wusste inzwischen auch der letzte Hein Seemann, dass mit den Aalen etwas nicht stimmte.

Brechende Schotten hallten durchs Wasser. Er lauschte einen Augenblick. Sein erster echter Erfolg als Kommandant, immerhin hatte er dieses Mal getroffen, worauf er gezielt hatte. Und er hatte nicht einmal die Tommies auf den Hacken. Es hätte ein großer Moment sein sollen, aber Hentrich war einfach noch zu sauer über die Aale, die nicht getroffen hatten.

Der IWO grinste. »Der säuft jedenfalls ab. Was für ein Knall! Gratuliere, Herr Kaleun!«

»Danke!« Der Alte zuckte mit den Schultern. »Was schreiben wir? Munitionsfrachter, Name unbekannt, fünftausend Tonnen?«

»Größer! Ich würde den mindestens auf sechs schätzen.« Der Oberleutnant sah ihn neugierig an. »Sogar noch größer, wenn's drauf ankäme.«

Der Kommandant winkte ab. »Also fünfeinhalbtausend. Bis wir daheim sind, wissen die längst, wen wir erwischt haben, und wir bekommen die Tonnen gutgeschrieben.«

Er wandte sich um, sah durch das Mannloch zum Horcher. »Was macht der Bewacher?«

»Läuft ab, Herr Kaleun!«

Hentrich schüttelte den Kopf. Wenigstens hatte der

Tommy nichts mitbekommen. Glück im Unglück! »Halbe Fahrt, neuer Kurs Null-Null-Null.« Er griente. »Genau Nord, bis wir weit genug weg sind, um nachzuladen.«

Die Köpfe hoben sich, als wieder Schotten brachen. Der Kommandant sah den Funkmaat fragend an. »Ist das immer noch einer von unseren?«

Rückert schüttelte den Kopf. »Falsche Peilung. Unsere Seite des Geleits, aber voraus!«

»Also muss ein anderes Boot auch noch angegriffen haben.« Von Hassel dachte nach. Mitternacht war eine beliebte Zeit. Es konnte sich eigentlich nur um U-112 handeln. Tredow, er hatte den Mann nur einmal kurz getroffen. Ein Angriff wie nach dem Lehrbuch aus vorgesetzter seitlicher Position. Nur, dass die Tommies das Lehrbuch inzwischen auch kannten.

»Er kommt wieder näher!«

Er! Der Tommy-Bewacher! Also musste Hentrich seine Aale losgeworden sein, oder sie hatten ihn auch schon unter Wasser gedrückt. Andernfalls hätte der jetzt nicht die Zeit gehabt, um … Ein lautes Ping unterbrach den Gedanken.

»Herr Kap'tän, der Geleitzug zackt!«

Der Alte hob den Kopf. »Welche Richtung?«

»Noch nicht ganz sicher. Aber er wandert mehr nach Backbord aus.«

Backbord? Also südlicher. Von Hassel zuckte mit den Schultern. Sie standen bereits zu weit achteraus, als dass die Korvette mit den Frachtern hätte in Probleme kommen können.

»Zerstörer in eins-drei-null Grad, kommt näher!«

Im Kopf des Alten setzten sich die Peilungen zu einem Bild zusammen. Also ein zweiter. Keine mickrige

275

Korvette, sondern ein ausgewachsener Zerstörer. Wieder hallte ein Ping durch die Röhre.

»Korvette läuft an!«

Der Kommandant gab dem LI einen Wink. »Runter, hundertfünfzig Meter!«

Wieder warteten sie, warteten darauf, dass die Schraube des kleinen Kriegsschiffes über ihnen klang wie ein Zug, der über ihre Köpfe donnerte, warteten darauf, dass der Feind beinahe genau über ihnen stand und dass das immer rasendere Ping des Ortungsgeräts plötzlich abriss. Denn dann verlor er den Kontakt, dann musste er werfen. Die Sekunden, bis die Bomben auf ihre Tiefe gesunken waren, das waren ihre Sekunden, die Sekunden, die sie nutzen konnten, in denen sie vielleicht unbeobachtet den Kurs wechseln konnten. Die Sekunden, in denen sie sich davonschleichen konnten – vielleicht. Von Hassels Stimme klang hart. »Beide AK!«

Das allgegenwärtige Summen wurde lauter. Es war Zeit. Schon hörten sie mit bloßem Ohr die Schraube. Wisch-wisch-wisch. Lauter und immer lauter.

»Er wirft!« Rückert musste die Meldung rufen.

»Hart Steuerbord!« Fünfzehn Sekunden, so lange brauchten die Wabos zu ihnen. Fünfzehn winzige Augenblicke, kaum Zeit, um einen klaren Gedanken zu fassen. Fünfzehn Ewigkeiten, die sich zogen wie Gummi.

Dann krachten wieder die Ladungen, dann wurde das Boot wieder herumgewirbelt. Glassplitter von zerborstenen Birnen flogen herum, Farbe blätterte von der Decke, Gegenstände klapperten aus den Spinden und Schapps. Männer schrien vor Schreck auf, andere hielten sich die Ohren zu, aber das half auch nichts.

Und kaum, dass die Korvette vorbei war, hörten sie

ein neues Geräusch. Doppelschrauben, viel höher, viel singender als das Stampfen der einfachen Dampfmaschine, die die Korvette antrieb.

Das war ein Turbinenantrieb, also stand der Zerstörer auch schon über ihnen. *Verdammt, ist der gut! Der muss das ganz genau abgepasst haben!* Aber dann ging auch dieser Gedanke des Kommandanten im Krachen der Wabos unter. »Hart Backbord, LI, runter!«

Zwischen den Explosionen hörte er deutlich ein Ping. Das musste schon wieder die Korvette sein, die sie gerade erst überlaufen hatte. Mit zwei Verfolgern war es natürlich einfacher. Einer peilte, der andere griff an. Keine Chance, dass die Tommies durch den Lärm ihres eigenen Angriffs den Kontakt wieder verloren.

Stunde um Stunde dauerten die Angriffe. Manchmal liefen die Kriegsschiffe nur an und drehten im letzten Augenblick wieder ab. Oder sie warfen nur einzelne Bomben. Aber immer, wenn sie versuchten auszubrechen, lief einer der beiden an und warf mit Wasserbomben um sich, als würden die bald unmodern werden.

Unten, ganz tief unten, hockten die Männer auf den Kojen oder in der Zentrale oder auf dem schmalen Mittelgang zwischen den Maschinen. Mit jedem neuen Angriff zitterten sie um ihr Leben. Einige beteten, andere dachten an die Familien, die sie daheim zurückgelassen hatten, und einige ganz wenige kämpften um ihrer aller Leben. Einfach, weil es nur einen Kommandanten geben konnte, nur einen, der befahl. Die anderen mussten warten, was dabei herauskam. Im Guten wie im Schlechten.

Hentrichs Männer schufteten wie die Wilden. Nicht ohne Grund, hatte der Kommandant ihnen doch verspro chen, für jeweils zwei Mann eine Flasche Bier freizugeben. Wenn sie nur diese verdammten Rohre so schnell wie möglich geladen bekamen.

Der Alte stand im Schott zum Funkschapp und hatte den zweiten Kopfhörer aufgesetzt. Fern grollten die Wabos durch die See. Wer auch immer den Spruch von der Musik der Wasserbomben für die Propaganda geprägt hatte, hatte wahrscheinlich nie welche gehört.

Der Funkmaat blickte auf. »Welches Boot kann das sein?«

»Entweder 112 oder die Seekuh.« Er sah den erstaunten Blick des Funkers und lächelte abwesend. »68. Montagsboot, Seekuh, und die Männer haben noch ein paar andere Bezeichnungen für das Boot.«

»Ihr alter Schlitten, Herr Kaleun?«

Hentrich nickte. »Ja!«

Der Funker verzog das Gesicht, sagte aber nichts. *Hoffentlich ist der Alte nicht so verrückt, sich mit den Bewachern anzulegen! Um seine alten Kumpels rauszuhauen!* Was sollte er auch sagen, Hentrich war schließlich der Kommandant.

Der Alte sah auf die Uhr. Noch eine Stunde, bis alle Rohre geladen waren. Eine Stunde, bis sie auftauchen und sich wieder auf die Jagd begeben würden. Die Batterien konnten auch eine frische Ladung vertragen.

Aber wenigstens lief der Geleitzug langsam. Eigentlich seltsam, fand Hentrich. Aber einem geschenkten Gaul schaut man ja nicht ins Maul.

Die Gründe für die langsame Fahrt des Geleitzuges lagen zu dieser Zeit bereits auf dem Grund des Atlantiks. Der alte Frachter Bokatia und der Muntionsfrachter Demodecus, so alt und so hässlich wie sein Name, hatten von Anfang an Probleme gehabt, die vorgesehene Fahrt von sieben Knoten zu halten. Aber während die Bokatia aus Sicht des Convoy Commodore vielleicht verzichtbar gewesen wäre, hatte die Demodecus genug Munition transportiert, um die auf die Schiffe verteilte Panzerdivision für Tage kampffähig zu halten. Denn was nützten Panzer, wenn sie keine Munition hatten, wenn die Deutschen kamen.

Aber beide Gründe für die Fahrtverringerung lagen mit ihren Besatzungen nun zweitausend Faden tief in der See. Und so hatte der Commodore auf der Dorchester Pride bereits am frühen Morgen den Befehl gegeben, die Fahrt auf sieben Knoten zu steigern.

Auch sieben Knoten sind nicht viel. Aber wenn man mit vier rechnet statt mit sieben, um die Position eines Geleites zu einer bestimmten Zeit auszuknobeln, machen sie einen gewaltigen Unterschied aus.

»Torpedorohr drei macht Wasser, Stopfbuchse Steuerbord vorn macht Wasser.«

Von Hassel starrte den Heizer an, der die Meldung brachte. Die Liste der Schäden wurde immer länger. Die Tommies nahmen das Boot Stück für Stück auseinander, so schien es.

Wieder krachten ein paar Explosionen und warfen die Männer durcheinander wie Spielzeugsoldaten in einer Kiste. Von achtern kam der Ruf, dass nun auch dort etwas Wasser machte. Eine einzelne Niete platzte weg und flog wie ein Geschoss durch den Raum. Ein dünner Wasserstrahl schoss ins Boot, und sofort machten sich die Techniker fluchend ans Werk.

Von Hassel warf einen Blick auf den Tiefenmesser. Zweihundertdreißig Meter. Ein Wunder, dass das Boot das mitmachte!

»Zerstörer dreht!«

Er wandte den Kopf. »Was macht die Korvette?«

Rückert drehte hektisch das Handrad. »Die Korvette ist weg!«

»Wie, weg?«

»Ich kann sie nicht mehr hören. Vielleicht zu nahe am Zerstörer.«

Keith Frazier rechnete. Seit sechs Stunden jagten sie bereits dieses verdammte U-Boot. Der Zerstörer hatte schon fast keine Wasserbomben mehr, und seine Goosefoot musste auch sparen. Sechs Stunden!

»Und immer wenn wir glauben, wir haben ihn, kriegen wir wieder Kontakt.«

»Ein zähes Luder, Sir!«

Frazier nickte. »Mehr als das. Der ist mit allen Wassern gewaschen.«

»Irgendwann muss er hochkommen!«

Der Skipper starrte seinen Zweiten an und wusste nicht, ob er lachen oder weinen sollte. »Das kann aber eine Weile dauern. Wir müssen zum Geleit zurück!«

»Sechs Stunden, die sind schon fast vierzig Meilen entfernt.« Maxwell runzelte die Stirn. »Die findet der doch gar nicht mehr.«

»Nein, wahrscheinlich nicht.« Das Gesicht des Skippers war ernst. »Es sei denn, jemand zeigt ihm den Weg.«

»Wer …« Ganz plötzlich begriff der junge Offizier. »Oh!«

Frazier nickte grimmig. »Genau! Der Bursche kann auf die Idee kommen, uns zu folgen.«

»Das waren doch gestern sowieso mehrere Wolfpacks, also warum ist der hier so wichtig?«

Der Lieutenant Commander runzelte die Stirn. »Die anderen U-Boote haben nicht mehr angegriffen. Vielleicht haben sie den Konvoi auch schon verloren.«

Maxwell sah seinen Kommandanten verzweifelt an. Sie hatten es schließlich in der Nacht selbst gesehen. Die verdammte Naziröhre war über Wasser einfach schneller als sie.

Frazier hatte recht, der Jerry musste sich nur an sie anhängen, bis sie wieder das Geleit erreichten. Dann konnte er das Rudel herbeipfeifen.

Frazier hob den Kopf. *Es sei denn* ... »Signal an Warlock: Schlage vor ...«

Die Männer in der Zentrale sahen sich verwundert an. »Haben die Feierabend gemacht?«

Von Hassel grinste unwillkürlich über die flapsige Bemerkung seines IWO. »Na ja, die haben ja auch die ganze Nacht gearbeitet.«

Leutnant Wellenberg rappelte sich von der Apfelkiste hoch und war erstaunt, wie steif sich seine Knochen anfühlten. Erst dann wurde ihm klar, dass er seit Stunden ein Rohr mit der Hand umklammert hatte. So fest, dass die Knöchel weiß hervorgetreten waren.

Etwas ratlos starrte er von einem zum anderen. »Ich traue dem Frieden nicht.«

Der Alte nickte. »Ich auch nicht. Wir warten lieber noch eine Stunde, bevor wir uns oben umschauen.« Er lächelte. Viel länger konnten sie sowieso nicht warten. Zu viel AK-Fahrt, in den Batterien war kaum noch Saft.

Von achtern kam ein Heizer und tippte kurz an sein Schiffchen. »Die Abgasklappe macht immer mehr Wasser, Herr Kap'tän!«

Von Hassel blickte sich unwillkürlich nach dem LI um, aber der Methusalem war bereits vor einiger Zeit nach achtern gegangen, um sich die Schäden anzusehen. Sein ermüdetes Hirn brauchte einen Augenblick, zu begreifen, dass der Heizer wahrscheinlich vom Leitenden geschickt worden war. Er runzelte die Stirn. »Was schlägt der LI vor?«

»Er lässt anfragen, ob wir jetzt wieder etwas höhergehen können.«

Der Kommandant nickte. »Scheint im Augenblick ruhig zu sein.« Er wandte sich um. »Rückert, was macht der Zerstörer?«

»Kann ihn kaum noch hören, läuft weiter ab. Etwa fünfzehn, sechzehn Knoten.«

Von Hassel griente.

Also hatte der vielleicht doch die Korvette dabei und übertönte sie nur.

Er nickte dem IWO zu. »Rudi, tun Sie unserem LI den Gefallen. Wir probieren es mit hundertfünfzig Metern.«

Während Rudi Schneider sich über die Rudergänger beugte und kommandierte: »Vorn unten zehn, hinten unten fünf!«, wandte sich der Kommandant wieder an den Heizer: »Wie sieht es achtern aus?«

Der junge Stoker verzog sein Gesicht. »Im Dieselraum hat's eine Kühlwasserleitung zerrissen, die Außenbordverschlüsse lecken allesamt vor sich hin, und ein Lager an der Welle läuft heiß. Die Leitungen zu ein paar der Zellen sprudeln munter vor sich hin, aber die achtere Lenzpumpe schafft es gerade noch. Und irgendwo haben wir eine undichte Pressluftleitung, unsere Flaschen haben nicht mehr viel Druck.« Er zögerte. »Das meiste sind Kleinigkeiten, wenn wir erst mal auftauchen können, Herr Kap'tän! Das kriegen wir alles wieder hin.«

»Danke!« Der Alte lächelte. »Nun gehen Sie mal, Hänisch, und sagen Sie dem LI, wir gehen auf hundertfünfzig Meter, und in einer knappen Stunde tauchen wir ganz auf.« Er sah dem jungen Heizer hinterher, der wieder nach achtern lief. Dann wandte er sich an seine beiden Wachoffiziere. »Sie haben ihn gehört. So gut wie keine Pressluft mehr. Wenn wir hochgehen, können wir also nicht mehr in den Keller, bevor das Problem nicht beseitigt ist und wir wieder Pressluft haben.« Er sah die beiden Gesichter ernst werden. Aber dann winkte er ab. »Der Geleitzug ist schon weit weg. Also keine Panik, meine Herren, wir können das ganz in Ruhe erledigen, wenn wir oben sind.«

»Grün Drei-Null!« Frazier rief die Peilung des Horchgerätes über die Brüstung hinunter aufs Vordeck. Einmal mehr erinnerten ihn die Artilleristen mit ihren Schutzanzügen an einen seltsamen Mönchsorden, aber offensichtlich wussten die Männer, was sie taten, sogar ohne Philipps, der normalerweise das Kommando am Zehnzöller hatte.

Das Rohr schwenkte etwas weiter nach Steuerbord und hob sich ein wenig.

»Er kommt hoch, Sir!« Der Posten an den Sprachrohren hüpfte beinahe vor Aufregung.

Frazier beugte sich wieder über die Brüstung. »Er kommt!« Zur Sicherheit blickte er noch einmal prüfend über sein Schiff. Alle nicht unbedingt notwendigen Maschinen und Geräte waren abgestellt. Antriebslos trieb die Korvette auf der grauen See. Aber der Vierzöller und alle Flakgeschütze waren besetzt. Alles, was sie brauchten, waren ein paar gute Treffer in die Tauchzellen, wenn der Jerry hochkam.

Dem stählernen Hai die Schwimmblase zerfetzen, dann würde er für immer tauchen.

Das Sehrohr erschien zwischen den Wellen und zog eine Schaumspur hinter sich her. Frazier hob sein Glas und brüllte. »Feuer frei!«

Aus der Bofors schossen zwei Reihen Leuchtspurmunition, dann knallte auch schon der Vierzöller. Frazier biss die Zähne zusammen. *Weit!*

Der Alte machte einen Satz rückwarts und klappte die Griffe nach oben. Mit einem leisen Zischen fuhr der Spargel zurück in seinen Schacht. »Er hat oben auf uns gewartet!«

Die Männer in der Zentrale erstarrten.

In von Hassels Kopf rasten die Gedanken. Sie konnten das Boot dynamisch mit den Tiefenrudern halten. Aber eine neue Jagd würden sie nicht durchstehen. Er konnte auf die Korvette feuern, aber das war Glückssache. Er konnte die Männer aussteigen lassen, oder er konnte sich auf ein Artilleriegefecht einlassen. Die unlogischste Lösung von allen.

»Rohr fünf und sechs klar! Mündungsklappen öffnen.«

Draußen schlug wieder eine Granate in die See. Verdammt, der Tommy konnte sie doch gar nicht sehen!?

Frazier starrte sich die Augen aus dem Kopf, wie jeder Mann an Deck. Der Vierzöller feuerte noch einmal auf die Stelle, an der das Sehrohr aufgetaucht war.

Aber da war das Boot schon lange nicht mehr, so viel war Frazier klar. Was würde der Naziskipper tun? Sich ergeben? Unwahrscheinlich! Vielleicht Torpedos auf ihn abfeuern? Aber schon quoll wieder fettiger Rauch aus dem Schornstein, und die Goosefoot nahm Fahrt auf. Das würde nicht ganz so einfach werden.

Oder er konnte hochkommen und es Schuss um Schuss mit ihnen austragen. »Klar bei Wasserbomben!«

* * *

Von Hassel fuhr das Sehrohr nur ein winziges Stück aus und begann sofort die Schusswerte anzusagen. »Bug links, sechs Knoten, Tiefe zwo, Abstand achthundert!«

»Eingestellt!«

Wasserspritzer schlugen gegen das Objektiv, und von Hassel begriff, dass die Flak der Korvette schon wieder auf ihn feuerte. Der Schütze musste Augen wie ein Luchs haben. »Rohr fünf looos! Rohr sechs loooos!« Wütend fuhr er den Spargel wieder ein. Er wartete, bis die beiden Aale draußen waren. »Hart Backbord, Backbordschraube kleine Fahrt rückwärts, Steuerbord voll voraus!«

Der Bug der Seekuh begann dicht unter der Oberfläche herumzuschwingen wie eine Sense. Weiter nach Backbord, immer weiter. »Stützruder!« Kein Saft, keine Pressluft. Von Hassel hätte heulen können vor Wut. Entweder die Aale saßen, oder sie waren geliefert. »Hoch mit uns, Geschütz besetzen.«

Als der erste Warnruf kam, hatte Frazier die beiden Blasenbahnen schon erspäht. Noch immer legte die Goosefoot an Fahrt zu, gewann an Steuerfähigkeit. »Hart Steuerbord!« Er sprang auf die andere Seite der Brücke und blickte aus der kleinen Nock hinunter ins Wasser. Das Schiff schwang herum.

Für einen Augenblick konnte er nur eine Blasenbahn sehen, nur ein paar Yards von der rostigen Bordwand entfernt.

Er hielt den Atem an. Er konnte den zweiten Torpedo sehen. Nicht nur die Blasenbahn, sondern den bösartig wie Messing glänzenden Kopf des tödlichen Blechfisches, der genau auf sein Schiff zukam. Er wollte etwas rufen, etwas tun, aber er stand einfach wie gelähmt da. Dann stieß die Waffe mit einem satten

Pong gegen die stählerne Bordwand – und explodierte nicht.

Er konnte es nicht fassen, aber er bekam auch nicht die Zeit, darüber nachzudenken. Von der anderen Seite des Decks erschollen Rufe.

Wie im Traum wandte er sich um, aber da knallte bereits der erste Abschuss.

Die Geschütze feuerten beinahe gleichzeitig. Eine Wassersäule stieg neben dem Heck des U-Bootes auf. Aber neben der Korvette stieg ebenfalls eine Wassersäule in die Höhe. Frazier schluckte. Verdammt, das Kaliber war bestimmt nicht kleiner als ihr eigenes.

»AK, dreimal Wahnsinnige voraus!« Von Hassel brüllte den Befehl ins Sprachrohr. Aber die Heizer taten schon, was sie konnten. Immer schneller schob sich der lange Bug durch die Dünung. Immer stumpfer wurde der Winkel, in dem Bootsmann Volkerts und seine Männer feuern mussten.

»Backbord zehn!«

Eine Granate schlug seitlich vom Boot ins Wasser und durchnässte die Männer, die unwillkürlich Deckung hinter der Turmbrüstung suchten.

Die Korvette versuchte der Drehung zu folgen, aber das Boot war einfach wendiger. Das Feuer der Korvette setzte für einen Augenblick aus, als die Seekuh zu weit achteraus wanderte.

Wieder knallte das Geschütz. *Ein Treffer, Herrgott, ein Treffer!* Wie ein böses rotes Auge blitzte es nahe dem Schornstein auf. Rauch wurde durch den Fahrtwind weggeblasen. Ein Treffer.

Von Hassel roch Kordit. Verdutzt blinzelte er. Wieso lag er auf dem Deck?

Dann, ganz plötzlich, kam der Schmerz.

Er hörte Schreie. Grausige Schreie. Hände ließen ihn durch ein Luk nach unten, und ein bekanntes Gesicht beugte sich über ihn. »Was?«

Aber da spürte er auch schon den Stich, und die Welt versank in Dunkelheit.

Frazier schlug mit der Hand auf die Reling. Ein Treffer. Er hätte jubeln und brüllen können. Genau in das kleine Deck hinter dem Turm.

»Vom Maschinenraum, Sir! Die Maschine hat was abbekommen. Sie müssen stoppen.«

Frazier wandte sich um. »Ausgeschlossen, sagen Sie denen …« Er winkte ab. »Ich sage es dem Chief selbst.«

Mit ein paar Schritten war er am Sprachrohr. »Chief, wir schießen uns hier mit einem U-Boot herum!«

»Ich verstehe, Sir. Aber die Maschine macht es höchstens noch ein paar Minuten. Der Treffer hat die Ölleitungen erwischt.«

Frazier atmete tief durch. »Ein paar Minuten! Dann muss das reichen!« Er beugte sich über das andere Sprachrohr. »Volle Kraft, Vorschiff unter Deck räumen.«

Etwas stimmte nicht. Verwundert sah er sich um.

Das U-Boot schoss nicht mehr!

Aber es lief immer noch volle Kraft, während seine Maschine … Wütend versetzte er dem Kasten mit den Sprachrohren einen Tritt.

Von Hassel schlug die Augen auf. Er lag auf seiner Koje, Schulter und Arm dick verbunden. Für einen Augenblick lauschte er den Geräuschen vor dem Vorhang. Die Diesel liefen!

Aber sie mussten doch getaucht sein? Er hörte auch kein Geschützfeuer mehr.

Der Vorhang bewegte sich, und Rückert sah herein. Als er sah, dass der Kommandant wach war, trat er ganz ein. »Wie geht es?«

»Was ist los, das Boot, die Korvette …« Er brach ab, das Gefühl der Hilflosigkeit übermannte ihn. »Ich muss nach oben.«

Rückert betrachtete ihn ruhig. »Sie müssen gar nichts, Sie haben einen Splitter in der Schulter, Herr Kap'tän.«

»Aber der Tommy …« Er runzelte die Stirn, als er begriff. »Wie lange war ich weggetreten?«

Der Funker und Sanitäter des Bootes lächelte unsicher. »Fast zwei Tage. Ich habe Ihnen ziemlich was verpassen müssen.«

»Aha!« Für einen Augenblick schwieg von Hassel, um das Gehörte zu verdauen, dann sah er wieder auf. »Und was ist dann passiert?«

»Der Treffer hat unser Geschütz außer Gefecht gesetzt, aber vorher haben der Bootsmann und seine Jungs noch die Maschine von dem Zossen erwischt.« Der Funkmaat klang, als könne er es selbst noch nicht fassen. »Der Tommy blieb liegen, und der IWO hat sich in seinem toten Winkel davongemogelt.«

»Und wie sieht das Boot aus?«

»Wir brauchen einen neuen Turm, und die Kanone ist Schrott. Aber ansonsten sind wir tauchklar, die Maschine läuft, und die Rohre sind neu geladen. Nur für den Fall …« Rückert lächelte. »Jetzt sollten Sie erst mal was essen und dann noch etwas schlafen.«

»Schicken Sie mir wenigstens den IWO vorbei!«

»Mache ich, Herr Kap'tän!«

Boote, die sich nachts begegnen

Es war die zweite Nacht. Oder vielleicht auch die dritte, Foster vermochte es nicht mehr genau zu sagen. Die Kälte und das ständige Geschaukel in den Rettungsbooten ließen die Männer in einen teilnahmslosen Zustand fallen, beinahe schlafen. *Nicht schlafen! Wer schläft, der stirbt!*

»Skipper!« Ein warnender Ruf ließ ihn herumfahren, und beinahe hätte er den Halt im schwankenden Boot verloren. Er blinzelte. Zuerst war es nur ein Schatten, etwas, das massiver war als die Dunkelheit. Doch dann hörte er bereits das ferne Wummern von Dieselmotoren. Er ließ sich auf eine Ducht fallen. »Kopf runter! Keinen Laut!« Plötzlich war die Müdigkeit wie weggeblasen.

Die plötzliche Stille schien mit Tonnengewichten auf ihnen zu lasten. Foster beobachtete das U-Boot, das langsam näher kam. Seine Bauchmuskeln spannten sich an, während er auf das Rattern von Maschinengewehren wartete.

Die Deutschen erschossen Schiffbrüchige. Jeder wusste das. Barbarische, durchgedrehte Killer, diese Deutschen!

Jeder wusste das, sie hatten es im Radio gehört, sie hatten es von anderen Seeleuten gehört, die es wieder von anderen Seeleuten gehört hatten. Wirklich jeder wusste das.

Und so warteten sie, einige betend, andere starr vor Schrecken. Sie warteten darauf, dass das Boot wieder verschwinden würde, ohne sie zu bemerken, oder sie warteten auf die gnadenlosen Geschosse, die ihrem Leben ein Ende bereiten würden. *Jeder wusste es!**

Dieter Hentrich beugte sich über die Reling und sah in die Boote hinunter. »Welches Schiff?« Sein Englisch hatte einen zum Schneiden dicken Akzent, und zuerst war er sich nicht sicher, ob die Männer in dem Rettungsboot ihn verstanden hatten. Vorsichtshalber versuchte er es noch einmal. »Welches Schiff?«

Einer der Männer blickte auf. »City of Almeira, torpediert vor drei Tagen.«

Hentrich schluckte. Drei Tage trieben die schon im Meer. Die mussten beim ersten Angriff erwischt worden sein. Es hatte noch einen weiteren Angriff gegeben, aber er war nicht mehr rangekommen. Dafür wartete er jetzt bereits auf den nächsten Geleitzug, den der B-Dienst erfasst hatte. Er nahm die Mütze ab und fuhr sich ratlos durchs Haar.

»Die sind so gut wie geliefert.«

Der Alte starrte seinen IWO böse an. »Das weiß ich selbst.« Er kam zu einer Entscheidung. »Westlich von Ihnen steht ein Geleitzug, der kommt hier so gegen Morgen vorbei.« Er suchte nach Worten in Englisch. »Wir können Sie ein Stück mitnehmen. Dann können Sie sich aufsammeln lassen.«

---

* Tatsächlich hatte es während des Krieges nur einen einzigen derartigen Fall gegeben, als Kapitänleutnant Heinz Eck (U-852) 1944 die Überlebenden des griechischen Frachters Peleus erschießen ließ, um die Spuren der Anwesenheit seines Bootes in diesen Gewässern zu verheimlichen. Eck, sein WO und ein an Bord befindlicher Arzt wurden deswegen September 1945 von einem britischen Militärtribunal zum Tode verurteilt. Britische, deutsche und amerikanische Juristen sind sich bis heute nicht einig, ob dieses Urteil gerechtfertigt war. Aber 1940 stellte die britische Propaganda es so dar, als sei es eine übliche Verhaltensweise der deutschen U-Boot-Besatzungen, Überlebende »zum Spaß« zu erschießen.

Heimkehr

Die Männer standen dicht gedrängt auf dem Turm rund um das verbogene Geschütz und winkten. Ein Willkommen, wie man es sich nicht schöner wünschen könnte.

Mädels und Blasmusik.

Von Hassel lächelte. Über seinem Kopf am ausgefahrenen Sehrohr flatterten die Wimpel im Wind. Zwei weiße und ein roter. Mit den vorangegangenen Fahrten machte das ein halbes Dutzend Frachter, ein versenktes und ein beschädigtes Kriegsschiff.

Die Tonnage war zwar nicht umwerfend, und er gehörte sicher nicht zu den erfolgreichsten Kommandanten, aber er war erfolgreich genug. Er hätte stolz sein sollen, aber alles, was er spürte, war Müdigkeit – und das dringende Bedürfnis nach einer Dusche, falls ihn der Stützpunktarzt ließ. Er trug ja immer noch den Arm in der Schlinge.

Nachdenklich beobachtete Rudi Schneider die Männer auf dem Vordeck. Nicht alle winkten. Die Laune war gut, und sie sollte es auch sein. Spätestens morgen würden die meisten auf Urlaub gehen.

In ein paar Wochen würde es dann wieder losgehen, aber das war erst in ein paar Wochen.

Trotzdem winkten nicht alle. Meistens waren es die Verheirateten. Er grinste. Oder diejenigen, die heiraten wollten. Der junge Lauer jedenfalls schien alles andere als begeistert über ihre neue Basis im schönen Frankreich zu sein.

Es bedeutete für ihn nur wieder einen Tag mehr bis nach Hause und einen Tag früher zurück.

Zwei Tage, nicht viel und doch unersetzlich in der kurzen Zeit zwischen den Unternehmungen, in der kurzen Zeit des Urlaubs, in dem sich alles zusammendrängte, was ein Leben ausmachte.

»So nachdenklich?« Von Hassel beobachtete seinen IWO mit einem Lächeln. »Frankreich sollte Ihnen doch unendliche Möglichkeiten bieten, Rudi.«

Der Oberleutnant lächelte. Los und ledig wie er war, kannte er überall Frauen. Es würde auch nicht lange dauern, bis er hier welche kannte.

Aber das komische Gefühl blieb. »Darum mache ich mir keine Sorgen, Herr Kap'tän.« Er zuckte mit den Schultern. »Irgendwie ist das Ganze nicht wie Nach-Hause-Kommen. Als gehörten wir nicht hierher.«

Von Hassel verzog das Gesicht. »Sagen Sie das nur nicht zu laut. Wir haben Frankreich erobert, also gehören wir jetzt hierher.« Er zögerte. »Irgendwie jedenfalls.«

»Und demnächst England?«

»Vielleicht.« Der Alte schob sich die Mütze tiefer ins Gesicht, wie immer, wenn er unsicher war. »Wir werden wie üblich die Letzten sein, die von etwas erfahren.«

Leinen flogen von der Pier und wurden von den Seeleuten wahrgenommen. Wie dicke Schlangen kamen die Trossen über und wurden über die Poller auf dem Deck gelegt. Das systematische Durcheinander verriet nur die Routine der Besatzung.

Zufrieden nickte von Hassel, als sich das Boot gegen die Fender legte.

»Maschine abklingeln!« Er sah sich unsicher um, aber die Malhalla der Kolbenringe, die zielgerichtet auf die Stelling zumarschierte, ließ ihm nicht viel Zeit für Gedanken. »Das war's, lassen Sie die Besatzung antreten.«

Der Oberleutnant salutierte stramm. »Sofort, Herr Kap'tän!«

Von Hassel sah ihm kurz nach. So vieles war passiert, während sie auf See gewesen waren. Die Tommies hatten also die französische Flotte angegriffen und einige der neuesten Schiffe versenkt.* Das würde Churchill einigen Ärger einbringen. Auf dem langen Vorschiff traten die Männer in zwei Reihen an. Es wurde Zeit. Langsam stieg er auf das Deck hinunter, gerade noch rechtzeitig, um vor den Männern Position einzunehmen. Automatisch wollte die Hand an die Mütze fahren und verhedderte sich in der Schlinge. »Melde U-68 von erfolgreicher Feindfahrt zurück, Herr Admiral.«

Der Löwe erwiderte den Gruß. Ruhig blickte er über das Boot. Der Turm sah aus wie ein Pfefferstreuer, und das Rohr des Deckgeschützes zeigte mit deutlicher Krümmung nach unten. »Und wie ich sehe, habt ihr den Schlitten dieses Mal nicht allzu sehr ramponiert, Männer!« Er lächelte knapp. »Rühren!«

---

* Der Angriff auf Marsa el Kebir erfolgte bereits am 4. Juli 1940. Aus Furcht, die dorthin geflüchteten französischen Einheiten könnten in deutsche Hände fallen, verlangte Großbritannien die Auslieferung nach England und griff nach Verstreichen des Ultimatums an. Dreizehnhundert französische Seeleute starben unter den Granaten ihrer Verbündeten, aber das Ziel, die französische Flotte zu zerstören, wurde nicht erreicht. Erst später, als 1942 auch der bis dahin unbesetzte Teil Frankreichs von den Deutschen eingenommen wurde, versenkten sich einige der Schiffe, inzwischen nach Toulon verlegt, selbst. Kein einziges der großen Schiffe fiel in deutsche Hände, von deutscher Seite wurde nicht einmal der Versuch unternommen.

Glossar

Aal = Spitzname für Torpedo

Abtakeln = versenken oder auch verschrotten

Achteraus = nach hinten

Achterausfeger = Bewacher in einer Position hinter dem Geleit, der die Funktion hat, Fühlung haltende U-Boote abzudrängen und Angriffe von achtern zu verhindern

Achtern = hinten

Achterschiff = Schiffsheck, Hinterteil des Schiffes

Achterspring = Festmacherleine, die vom Vorschiff aus zur Pier in Höhe des Achterschiffes führt

Adju = kurz für Adjutant

Agru-Front = Ausbildungsgruppe in der Ostsee. Dort übten die neuen Besatzungen den Einsatz gegen Geleitzüge. Auch die Rudeltaktik wurde dort spätestens ab 1937 geübt.

AK = Äußerste Kraft! Das ist tatsächlich mehr als »volle Fahrt«, da volle Fahrt immer noch einen Blick auf die Sicherheitsventile beinhaltet. »Dreimal Wahnsinnige« bedeutet im Grunde das Gleiche, nur kümmert sich dann keiner mehr um Drehzahlbegrenzung, Druck oder derartige Messwerte.

Arsenal = Arsenal mit Ausrüstungs- und Ersatzteilen. Depot für verschiedene Artikel

ASDIC = heute Aktivsonar. U-Boot-Ortungsgerät, das einen Schallimpuls aussendet und aus der Zeit, bis das Echo zurückkommt, den Abstand errechnet

ASTO = Admiralstabsoffizier

ATo = pressluftgetriebener Torpedo. Hinterließ eine Blasenbahn, war aber schneller als der ETo und konnte weitere Strecken laufen.

Aufgeriggt = aufgerichtet, angeschlagen. Etwas auf- oder angebaut haben. Meistens im Zusammenhang mit Seilen, Netzen oder Segeln

Aufklaren = a) Wetterbesserung, b) aufräumen

Auspfeifen = Befehle können auch durch Pfeifsignale aus der sogenannten Bootsmaatenpfeife gegeben werden. Häufig geschieht das über die Schiffslautsprecheranlegen. Zuerst kommt das Pfeifsignal und danach folgt der Klartext in gesprochener Form.

Back = a) Vorschiff, b) Tisch

Backbord = in Fahrtrichtung links

Backen und Banken = Essen (je nach Tageszeit Frühstück, Mittagessen, Abendessen oder ein Mittelwächter). Befehl, die Arbeit zu beenden und zum Essen zu gehen

Backschafter = Essensholer. In den O-Messen oder F-Messen größerer Schiffe auch ein zu diesem Dienst abgeteilter Mannschaftsdienstgrad

Ballastkiel = in die Rumpfform integrierter Kiel mit eingebauten Ballastgewichten zur Verbesserung der Schiffslage im Wasser

Battle of Jutland = englische Bezeichnung der Skagerrakschlacht im Ersten Weltkrieg

B-Dienst = deutsche Funkaufklärung. Die meisten alliierten Geleitzüge wurden durch die Deutschen entdeckt, weil ihr Funkverkehr eingepeilt wurde. Zu den Aufgaben gehörten neben dem Einpeilen auch Versuche der Entschlüsselung, Lageanalysen auf der Basis von Funksprüchen und die Abgleichung mit geheimdienstlichen Informationen. Die Quintessenz aus all dem wurde als »B-Dienst-Bericht«

auch den U-Booten mitgeteilt, allerdings selten vollständig.

BDM = Bund Deutscher Mädel; Abteilung der Hitlerjugend, der junge Mädchen zwischen 10 und 18 Jahren angehörten. Im Jargon auch »Bubi, drück mich«

BdU = Befehlshaber der U-Boote = Admiral Dönitz

Besteck = astronomische Standortermittlung. Die Sonnen- oder Sternenhöhe wird zu einer genau definierten Zeit genommen, um daraus die Position zu berechnen. Natürlich kann ein Besteck nur genommen werden, wenn Sonne oder Sterne sichtbar sind. In anderen Zeiten musste man auf die sogenannte Koppelnavigation zurückgreifen, die allerdings sehr ungenau war, handelte es sich im Grunde genommen doch nur um eine Schätzung.

Bf 109 = Messerschmitt Bf 109, ein einsitziges deutsches Jagdflugzeug. Wurde übrigens noch bis etwa 1952 z. B. in der Tschechoslowakei und Polen weitergebaut.

Bilge = Hohlraum unter den Stahlplatten. Hier sammelt sich alles Wasser, das ins Boot eindringt. Deswegen muss die Bilge ab und zu gelenzt (leer gepumpt) werden. Ist in den meisten U-Booten in drei Abschnitte unterteilt, also nicht durchgängig.

Bofors = Flakgeschütz schwedischer Herstellung, Kaliber 40 mm. Die weiterentwickelten Modelle werden unter diesem Namen immer noch verwendet (z. B. bei der Bundesmarine), u. a. auch in der Zwillingsversion »Breda«.

Brassfahrt = volle Fahrt. Der Begriff wird weniger intern (z. B. als Kommando für die Maschinen) als vielmehr extern gebraucht, um einen Eindruck wiederzugeben. Z. B. kann ein Zerstörer mit oder in Brassfahrt aufkommen.

Brimborium = mit allem Drum und Dran

Bug = der vordere Teil eines Schiffsrumpfes

Bunts = abgeleitet vom englischen Wort für »Flaggentuch«. Spitzname für englische Seeleute im Signaldienst

BzB = Bord zu Bord, z. B. BzB-Verständigung bei Flugzeugen

Christbaum = a) in den U-Booten der baumartige Aufbau mit den Ventilen und Schnellauslässen für Trimm- und Tauchzellen, b) Leuchtbomben zur Zielmarkierung bei Bombenangriffen, c) gestaffelt geschossene Leuchtgranaten in Nachtgefechten zur Zielbeleuchtung, d) übermäßig dekorierter Soldat (ohne Lametta = statt der Orden wurden kleine Anstecknadeln getragen; mit Lametta = die vollständigen Orden wurden getragen)

Crew = a) Besatzung, b) Jahrgang in der Offiziersausbildung. Crew '36 bezeichnete z. B. die Offiziere, die 1936 ihr Patent erhalten haben.

Der Dicke = Bezeichnung für Hermann Göring, den Luftwaffenbefehlshaber; in der Marine auch gern als Hermann Meier bezeichnet

Detachieren = ein Schiff oder einen Teilverband für eine bestimmte Aufgabe abordnen

Dez = Winkel von zehn Grad. Vier Dez an Steuerbord sind also vierzig Grad rechts von der Kurslinie des Bootes (natürlich nur als ungefähre Richtungsangabe).

Ducht = a) quer verlaufende Bank oder Sitzbrett auf einem Ruderboot, b) auf der Ducht liegen (Jargon für »schlafen«)

Durchpendeln = Nachdem der Leitende das Boot auf Sehrohrtiefe gebracht hat, lässt er es eine leichte Nickbewegung mit den Tiefenrudern vollführen.

Dadurch können eventuell in den Zellen gefangene Luftblasen entweichen.

Dwarslinie = Formation von Schiffen, bei denen die Schiffe auf gleichen Kursen, aber parallel versetzten Kurslinien laufen

Edelwild = Schiffe von besonderer Wichtigkeit für die Alliierten, aber keine regulären Kriegsschiffe. Edelwild waren vor allem Tanker, Passagierschiffe, die meistens als Truppentransporter fuhren, und Kühlfrachter wegen ihrer Wichtigkeit für die Nahrungsmittelversorgung Englands.

Einbaum = Spitzname für die kleinen Küsten-U-Boote des Typs II

EK I = Eisernes Kreuz Erster Klasse (Deutscher Orden)

EK II = Eisernes Kreuz Zweiter Klasse (Deutscher Orden)

ENIGMA = Chiffrier- oder Schlüsselmaschine in Form einer Schreibmaschine. Die Enigma erzeugte mit jeder Einstellung für einen Text eine andere Verschlüsselung. Auch wurde der gleiche Buchstabe nicht einfach immer gleich umgesetzt, sondern je nach seiner Position im Text unterschiedlich, was die Entschlüsselung durch die Engländer sehr schwierig machte, aber nicht unmöglich, wie uns die Geschichte zeigte.

ES = Erkennungssignal. Oft Leuchtraketen bzw. -patronen einer bestimmten Farbe, wobei der Farbcode sich von Tag zu Tag änderte. Wer also am Mittwoch grüne Sterne schoss, war ein Freund – wer am Donnerstag grüne Sterne schoss, bekam eine Bombe, weil dann das ES vielleicht weiß und rot war. Neben den ES mit Leuchtraketen gab es auch ES, die gemorst werden konnten, um z. B. die Identität des Gegenübers festzustellen.

ETo = elektrisch angetriebener Torpedo

Fahrtmess = Fahrtmessanlage. Geschwindigkeitsmessung eines Schiffes. Liefert allerdings nur die Geschwindigkeit durch das Wasser, nicht die über Grund.

FdU = Führer der U-Boote. Dienstbezeichnung Dönitz' vor und zu Beginn des Krieges, ab 17. Oktober 1939 dann BdU

Fender = meistens luftgefüllter Gummibehälter, dicke Taumatten oder im einfachsten Fall alte Autoreifen, die als Polster verwendet werden, um Beschädigungen zu vermeiden, wenn der Schiffskörper gegen etwas Hartes (anderes Schiff, Pier) gedrückt wird

Fertigungschargen = eine bestimmte Fertigungsserie. Kein spezieller Marinebegriff, sondern eher ein Begriff aus der Fertigungstechnik

Fischlast = siehe auch »Last«. In diesem Fall eine Last, in der Fische gelagert wurden

Flach = flache Stelle im Wasser, also eine Untiefe

Focke-Wulf = deutscher Flugzeughersteller; unter anderem Produzent der Fw-190 und der Fw-200 (Condor)

Freiwächter = Seeleute, die gerade nicht auf Wache sind

FT = Funktelegramm

Fühlungshalter = U-Boot, das den Kontakt zu einem Geleitzug hält und ständig Positionsmeldungen und Peilzeichen gibt, um andere Boote an das Geleit heranzuführen, also einen Rudelangriff durchzuführen

Funkgast = Funker im Mannschaftsdienstgrad

Funkmeister = Bootsmann einer Funkverwendung, also Funkmeister, Oberfunkmeister etc.

Funkschapp = sehr kleiner Funkraum

Gammelpäckchen = gammelnde, d. h. unbeschäftigte Seeleute (siehe auch »Päckchen«)

Geige = Matrosenanzug der Mannschaftsdienstgrade.
Die »erste Geige« bezeichnete den Ausgehanzug, die
»zweite Geige« wurde meist für die Wache verwendet. Die »dritte Geige« war während des Krieges
kein Matrosenanzug, sondern der normale Bordanzug mit Schiffchen als Kopfbedeckung.

Gelatinebubis = Bezeichnung für die Piloten der Luftwaffe, die in den Augen der Marine durch ein gewis-
ses Übermaß an Eitelkeit auffielen

GHG = Gruppenhorchgerät. Drehbares Horchgerät mit
verschiedenen Gruppen von Druckdosen, mit wel-
chem man Richtungen feststellen konnte

Gneisenau = deutscher Schlachtkreuzer

Gräting = a) auf den alten Großseglern Gitterrost, dessen Öffnungen der Lüftung der unteren Decks dienen, b) moderner Gitterrost auf einem Stahldeck,
um das Ausrutschen zu verhindern

Großer Krieg = Bezeichnung für den Ersten Weltkrieg.
Kam erst etwas aus der Mode, als man begriff, dass
man es mit einem neuen, noch größeren Weltkrieg
zu tun hatte. Aber 1940 hatten das auch in der
U-Boot-Waffe erst relativ wenige Männer begriffen.

Habacht = Achtungstellung von Soldaten: Hände an
der Hosennaht, gerade aufgerichtet, Schultern
zurück

Halskrankheit = die Gier, sich das Ritterkreuz zu verdienen. Da das Ritterkreuz am Hals getragen wurde
und manche Kommandanten zumindest in den
Augen ihrer Besatzungen einen geradezu krank-
haften Ehrgeiz zeigten, sich diesen höchsten aller
Orden durch besondere Heldentaten zu verdienen,
wurde der Begriff »Halskrankheit« zu einer geläufi-
gen Redensart. Ebenso sprach man beruhigt davon,
dass ein ehrgeiziger Kommandant die Halskrankheit

301

überstanden hatte, wenn ihm endlich der begehrte Orden verliehen worden war. Tatsächlich waren die U-Boot-Kommandanten die größte Gruppe der Empfänger dieser begehrten Auszeichnung (über sechshundert der insgesamt 7318 Ritterkreuze wurden an die U-Boot-Waffe verliehen).

Hartruderlage = Ruderstellung, bei der sich das Ruder am äußersten linken oder rechten Anschlag befindet

Haubo = Hauptbootsmann (Hauptfeldwebel), meist in der Dienststellung eines Kompaniefeldwebels, also der berüchtigte Spieß

Heißgeschirre = Geschirr (Ketten, Taljen und die dazugehörigen Blöcke und Befestigungen), um etwas zu »heißen«, also anzuheben oder abzulassen. Dient dazu, schwere Lasten zu bewegen.

Heizer = Pauschalbezeichnung für alle Schiffstechniker der verschiedenen Fachrichtungen. Natürlich gab es auf einem Schiff im Zweiten Weltkrieg nichts mehr zu heizen, aber der Begriff hat sich erhalten und führte zu so widersinnigen Bezeichnungen wie »E-Maschinen-Heizer«.

Hexogen = in deutschen Torpedos verwendeter Sprengstoff

Houlder Brothers = englische Reederei. In der deutschen Marine vor allem deswegen bekannt, weil die Houlder Brothers die Eigner der Duquesa waren, eines Kühlschiffes, das nach Aufbringung im Südatlantik über Monate hinweg als Versorgungslager für Hilfskreuzer genutzt wurde.

HSK = Handelsstörkreuzer

Hunt = britischer Geleitzerstörer. Die Schiffe waren technisch ein totaler Reinfall, da sie nicht über die notwendige Stabilität verfügten, um sich auf dem

Atlantik zu halten. Deswegen übernahmen die Hunts Geleitaufgaben nur in Küstengewässern, während die eigentlich für Küstengewässer konstruierten Korvetten hinaus auf den Atlantik fuhren.

Hurricane = britisches Jagdflugzeug, entwickelt und gebaut von Hawker. Galt bereits zu Kriegsbeginn als leicht veraltet, war aber de facto der Standardjäger, der nicht nur über Dünkirchen der Luftwaffe die Luftherrschaft abrang, sondern ihr auch die Niederlage in der Luftschlacht um England zufügte.

Indianer = Feindjäger. Ein »Indianer in drei Uhr« ist also ein Feindjäger, der von ziemlich genau rechts kommt. Er hat trotzdem keine Vorfahrt.

IIWO = gesprochen: Zwo-Weh-Oh; der Zweite Wachoffizier

IWO = gesprochen: Eins-We-Oh; der Erste Wachoffizier

Jane's = bis heute bekanntestes Nachschlagewerk für Schiffe. »Jane's Fighting Ships« ist speziell für Kriegsschiffe. Viele deutsche Kommandanten führten dieses Nachschlagewerk ergänzend zu den offiziellen Unterlagen mit sich.

Jerries = Bezeichnung für Deutsche im Zweiten Weltkrieg

Ju-52 = deutsches dreimotoriges Transportflugzeug. Auch bekannt als Tante Ju. Berühmt für seine Zuverlässigkeit und die unverkennbare »Wellblechtechnologie«.

Ju-87 = deutscher Sturzkampfbomber, der berühmte Stuka. Zur Unterstützung der psychologischen Wirkung waren an den Fahrwerksbeinen Sirenen montiert, die den typischen heulenden Ton während des Sturzfluges erzeugten, ein Ton, den die Soldaten am Boden und die Seeleute auf den angegriffenen Schif-

303

fen nie wieder vergessen sollten. Trotzdem war die Wirksamkeit der Kampfbomber gerade gegen Schiffe eher gering.

Kabbelig = unruhig (in Bezug auf die See). Bezeichnet mehr einen etwas unruhigen Seegang als echte Brecher, ist also ein eher schwacher Ausdruck.

Kaleu, Kaleun = Abkürzungen für Kapitänleutnant. Kaleu ist die moderne Form.

Kettenhund = Feldjäger, Militärpolizei

Kiel = a) unterster Schiffsspant in Längsrichtung, b) Schiffslage in Längsrichtung (z. B. auf ebenem Kiel liegen), c) unter dem Rumpf montierte zusätzliche Ballasteinrichtungen (z. B. Ballastkiel oder Schlingerkiel), d) wichtigster Ostseestützpunkt der deutschen Marine, die Stadt Kiel

Kiellinie = Schiffe fahren Kiellinie, wenn sie genau hintereinander fahren.

Klappbuchs = Lichtsignalgerät, auf U-Booten auch »Varta-Lampe«

Klapphose = die Hose der »ersten Geige« (siehe unter »Geige«), die sich praktischerweise einfach nach vorn aufklappen ließ

Klar zum = klar zum Anlegen, klar zum Kurswechsel. Meldung, dass eine Tätigkeit vorbereitet ist und die benötigten Männer nur noch auf den Befehl warten. »Klar zum« ohne weitere Angabe bedeutet in diesem Zusammenhang »gemustert und bereit«, aber es ist noch nicht klar, wofür eigentlich. Manchmal auch als Kurzform gebraucht.

Kolcher = abwertend für ein eher kleines Schiff. Ein alter Fischdampfer wäre also eher ein Kolcher als ein Zossen. Ein alter Trampdampfer wäre eher ein Zossen. Aber die Grenzen sind fließend.

Kommandant = Kapitän eines Kriegsschiffes. Der Begriff Kapitän wird nur in der zivilen Schifffahrt und innerhalb aller Marinen als militärische Rangbezeichnung verwendet.

Kommandant fährt weiter! = diktierter Eintrag im Schiffstagebuch. Im Nachhinein kennzeichnet dieser Eintrag besondere Situationen wie Angriffe, Verfolgungsmanöver o. Ä. Ist wie alle Einträge im Schiffstagebuch auch von seefahrtsrechtlicher Bedeutung.

Korvette = kleines Eskortenfahrzeug mit schwacher Artilleriebewaffnung, nur zur U-Boot-Abwehr geeignet. Eigentlich waren die britischen Korvetten der Flower-Klasse nur für Küstengewässer geplant. Aber als der Krieg ausbrach, wurden sie auch im Atlantik eingesetzt. Die Beschreibung, dass diese Schiffe »bereits auf einer nassen Wiese rollten«, trifft es recht gut.

Kreuzsee = Wellen, die sich quer zum regulären Seegang bewegen, deren Kurs sich also mit anderen Wellen kreuzen kann. Heute bezeichnet man diese Wellen auch oft als »Monsterwellen« oder »Freakwaves«, wobei die Kreuzsee noch eine vergleichsweise harmlose Form ist.

KTB = Kriegstagebuch

Kugelschott = a) druckfeste Querwand zwischen den Abteilungen des Bootes, b) das Schott (der Durchgang) durch ebendiese druckfeste Querwand

Kujambelwasser = Limonade aus eigener Herstellung

Kye = der bei den britischen Seeleuten sehr beliebte dicke Kakao, vorzugsweise mit mehr oder weniger großen Beimischungen von Rum

Last = Lagerraum

Lenzen = abpumpen oder auch ausschöpfen (von Wasser). Wenn der Raum »lenz« ist, dann befindet

305

sich kein Wasser mehr darin. Auch ein Bierglas kann, seemännisch betrachtet, »lenz« sein, und natürlich können auch Schnapsflaschen »gelenzt« werden.

LI = Leitender Ingenieur

Log = a) Messgerät zur Bestimmung der Geschwindigkeit eines Schiffs, b) kurz für Logbuch

Löwe = Spitzname für Admiral Dönitz. Mit seinem Umzug nach Kernevel (Frankreich) hielt der Begriff auch Einzug in die englische Propaganda. Dönitz wurde »The Lion of Kernevel« genannt.

M-Offizier = Funkspruch mit doppelter Verschlüsselung. Der zweite Entschlüsselungsvorgang musste von einem Offizier mit anderen Einstellungen der Schlüsselmaschine ENIGMA durchgeführt werden.

Malhalla = eine Menge oder auch ein großer Schiffsverband

Mannloch = a) der Durchgang durch das Kugelschott der deutschen U-Boote, b) enger Durchgang, meistens auch vertikal

Manometer = Druckmesser

Meier, Hermann = abwertende Bezeichnung für Hermann Göring, den Oberbefehlshaber der Luftwaffe. Siehe auch »Schlipssoldaten«.

Meier, Firma = abwertende Bezeichnung für die Luftwaffe als Ganzes

Mennige = rötliche Rostschutzfarbe, wie sie z. B. auch für ältere Autos, Gartenzäune und Metallteile an Parkbänken verwendet wird. Normalerweise befindet sich darüber ein Anstrich in beliebiger Farbe. Aber da man bei Schiffen das Unterwasserschiff ohnehin nicht sieht, wird dort meist auf diesen Farbanstrich verzichtet, weswegen Schiffe fast immer unter der Wasserlinie rot sind.

Messe = Wohnraum, auf großen Schiffen auch Speise-
raum der Offiziere

Mittelwächter = Zwischenmahlzeit. Auf allen Schiffen
(und Booten) gibt es neben den regulären, auch an
Land bekannten Mahlzeiten wie Frühstück, Mittag-
und Abendessen die Mittelwächter. So nennt man
die Mahlzeiten um Mitternacht (also vor der Mittel-
wache) und um vier Uhr morgens.

Mittschiffs = in der Mitte des Schiffes, also irgendwo
zwischen Back und Achterschiff

Mixer = ursprünglich der Torpedomixer, also ein Fach-
mann für die Torpedofeuerleitung. Der Begriff
dehnte sich während des Krieges mehr und mehr
auf andere Fachrichtungen aus, vorzugsweise alles,
was irgendwie mit Schaltungen zu tun hatte. So
entstand neben dem Begriff des Torpedomixers vor
allem der des E-Mixers, auf modernen Schiffen auch
abgekürzt Emi.

Mug = Becher, Kaffeepott, Trinkgefäß. Alles mit einem
Henkel und einem halben Liter oder mehr Fas-
sungsvermögen

Netzabweiser = sägeartige Konstruktion am Bug der
U-Boote, die verhindern sollte, dass das U-Boot in
eventuellen U-Abwehrnetzen hängen blieb. Diente
bei einigen Typen gleichzeitig auch als Befestigungs-
punkt für die Langwellenantenne.

Niedergang = Treppe, die ein Deck mit einem anderen
Deck verbindet. Allerdings ist auch eine Treppe
nach oben ein »Niedergang«.

Nock = a) auf alten Seglern das Ende einer Rah, b) offene Ausbuchtungen der Brücke auf beiden Seiten.
Nocken erlauben z. B. bei komplizierten An- und
Ablegemanövern einen besseren Überblick an der
gefährdeten Schiffsseite.

ObdM = Oberbefehlshaber der Marine. Zur Zeit von Dünkirchen Großadmiral Erich Raeder

OKM = Oberkommando der Marine

Päckchen = alles, was entweder eingepackt war oder im weitesten Sinne zum Einpacken diente. Als U-Boot-Päckchen bezeichnete man das Lederzeug, den Bordanzug der U-Boot-Fahrer in nördlichen Gewässern. »Gammelpäckchen« waren beispielsweise die U-Boot-Fahrer selbst, die eingepackt in ihr U-Boot auf den langen Patrouillen vor sich hin »gammelten«. Auch das Liegen mehrerer U-Boote an einer Pier oder längsseits eines Schiffes wird als »Liegen im Päckchen« bezeichnet.

Panzerspreng = Granate oder Mine gegen gepanzerte Ziele (um einen Panzer zu sprengen). Normalerweise 50 Prozent Sprengstoffanteil und Kopfzünder bei Granaten

Papenberg = Glasröhre, in der die Tauchtiefe angezeigt wurde. Zusätzlich gab es einen weiteren Tiefenmesser mit Skala, aber der Papenberg war zentral angebracht und wegen seiner technischen Primitivität meistens zuverlässiger. Der Nachteil war, dass bei Erschütterungen häufig die Glasröhre zerbrach und Wasser machte.

Persenning = Öltuch (oder heutzutage Plastikplane) zum Abdecken von großen Luks. Im weiteren Sinne auch wasserdichtes Tuch, also Ölhaut

Petty Officers = Oberbegriff für alle Unteroffiziere in den englischsprachigen Marinen

Pick = Abneigung. »Einen Pick auf jemanden haben« bedeutet, diesen mit Vorliebe zu schikanieren.

Poller = a) pilzförmiger Metallsockel, über den man das Auge einer Trosse legen kann, um ein Schiff festzumachen, b) Kopf, z. B. in »Zieh den Poller ein, Kerl!«

Pönen = anstreichen

Puffz = Unteroffizier mit Portepé, also Feldwebel- bzw.
Bootsmannsränge (Plural = Puffze)

Puffz-Messe = Messe der Puffze

Pützen = Plural von »Pütz« (Eimer, Wischeimer)

Quartermaster = Gefechtsrudergänger auf englischen
Kriegsschiffen. Ein älterer Unteroffizier, dessen
Aufgabenbereich im Hafen eher dem eines Spießes
ähnelt. Auf See wird der Quartermaster ans Ruder
geholt, wenn es ins Gefecht geht oder schwierige
Manöver anstehen.

R.A.F. = Royal Air Force, Britische Luftwaffe

Rafferspruch = ein Funkspruch, der zu einem Kurz-
signal zusammengerafft wurde

Rahnock = das äußere Ende einer Rah (Querstange am
Mast für das Rahsegel). Wichtig nur noch, da es
sprichwörtlich als unzivilisiert galt, Alkohol zu trinken, bevor die Sonne über der Rahnock stand.

Rawalpindi = britischer Hilfskreuzer (umgebautes Pas-
sagierschiff), der nach einem Gefecht mit den deutschen Schlachtkreuzern Scharnhorst und Gneisenau
am 23. November 1939 sank. Dem Kommandanten
der Rawalpindi wurde posthum das Viktoriakreuz
verliehen.

Rees nach Backbord = gemütlich quatschen (auch
Klönschnack genannt)

RNLI = Royal National Lifeboat Institution, britische
Seenotrettungsgesellschaft

Rollen = Schiffsbewegung um die Längsachse, d. h.,
wenn sich das Schiff durch den Seegang mal auf die
eine, mal auf die andere Seite legt

RRRR = Kurzzeichen britischer Schiffe im Funkverkehr,
um einen Angriff durch einen Handelsstörer anzuzeigen. Vergleiche SSSS.

309

Salvasan = erstes wirksames Mittel gegen den Tripper

Schäkeln = mit einem Schäkel (Metallhaken mit Feder-
klappe) etwas festmachen (auch anschäkeln), bzw.
diesen Haken wieder lösen (abschäkeln)

Schanzkleid = Erhöhung der Bordwand über das frei
liegende Schiffsdeck hinaus

Scharnhorst = deutscher Schlachtkreuzer

Schleichfahrt = Schleichfahrt bedeutete nicht nur, sehr
langsam zu fahren (knapp einen Knoten, je nach
Typ), sondern vor allem auch, alle unnötigen
Geräte abzustellen, sich möglichst wenig im Boot zu
bewegen und zu schweigen. Denn natürlich konnte
nicht nur das Geräusch der E-Maschinen, sondern
auch ein Lüfter oder eine Lenzpumpe gehört werden.

Schlicktown = Spitzname für Wilhelmshaven

Schlipssoldaten = meistens im Zusammenhang mit
»Hermann Meier« genannt. Gemeint waren die Soldaten der Luftwaffe, wegen der Krawatte, die innerhalb der Luftwaffe als regulärer Bestandteil der Uniform getragen wurde. »Hermann Meier« war eine
spöttische Bezeichnung für Hermann Göring, den
Oberbefehlshaber, der im Rundfunk von sich gab
»... wenn auch nur ein britischer Bomber das
Reichsgebiet erreicht, will ich Meier heißen ...«,
worauf er nach dem ersten Nachtangriff auf Berlin
am 2.10.1939 besonders innerhalb der Marine tatsächlich nur noch Meier genannt wurde.

Schnellentlüfter = Luftauslassöffnung mit großem
Querschnitt, die es einer großen Menge Luft er-
laubt, in kurzer Zeit zu entweichen. Wichtig bei
Schnelltauchmanövern, da sich die Tauchzellen ja
nicht schneller mit Wasser füllen können, als die
Luft raus kann.

Schott = Trennwand, in engerem Sinne auch der verschließbare Durchgang durch ebensolch eine Trennwand

Schwell = auch Dünung. Die Grundbewegung der See. Entweder als Überbleibsel von Stürmen oder (besonders im Sommer) ausgelöst durch tagelangen Wind aus der gleichen Richtung, der eine ruhige gleichmäßige Wasserbewegung erzeugt (also physikalisch eine Schwingung)

Seekuh = Spitzname für die großen Fernkampfboote des Typs IX. Nicht zu verwechseln mit den »Milchkühen«, den Versorgungs-U-Booten des Typs XIV.

Signalgast = Bezeichnung für den Signäler im Mannschaftsdienstgrad

Signäler = Soldat im Signalbetrieb. Der Signalbetrieb umfasst den Umgang mit Morselampen und Scheinwerfern, Flaggen und Sichtzeichen, also die gesamte Kommunikation von Schiff zu Schiff, die nicht auf Funk basiert.

Skipper = Schiffsführer. Auch Spitzname für einen Kommandanten in den englischsprachigen Marinen (vergleichbar mit dem Alten in der deutschen Marine)

Sloop – englische Bezeichnung für die Vorkriegskorvetten, manchmal auch für die Korvetten der Kriegsbaureihen. Ein kleines, relativ langsames Kriegsschiff, das ausschließlich als Eskorte und gegen U-Boote eingesetzt wurde

Smut = Schiffskoch

Snorkel = a) Schnorchel (z. B. auf einem U-Boot oder auch beim Tauchen), b) Dosenwürstchen auf englischen Schiffen

Spannungsmesser = Voltmeter

Spargel = Spitzname für alle Sehrohre

311

Sparks = von engl. »Funken«. Spitzname für englische Funker

Spatenpauli = Bezeichnung für das Heer und dessen Soldaten

Speigatt = Loch in der Bordwand, durch das übergekommenes Seewasser wieder vom Deck abfließen kann. Da es deren mehrere gibt, spricht man meist von Speigatten.

Sperrbrecher = ein großes, meist mit leeren Fässern oder auch Kork beladenes Schiff, das vorausfährt, um Minen zur Explosion zu bringen. In späteren Kriegsphasen zusätzlich mit einem Magnetfeldgenerator ausgerüstet, um Magnetminen zu zünden

Spitfire = britischer Jäger des Zweiten Weltkrieges, entwickelt von Supermarine. Galt insbesondere in den frühen Phasen des Krieges als das beste Jagdflugzeug der Welt (zusammen mit der japanischen Zero). Machte aber zur Zeit von Dünkirchen und in der späteren Luftschlacht um England, was die Stückzahlen betrifft, nur etwa ein Drittel der britischen Jagdflugzeuge aus.

Spring = Vor- bzw. Achterspring. Eine Leine, die entweder vom Bug des Schiffes nach achtern hin vertäut ist oder vom Heck hin nach vorn

SSSS = Kurzzeichen britischer Schiffe, um einen Angriff durch ein U-Boot anzuzeigen

Stauen = etwas verladen oder unterbringen. Päckchen werden gestaut.

Stampfen = Schiffsbewegung um die Querachse, d. h., wenn der Bug im Seegang hoch- bzw. runtergeht

Stauferfett = dickes Schmierfett, wie man es z. B. vom Auto her kennt

Stelling = transportabler Steg, der von einem Kai auf ein Schiff, von Schiff zu Schiff oder auch im extremen Fall von einem Schiff ins Nichts führen kann. Die berühmte Planke, über die Piraten ihre Opfer schickten, zählte ebenfalls zum Oberbegriff der Stelling.

Steuerbord = in Fahrtrichtung rechts

Steuermann = a) der für die Navigation verantwortliche Unteroffizier. Ein Offizier mit gleicher Aufgabe würde als NO (Navigationsoffizier, gesprochen: Enno) bezeichnet werden, b) ein Bootsmann einer Navigationsverwendung, also Steuermann, Obersteuermann etc.

Stoker = Heizer. In der deutschen Marine wird mit dem Ausdruck gelegentlich auch die Gesamtheit aller Schiffstechniker bezeichnet.

Stoppelhopser = Bezeichnung für das Heer und dessen Soldaten

Stopfbuchsen = konische Dichtungen in einem Metallring. Die hier erwähnten Stopfbuchsen sind die an den Tiefenrudern. An diesen Stellen muss ja die Ruderachse durch die druckfeste Hülle nach außen geleitet werden und trotzdem beweglich bleiben. Andererseits muss das Ganze auch unter hohem Druck noch dicht sein. Die Stopfbuchsen stellten also hinsichtlich der Konstruktion die schwächsten Stellen des U-Bootes dar, vor allem, wenn sie undicht wurden.

Stuka = siehe Ju-87

Stützruder = das Gegensteuern nach einem Kurswechsel, um den immer noch vorhandenen Drehimpuls abzustoppen

Subbie = Jargon in den englischsprachigen Marinen für einen Sublieutenant (deutscher Rang: Leutnant)

Südwester = wasserdichte Kopfbedeckung aus Ölzeug oder Gummi. Wird in der Seefahrt, aber auch von

beinahe allen Küstenbewohnern bei schlechtem
Wetter verwendet.

Süll = hervorstehende Einfassung (Schwelle) von ver-
schließbaren Durchgängen in einem Schiff, die verhindern soll, dass Wasser durch die Tür schwappt

Taljen = kurze Heißleinen, die an einer Rolle angeschlagen sind

Tankerfackel = das explosionsartige Aufflammen ge-
troffener Tanker nach einem Torpedotreffer. Eine
solche Tankerfackel konnte mehrere Hundert Meter
hoch sein und war vor allem bei Nacht über viele
Seemeilen hinweg sichtbar.

Tannoy = Schiffslautsprecher. Die Schiffe der Royal
Navy waren mit Schiffslautsprechern der Firma Tannoy ausgestattet, und der Name des Unternehmens
wurde schließlich zu einem Alias für diese Lautsprecher.

Tante Ju = siehe Ju-52

Tommy = Bezeichnung der Deutschen für die Engländer

Tonnage = die Größe eines Schiffes in Bruttoregister-
tonnen. Die Registertonne ist ein Raummaß von
2,83 Kubikmetern.

Torpedomixer = siehe Mixer

Torpedovorhaltrechner = mechanische Rechenmaschine, die aus den Angaben über Gegnerkurs, Abstand und Geschwindigkeit den Vorhalt berechnete,
mit dem ein Torpedo zu schießen war. Die Engländer bezeichneten ihre Variante als »Obstmaschine«.

Trawler = Schleppnetzfischer

Tribal = Flottenzerstörer

Trimmen = Gewicht, meist in Form von Wasserballast,
so im Boot verteilen, dass dieses bei Null-Lage aller
Ruder auf ebenem Kiel liegt. Speziell für ein U-Boot

kommt noch hinzu, dass es auch in aufgetauchtem Zustand nicht weit genug aus dem Wasser ragen soll. Beim Trimmen wird also die Lage eines Fahrzeuges im Wasser verändert.

Typ-VII-Boot = deutscher U-Bootstyp, quasi das Atlantikboot und Arbeitspferd der U-Boot-Waffe. Kleiner als Typ-IX-Boote, aber wendiger und schneller im Tauchmanöver

Typ-IXB-Boot = deutscher Langstrecken-U-Bootstyp, auch »Seekuh« genannt. Größere Reichweite, höhere Geschwindigkeit, ein Torpedorohr zusätzlich und mehr Torpedos an Bord wurden erkauft mit einem höheren Gewicht und einem nicht ganz so schnellen Tauchmanöver.

U-Boot-Päckchen = siehe Päckchen

Uffz = Abkürzung für Unteroffizier

Übersegler = großformatige Übersichtskarte

Union Jack = reguläre britische Flagge, wie in der Handelsschifffahrt verwendet, im Gegensatz zur weißen Kriegsflagge

UZO = U-Boot-Zieloptik. Eine schwere, in einem wasser- und druckfesten Gehäuse eingebaute Zieloptik, die auf einen Sockel auf dem Turm aufgesteckt werden konnte und so das Zielen auch vom Turm statt von der Zentrale mithilfe des Sehrohres ermöglichte

Vartalampe = siehe Klappbuchs

Vertäut = angebunden, befestigt

Vierpfünder = kleinere Kanone. Der englische Vierpfünder entsprach ungefähr der Flak 7,5 cm, jedoch mit höherem Geschossgewicht.

Vorhaltrechner = siehe Torpedovorhaltrechner

Vorkastell = hoher Aufbau auf dem Vorschiff, auf dem sich dann die Back befindet. Der Begriff stammt noch aus den Zeiten der alten Karavellen und Ka-

racken, die auf dem Vorschiff einen mehr oder
weniger quadratischen Aufbau hatten, der Bogen-
schützen und später Musketieren Schutz bot, die
von dort auf die Besatzungen anderer Schiffe schossen. Ähnelte etwas einem alten quadratischen Fes-
tungsturm, daher der Begriff Kastell.

Vorreiber = ein- oder zweiarmiger Hebel zum wasser-
dichten Verriegeln von Schotten und Luken

Vorspring = Leine, die von achtern nach vorn an der
Pier vertäut wird

Wabo = Wasserbombe

Walrus = auch »Tanzende Fledermaus« (Dancing Bat)
genannt. Wasserflugzeug, das auf großen Kriegsschiffen als Bordflugzeug mitgeführt wurde. In erster Linie beeindruckte die Maschine durch große
Reichweite und Stabilität. Das Flugzeug wurde übrigens vom gleichen Konstrukteur wie die optisch
sehr viel beeindruckenderen Jäger Spitfire und Sea-
fire geschaffen.

Warrant Officer = Militärangehöriger im Rang eines
Unteroffiziers mit Portepé

Wellenabweiser = eine Art Kragung an der vorderen
Brüstung des Turmes, die verhindern sollte, dass
Wellen in den Turm schlugen. Große Brecher konnten durch den Wellenabweiser nicht nur nicht auf-
gehalten werden, sondern auch an ihm entlang seitlich besser in den Turm einfluten.

Werftgrandis = Werftarbeiter

Winschen = a) elektrische Winden, b) etwas mit einer
elektrischen Winde einholen, c) manchmal auch
ähnlich wie »heißen«, nur dass nicht etwas nach
oben gezogen oder nach unten abgelassen wird,
sondern die Bewegung mehr in der Horizontalen
stattfindet

Wintergarten = das kleine Deck hinter dem Turm, auf dem sich die Zwozentimeter befand

WO = Wachoffizier. Neben IWO und IIWO fuhr meist der Steuermann als dritter WO.

Wölfe = So nannten sich die deutschen U-Boot-Fahrer selbst. Der ursprüngliche Propagandabegriff, abgeleitet von Dönitz' Rudelstrategie, den Wolfsrudeln, wurde zunächst halb scherzhaft verwendet, aber dann schnell von den U-Boot-Fahrern übernommen.

Wuling = Durcheinander. Im Gegensatz zu »Zustand« mehr ein physisches Durcheinander, während »Zustand« mehr einen logischen oder auch geistigen Zustand bezeichnet.

Zeche = auch »Zeche Elend« genannt. Abfällige Bezeichnung des seemännischen Personals für den oder die Maschinenräume eines Schiffes.

Zehn-Fünf = Deckgeschütz vom Kaliber 10,5 cm, wie es auf den großen Booten eingesetzt wurde

Zossen = abfälliger Ausdruck für ein Schiff

Zwozentimeter = Flakgeschütz im Wintergarten

Zustand = Durcheinander

Zwischendeckstelegraf = auch Buschtrommel oder Gerüchteküche, jener geheimnisvolle Mechanismus, der dazu führt, dass alle Bescheid wissen, obwohl offiziell alles noch ein Geheimnis ist

Das Werk einschließlich aller seiner Teile ist urheberrechtlich geschützt. Jede Verwertung außerhalb des Urhebergesetzes ist ohne Zustimmung des Verlages unzulässig und strafbar. Dies gilt insbesondere für Vervielfältigungen, Übersetzungen, Mikroverfilmungen und die Einspeicherung und Verarbeitung in elektronischen Systemen.

Weltbild Buchverlag –Originalausgaben–
© 2008 Verlagsgruppe Weltbild GmbH,
Steinerne Furt, 86167 Augsburg
Sonderausgabe 2009
Alle Rechte vorbehalten

Projektleitung: Almut Seikel
Redaktion: Dr. Thomas Rosky
Umschlaggestaltung: Andrea Göttler
Umschlagillustration: Oleg Korzh
Satz: Sabine Müller
Gesetzt aus der Stone Serif 10/14 pt
Druck und Bindung: CPI – Clausen & Bosse, Leck

Gedruckt auf chlorfrei gebleichtem Papier

Printed in the EU

ISBN 978-3-86800-154-9